标准必要专利
使用费纠纷研究

屈向东 ◎ 著

首都经济贸易大学出版社
Capital University of Economics and Business Press
·北 京·

图书在版编目（CIP）数据

标准必要专利使用费纠纷研究 / 屈向东著. -- 北京：首都经济贸易大学出版社，2023.10
ISBN 978-7-5638-3575-1

Ⅰ. ①标… Ⅱ. ①屈… Ⅲ. ①专利权法-经济纠纷-研究-中国 Ⅳ. ①D923.424

中国国家版本馆CIP数据核字（2023）第156534号

标准必要专利使用费纠纷研究
BIAOZHUN BIYAO ZHUANLI SHIYONGFEI JIUFEN YANJIU
屈向东 著

责任编辑 潘 飞
封面设计 砚祥志远·激光照排 TEL：010-65976003
出版发行 首都经济贸易大学出版社
地 址 北京市朝阳区红庙（邮编 100026）
电 话 （010）65976483 65065761 65071505（传真）
网 址 http://www.sjmcb.com
E-mail publish@cueb.edu.cn
经 销 全国新华书店
照 排 北京砚祥志远激光照排技术有限公司
印 刷 北京九州迅驰传媒文化有限公司
成品尺寸 170毫米×240毫米 1/16
字 数 220千字
印 张 17
版 次 2023年10月第1版 2023年10月第1次印刷
书 号 ISBN 978-7-5638-3575-1
定 价 68.00元

前 言

究其本质而言，标准必要专利（standard-essential patents，SEP）[①]与其他普通专利许可并无根本性差异，仍属权利人与实施人意思自治之范畴。只是由于该专利被纳入标准后，标准化可能在一定程度上对此种意思自治之形成及其结果造成一定的影响。但值得注意的是，此类影响并不足以否定SEP的私权属性，亦非直接否定、取消专利权这一私权本身。反观许可实践中，专利劫持、反向劫持等侵害行为扭曲了市场化自主定价机制，尤其是反向劫持在很大程度上消解了权利人在先获取的专利权。为了解决上述问题，“放弃市场、法院解决”成为当事各方的共同选择。

虽然法院通过适用司法裁量权、强制性地确定权利人与实施人之间的许可费率，以司法利剑斩断SEP费率这个“戈耳迪之结”[②]，有助于解决双方悬而不决的费率问题，避免谈判久拖不决，但这种司法解决机制显然无法使各方均满意，且势必衍生“被压制的同意”这一系

① 当为了提供某种标准的产品而涉及特定技术，而实施该特定技术又不可避免地会适用某些特定专利时，这些专利被称为标准必要专利。

② 所谓“戈耳迪之结”，传说是亚历山大大帝在弗里吉亚首都戈耳迪时砍断的某个绳结。该典故一般作为使用非常规方法解决不可解决之问题的隐喻。

统性风险。考虑到当前世界主要创新型国家并未通过制度规范对SEP之许可施加单独的限制性规则[①]，在此情况下，当事人尤其是权利人的自主意愿应当被充分尊重，而非由司法机关“越俎代庖”，替双方确定许可条件。正所谓“强扭的瓜不甜”，从现有实践来看，这类以国家公权力机关强制裁断费率的做法，并未从根本上为此类纠纷提供合理有效的解决机制，实际上标准必要专利使用费纠纷是越来越多，而非越来越少。同时，尽管企业支付了大量的诉讼费用，司法机关投入了大量的司法资源，但此类纠纷并未得到高效化解，反而诱发当事人不重视在先的许可谈判，不合理地期待通过司法机制替代市场谈判以压制对方的正当诉求。

同时，这种动辄诉诸法律的做法使“择地而审”的现象越发突出。权利人、实施人会各自选择持对自己较为有利立场的司法辖区进行诉讼。例如，SEP权利人多偏好德国法院，在禁令问题上，由于“德国法院通常会发出禁令”，“其在 SEP/FRAND[②]纠纷中对专利权人持友好的立场”，“实施人避免禁令的唯一现实方法是尽最大努力自最初获得专利许可”；“德国法院倾向于采信有利于专利权人

① 欧盟委员会于2023年4月27日发布的《关于标准必要专利和修订（EU）2017/1001号条例的决定》提案中要求，特定期限内未注册的SEP不得在成员国受诉法院强制执行需要注册标准之实施，也无权收取许可使用费或就与需要注册标准的实施有关的侵权行为寻求赔偿。这也是全球第一个对SEP之权利进行区别而后限制的立法文件。但上述限制一经出台，即遭受权利人方的广泛批评，并引发产业界对可能打击标准化之隐忧。且该决定仍处于提案阶段，当前仍有待后续观察。就中国而言，2023年7月，国家高层监督管理总局发布《关于标准非必要专利领域的反垄断指南（征求意见稿）》，笔者亦在本书中对该指南的部分内容进行了相应分析。

② FRAND是“fair，reasonable and non-discriminatory”（公平、合理和非歧视）的简称。

的专利解释”，因此“许多SEP权利人将其作为首选审判地”[①]。但由于德国法院对于判定费率颇为慎重，因而做出过全球费率裁决的英国法院令有费率需求的权利人对其更为青睐。“在英国最高法院对无线星球公司（Unwired Planet）诉华为公司案做出裁决后，英国法院已成为SEP权利人青睐的司法辖区”，“在可预见的未来，我们仍然有可能看到SEP权利人在将设定最高全球税率的司法管区（英国）提起诉讼”[②]。但即使是手机终端生产企业所在的国家，也不一定支持本国的实施人。以印度为例，“印度法院见证了一系列涉及标准必要专利的侵权诉讼，而这恰逢该国本土移动设备制造商崛起之时。本土移动设备制造商在印度市场占据了很大份额，从而造成 SEP 权利人与实施这些标准的制造商之间的多起诉讼”；在印度史上第一个SEP案件中，“德里高等法院裁定飞利浦公司胜诉，并遵循美国联邦巡回上诉法院‘在先判决’的原则，根据可比较的许可协议确定许可使用费”[③]。笔者曾与海外学者进行过沟通，他们认为实施人多偏好于选择我国深圳市中级人民法院、武汉市中级人民法院、广州市中级人民法院等[④]。这种选择偏好法院的做法，甚至可能造成各国法院都做出“全球费率”之冲突判决

① Germany: SEPs and FRAND-litigation, policy and latest developments［EB/OL］.［2023-03-21］. https://www.iam-media.com/hub/sepfrand-hub/2022/article/germany-seps-and-frand-litigation-policy-and-latest-developments. 当然，在德国法院内部，杜塞尔多夫法院、慕尼黑法院、曼海姆法院在一些具体问题上仍存在司法分歧，详见本书关于善意谈判部分之分析。

② United Kingdom: SEPs and FRAND-litigation, policy and latest developments［EB/OL］.［2023-03-21］. https://www.iam-media.com/hub/sepfrand-hub/2022/article/united-kingdom-seps-and-frand-litigation-policy-and-latest-developments.

③ India: SEPs and FRAND-litigation, policy and latest developments［EB/OL］.［2023-03-21］. https://www.iam-media.com/hub/sepfrand-hub/2022/article/india-seps-and-frand-litigation-policy-and-latest-developments.

④ 当然，这也只是这些海外学者的片面观点，其并不能完全中立、客观地反映事实。

的局面，当事人如同站在均显示红灯的十字路口，对于何去何从，茫然无知。因此，对于该类纠纷研究，有必要将国际礼让、司法克制主义、打击“拉管辖”等纳入分析。

此外，如何确定符合FRAND原则的许可费率，是当前制约标准必要专利许可顺利开展中的重要问题。为解决该问题，在纠纷解决中衍生出算法搭建之问题。在最初的SEP费率判决中，其做法与传统知识产权裁决时确定损害赔偿之逻辑较为近似，酌定色彩突出。随着经济学建模方法的逐步引入，更为精细的计量方法开始被广为接受，其中“可比许可协议”法和“自上而下（top-down）”法成为广泛适用的算法，而这也是本书重点分析的内容。值得注意的是，本书所述及的任何计算FRAND 费率的方法均有其优点与缺点，并不存在“完美的方法”。在具体案件中适用何种方法应当受到两个因素之限制。一是双方许可之实际情况。例如，如果许可双方缺乏可供比较的在先协议，则无法适用可比许可协议法。二是计算方法本身之优点与缺点。总体而言，交叉验证是目前确定FRAND费率的最佳思路。当然，我们也应始终谨慎适用所有算法，以科学确定FRAND费率，并认识到任何算法都存在局限性，尤其是通过司法程序而进行的算法定价。“从中国法院的现有实践来看，法院裁定许可费率也似乎并没有直接解决双方的纠纷……从双方纠纷发展的实际情况来看，法院直接裁定许可费率可能并不能终局性地解决双方的许可纠纷。”[①]

当前，SEP使用费纠纷多聚焦于对许可费率之公平性的审查，不公平高价争议不仅在使用费纠纷中成为关注的重点，而且俨然是点燃竞争法之诉的“导火索”。但这种“判定高低”之倾向，使得当事人善意与否沦为费率数字大小之比较游戏，或多或少掩盖了对善意谈判

① 齐晓寰. FRAND争议：费率考察与行为评价［J］. 知产财经，2022（1）：56.

之过程分析。如果缺乏对善意谈判的单独分析，可能导致权利人或者实施人在谈判中缺乏真实缔约激励，动辄径直使用司法这个“核武器”（即终极手段）[①]以解决双方争议。如果放任此种情形发展，立基于许可谈判之上的FRAND原则本身亦将被消解，成为虚文甚至演变为反向劫持的借口。由此，本书根据中国许可实践与司法案例，通过类型化方法，将实践中常见且容易引发争议的谈判行为进行归纳总结，形成虽不具有法律强制力但较为明确的规范指引。这不仅可为权利人依法依规申请禁令提供可预见性，而且可为实施人避免被指摘为反向劫持提供正当性基础，并引导双方通过善意谈判促成许可。

总之，回归市场定价是解决标准必要专利使用费纠纷的根本之道。此类纠纷更适合通过双方自主谈判或者双方合意下的非诉纠纷解决机制予以化解，而非由单方径直选择特定法院（尤其是持对己有利立场的法院）进行起诉，试图先行制造对己有利之裁判。在少数案件中，上述路径甚至演化成为“强制技术转让”这一实质违法行为的外在表现形式。因此，展望未来，重构法院在标准必要专利使用费纠纷中的角色定位至关重要。虽然法院可能无法完全缺位[②]，但其更适合作为“柔性”的调解者，即对谈判过程中的具体行为做出法律评价，尤其是对专利劫持、反向劫持进行否定性评价，以此引导双方重回谈判桌，理性平和地解决许可分歧；而非作为“刚性”的裁决者，在权利人反对的前提下，单方制定自以为符合FRAND原则的许可费率，

① 2023年4月，诺基亚知识产权政策主任罗恩斯利（Rawnsley）就曾表示，“大多数专利许可协议是以友好的方式达成许可的，诉讼是罕见的，且总是一种终极手段。遗憾的是，诉讼有时是必要的，以让顽固的实施者回到谈判桌上，真诚地商讨FRAND费率”。参见:https://www.reuters.com/business/media-telecom/nokia-says-draft-eu-patent-rules-one-sided-will-undermine-europe-2023-04-25/。

② 关于这一点仍存在争议。例如，有观点认为法官不应当介入此类纠纷，在谈判许可失败时，专利侵权救济机制将发挥作用，通过侵权赔偿以促使双方达成许可。

这种“拉郎配”的处理方式显然损害了专利法的内在激励机制。从长远来看，后者的做法对标准化、专利保护工作等都将造成重大损害，不可不加以慎重讨论。本书秉持市场定价、权利保护的总体原则，分为司法程序、善意谈判、费率计算三篇，综合国内外最新的立法材料、司法案例、执法政策等，对当前标准必要专利使用费纠纷中较为常见的善意判断、费率计算、地域管辖、劫持判定等核心问题进行了重点分析。但由于该类纠纷仍在动态演变中，一些分析过程或者结论仍有待进一步深入探讨，不足之处恳请方家不吝赐教。

目录

上篇　司法程序

中篇　善意谈判

下篇 费率计算

上篇 司法程序

在标准必要专利使用费纠纷中，涉及的程序问题众多，但一些案件中主体适格、地域管辖、法院主管等诸多程序问题悬而未决，严重制约了法院对实体问题的审理，成为该类案件审判周期大多较长的根本原因之一。笔者曾亲历某起标准必要专利使用费纠纷，其仅在管辖权异议、上诉阶段就耗时近8个月。从现有的司法实践来看，这些程序问题未能得到如实体问题一样程度的重视，对其中很多程序问题的讨论与民事诉讼的一般理论也多有不符甚至有所背离。因此，有必要回归民事诉讼的一般理论与基本逻辑，对此类案件的民事诉讼程序进行“祛魅”，以避免法律适用错误，并期望统一该类纠纷中相关民事程序法之适用。

第一章
地域管辖规则

最高人民法院在新修订的《民事案件案由规定》中明确了“标准必要专利使用费纠纷”（即“SEP使用费纠纷”）的侵权法律性质。在当前的司法实践中，该类案件的地域管辖存在法律适用不统一、“并用”合同与侵权纠纷的地域管辖规则、直接推定原告住所地作为管辖连接点等问题。为此，本书从管辖法定原则、FRAND原则、两便原则出发，重点分析专利实施地、合同履行地、许可标的所在地、侵权结果发生地、谈判行为发生地等五大常见管辖连接点，提出专利实施地的认定应当限定“直接性”，避免过度泛化；未达成许可时不应以“合同履行地”确定管辖；慎重适用“许可标的所在地”确定管辖等，以期重构SEP使用费纠纷的地域管辖规则。

第一节　SEP 使用费纠纷的性质

2020年12月底，最高人民法院对《民事案件案由规定》进行了修订，在第三级案由“专利权权属、侵权纠纷”项下新增了“标准必要专利使用费纠纷”案由，并同步修订了《最高人民法院关于审理专利纠纷案件适用法律问题的若干规定》（以下简称《专利纠纷规定》），从而将该司法解释的适用范围延及“标准必要专利使用费纠纷”。根据最高人民法院关于民事案件案由“反映案件所涉及的民事法律关系的性质，是对当事人诉争的法律关系性质进行的概括”的定性理论，修订后的《民事案件案由规定》明确了SEP使用费纠纷案件的侵权法律性质，初步形成了此类纠纷的司法规范指引。

在司法实践中，对于SEP使用费纠纷这一新类型案件的地域管辖仍存在诸多分歧。尤其是当涉及境外标准必要专利权利人时，我国法院依照何种管辖连接点对此类案件进行地域管辖，成为权利人与实施人在司法程序方面的争议焦点，也使得该类案件的管辖权异议程序更为复杂与拖沓。但当前关于SEP使用费纠纷的司法管辖研究多聚焦于平行诉讼、全球费率、长臂管辖、禁诉令及反禁诉令、国际礼让等涉及国际知识产权诉讼的管辖权冲突问题，以试图回答“中国法院能不能管辖”的问题，而较少将此类纠纷问题置于我国国内程序法视角下，尤其是结合民事诉讼法地域管辖的相关规定，以解决“中国何地法院来管辖”的问题。因此，有必要转换研究视角，从我国民事诉讼法的地域管辖规则出发，对这一新类型纠纷的地域管辖进行分析研究。

第二节　当前地域管辖的现状与问题

通过对国内SEP使用费纠纷的梳理、总结及归纳，本书认为当前此类纠纷的地域管辖适用存在以下几方面问题。

一、法律适用不统一

在司法实践中，人民法院对SEP使用费纠纷的管辖连接点存在不同认识。表1-1梳理了人民法院在SEP使用费纠纷管辖权异议裁定[①]中所认可的管辖连接点。

---

① 由于《民事案件案由规定》修订较晚，一些案件并未将“标准必要专利使用费纠纷”作为案由，故表1-1系根据案件的实际诉求以及法律关系来予以确定。

表1–1　人民法院在SEP使用费纠纷管辖权异议裁定中所认可的管辖连接点

法　院	案　号	日　期	管辖连接点		
			专利实施地	合同履行地	其他管辖连接点
最高人民法院	（2020）最高法知民辖终517号	2021–08–19	√	×	√（及谈判行为发生地）
最高人民法院	（2019）最高法知民辖终第157号	2020–08–11	√	×	—
深圳市中级人民法院	（2020）粤民03民初689号	2020–10–16	√	√	√（及谈判行为发生地）
武汉市中级人民法院	（2020）粤01知民初169号之一[①]	2020–09–23	√		
广州知识产权法院	（2019）粤73知民初1415号	2020–08–05		√	√（或侵权行为地）
北京知识产权法院	（2019）京73民初1348号	2020–10–21	√	√	
最高人民法院	（2018）最高法民辖终52号	2018–03–19			√（被告住所地）
广东省高级人民法院	（2018）粤民辖终443号	2018–08–24			√（侵权结果发生地）
广东省高级人民法院	（2012）粤高法立民终字第159号	2012–07–24		√	

注：√表示法院明确以此管辖连接点确立管辖；×表示否定该管辖连接点的可适用性；空白表示未涉及。

由表1–1可知，在权利人与实施人未就使用费达成许可协议的情况下，各人民法院就能否依照所谓的“合同履行地”“谈判行为发生地”等进行管辖存在不同裁判。例如，最高人民法院曾在裁定中认为，在未签订合同的情况下不宜适用“合同履行地”确定管辖；但深

① 该裁定系行为保全裁定，但该裁定第6页中的部分内容涉及管辖权认定。

圳市中级人民法院、北京知识产权法院的过往裁判认为，在此情况下可以适用“合同履行地”管辖连接点确定管辖；广州知识产权法院甚至明确表示“并非只有已签订合同后发生的纠纷才属于合同纠纷，在订立合同的过程中的纠纷也属于合同纠纷”，并援引相关例证，即广东省高级人民法院审理的华为公司与交互数字公司（以下简称“IDC公司”）的SEP许可费率一案也是在未达成协议的情况下以合同履行地来确立管辖的。此外，深圳市中级人民法院认可以“谈判行为发生地”作为管辖连接点，并认为“双方谈判行为发生地属于履行义务最能体现该合同特征的履行地”；广州知识产权法院则否认以“谈判行为发生地”作为适当的管辖连接点，并认为“面谈地点也不是与标准必要专利实施许可合同纠纷具有最密切联系的地点之一”，“我国法院也不曾以面谈地点作为管辖连接点”。这种相互冲突的裁判，严重影响了法律适用的效果，也损害了司法公信力。

二、混用合同、侵权纠纷的管辖规则

在2020年12月修订的《民事案件案由规定》将“标准必要专利使用费纠纷”归并到“专利权权属、侵权纠纷”项下之前，国内法院对于此类案件的性质存在一定争议。部分法院认为该类纠纷具有“特殊性”，“该类纠纷既具有专利侵权纠纷的某些特点，如可能需要判断作为许可标的的专利是否属于标准必要专利或者标准实施者是否实施了该专利、该专利的有效性如何；又具有合同纠纷的某些特点，如可能需要根据磋商过程确定双方关于包括许可费率在内的许可条件存在的分歧或已达成的部分合意等。可见，标准必要专利使用费纠纷既非典型的合同纠纷，又非典型的侵权纠纷，而是一种特殊的纠纷类型”[①]，进而“并用”合同与侵权法律关系的管辖规范。

① 参见：最高人民法院（2020）最高法知民辖终字第462号民事裁定书。

例如，广州知识产权法院在（2019）粤73知民初1415号案件中，先是从标准必要专利实施许可合同纠纷的角度，认定合同主要履行地即为该案原告住所地广东省东莞市，随后又从侵权行为的角度，将原告所在地视为侵权行为地及侵权结果发生地，并最终以此确定了地域管辖。换言之，该院在适用地域管辖规则时，同时适用了合同纠纷与侵权纠纷的管辖规则，从而变相扩大了法定管辖连接点的范围。

但这种“并用”适法模式与我国法律规定及司法实践并不兼容。例如，我国民法典第一百八十六条规定了违约责任与侵权责任竞合的处理规则，即受损害方有权择一请求损害方承担违约责任或者侵权责任，进而根据所确定的单一法律责任适用管辖规则。又如，我国民事诉讼法第二十四条、第二十九条也分别规定了合同纠纷与侵权纠纷的地域管辖规则。

首先，这种“并用”适法模式可能出现实体法上“责任择一”与程序法上“管辖规则并用”的适法后果，造成实体法与程序法的不协调。

其次，此举将不正当、变相地超出管辖连接点的地域范围，可能造成错误管辖。民事诉讼法第二十四条规定了被告住所地、合同履行地两个管辖连接点，第二十九条也规定了侵权行为地、被告住所地两个管辖连接点。“并用”合同与侵权纠纷的地域管辖规则，不仅会使其管辖连接点从“2”个走向“3”个，从而违反了法律规定，而且可能形成纠纷性质与管辖法院之间的“错配”。

再次，随着2020年12月底最高人民法院将“标准必要专利使用费纠纷”列入“专利权权属、侵权纠纷”项下，这种“并用”合同与侵权纠纷的地域管辖规则可能会面临法律适用错误的质疑。

最后，在我国过往司法实践中，也要求原告在明确依照何种法律关系寻求救济后再确定管辖法院，而非混同适用。例如，在公报案例（2005）民二终字第207号中，最高人民法院认为，“既构成违约又构成侵权的，客户有权选择要求证券营业部承担违约责任或者侵权责任。客户以侵权为由对证券营业部提起民事诉讼的，应按照民事诉讼法第二十九条的规定，由侵权行为地或者被告住所地人民法院管辖”，这亦可佐证不应“并用”合同与侵权纠纷的地域管辖规则。

三、推定原告住所地管辖

现有法院裁定在管辖事实的认定上过于依赖推定，甚至直接推定原告住所地为“专利实施地”或者“侵权结果发生地”并由此确定管辖权。例如，对于专利实施地的事实推定，北京知识产权法院在裁定[①]中认为，“三原告住所地均为北京市，三原告系在北京市实施涉案标准必要专利”，因此基于专利实施地对该案享有管辖权；深圳市中级人民法院持与之相类似的观点，认为原告“注册地为深圳……是涉案专利的实施地”，故而享有管辖权；武汉市中级人民法院甚至假设涉案专利在其司法辖区实施并由此确定其对案件的管辖权，如原告“关联公司之一位于湖北省武汉市，若实施被申请人持有、管理的标准必要专利，则该项许可合同的实施地及于湖北省武汉市”，因此该院具有管辖权。对于侵权结果发生地的事实推定，广州知识产权法院认为，“从侵权行为的角度看，原告公司所在地也可视为侵权行为地及侵权结果发生地”。最高人民法院亦沿用上述分析路径，在2023年2月的裁定中表示，“华为公司方提供的证据初步表明，华为终端公司主要负责华为智能终端产品的制造和销售，该公司的住所地位于广东省东莞市，东莞市将是双方缔约后涉案标准必要专利的主要实施地之一。因此，东莞市与本案纠纷存在适当联系，可以作为本案地域管辖连接点”[②]。

① 参见：北京知识产权法院（2019）京72民初字第1348号民事裁定书。

② 参见：最高人民法院（2022）最高法知民辖终字第221号民事裁定书。

对管辖事实的推定甚至基于假设而确定管辖的做法，显然存在一定争议。有观点认为，上述裁判系依照2019年修正的《最高人民法院关于民事诉讼证据的若干规定》第十条“根据已知的事实和日常生活经验法则推定出的另一事实”而做出的；亦有观点认为，从原告住所地直接推定涉案专利较大可能在其住所地实施或者侵权结果发生于该地的做法和结论均存疑，对此应当参照《最高人民法院关于民事诉讼证据的若干规定》第八十六条之规定，“结合当事人的说明及相关证据，认为有关事实存在的可能性较大的，可以认定该事实存在”，从而加以综合认定。

四、超越法定管辖连接点

绝大多数现有裁定均援引了2017年修正的民事诉讼法第二百六十五条之规定：“因合同纠纷或者其他财产权益纠纷，对在中华人民共和国领域内没有住所的被告提起的诉讼，如果合同在中华人民共和国领域内签订或者履行，或者诉讼标的物在中华人民共和国领域内，或者被告在中华人民共和国领域内有可供扣押的财产，或者被告在中华人民共和国领域内设有代表机构，可以由合同签订地、合同履行地、诉讼标的物所在地、可供扣押财产所在地、侵权行为地或者代表机构住所地人民法院管辖。”①

但多数法院根据上述规定，认为应“确立涉外民事诉讼中的实际联系管辖原则，即只要上述地点之一在我国境内，就可以认为该案与中国存在实际联系，我国法院即具有管辖权”②；结合SEP使用费纠纷

---

① 在2021年修正的民事诉讼法中，该规定系第二百七十二条的内容。

② 北京市高级人民法院. 标准必要专利诉讼案件法律问题与对策探析研究报告［EB/OL］.［2022-11-22］. http://www.ipeconomy.cn/index.php/index/news/magazine details/id/1634.html..

兼具侵权与合同的性质，还应考虑专利权授予地、许可标的所在地、专利实施地、许可合同签订地或许可磋商地、许可合同履行地等管辖连接点，从而建构了原民事诉讼法第二百六十五条的“SEP扩大版本”。这种扩大的确便利了实施人提起SEP使用费纠纷，保护了实施人的诉权，但可能突破法定管辖的基本原则，扩大解释原民事诉讼法第二百六十五条的适用范围。

第三节　地域管辖的基本原则

在SEP使用费纠纷中，地域管辖规则应当遵循管辖法定原则、FRAND原则、两便原则，而非任意确定有管辖权的法院。

一、管辖法定原则

公司法实践中，有观点认为SEP使用费纠纷是一种较新的纠纷类型，在法律没有明确其具体的管辖确定规则时，可以根据此类过往裁定确定地域管辖，但这显然与管辖法定原则相冲突。诉讼管辖具有明显的强制性，而这也是诉讼程序区别于仲裁程序的一大特点。对此最高人民法院明确表示，“从管辖确定依据来看，分为法定管辖与协议管辖。其中，法定管辖是指由法律直接规定的管辖，当事人不能自行选择管辖法院，如级别管辖、地域管辖、专属管辖 ……就一般地域管辖而言，根据《中华人民共和国民事诉讼法》相关规定，适用原告就被告原则，由被告住所地法院管辖”[①]。

我国民事诉讼法第二章第二节则以法律形式明确规定了“地域管辖”，并详细规定了各个法律纠纷的管辖连接点。此外，我国人民法

① 最高人民法院. 对十三届全国人大二次会议第2484号建议的答复［EB/OL］.［2022-11-23］. https://shlx.pkulaw.com/chl/60e173be1ef684b1bdfb.html.

院组织法第十六条至第二十五条也专门介绍了各级人民法院的管辖范围。由此可见，在我国仅能依照法律规定（法定管辖）与当事人合意（合法的协议管辖）两项依据确定人民法院的管辖权。法定管辖原则为下级人民法院所遵循，如《北京市高级人民法院关于立案审判适用法律若干问题的解答（二）》规定，“协议约定的管辖法院经审查存在前款规定的管辖协议无效情形，且不存在其他法定管辖连接点的，应裁定不予受理”；上海金融法院的管辖规定指出，“……符合民事诉讼法、行政诉讼法地域管辖的基本原则。根据民事诉讼法、行政诉讼法‘原告就被告’的一般地域管辖基本原则，上海法院对住所地在上海的金融市场基础设施为被告或者第三人的民事、行政案件本身就具有法定管辖权”[①]。

如前所述，最高人民法院通过调整案由规定，明确SEP使用费纠纷属于侵权纠纷，不存在定性不明的问题，也不存在所谓的“没有明确的管辖规则”的情形，因此应当严格遵循法定管辖的基本规则，对其适用侵权纠纷的管辖规则。

二、FRAND 原则

从主要标准化组织的知识产权政策来看，注重平衡各方利益、避免对实施人或权利人的单方过度保护是FRAND原则的本质内涵。欧洲电信标准化协会（ETSI）[②]就在其知识产权政策宗旨中明确表示，“旨在寻求平衡电信领域公共使用的标准化需求和知识产权所有者的

---

① 最高人民法院. 立案庭负责人就上海金融法院案件管辖司法解释答记者问［EB/OL］.［2022-12-25］. http://www.pkulaw.cn/fulltext_form.aspx?Db=lawexplanation&Gid=8b7a7386bdff598b8a1af08a9438fe88bdfb&EncodingName=.

② 欧洲电信标准化协会（European Telecommunications Standards Institute，ETSI）是一个独立、非营利性欧洲电信行业的标准化组织，制定适用于全球的信息技术与通信技术（ICT）标准。

权利”；美国通信工业协会（TIA）[①]在其知识产权政策中同样认为，“这些规则植根于对进程中所有参与者的知识产权的尊重，承认创新的重要性，奖励体现在技术贡献中的技能和创造力，同时帮助确保所有实施者在合理和不歧视的基础上获得实施TIA标准所必需的知识产权”；电气与电子工程师协会（IEEE）[②]在《IEEE SA标准委员会章程》中亦指出，“IEEE SA标准委员会审查的目的是确保IEEE标准代表了那些受到这些标准实质性影响的人的利益共识，并且在这些标准的制定过程中遵循了适当的程序”。

故而，立基于标准必要专利组织之上的FRAND原则，对其理解需要遵循上述平衡原则，既要避免过度干预权利人行使权利，又要保障标准化需求，可见“平衡”才是理解FRAND原则的核心所在。但是这种利益平衡并不仅仅限于双方实体权益的平衡，而应当延及保护专利权的程序性权利，否则可能出现一方以程序性权利扭曲双方实体利益的情况，从而违反FRAND原则中的平衡原则。因此，具体到建立在FRAND 承诺之上的SEP使用费纠纷的地域管辖问题，也要坚持这种平衡理念，在确定地域管辖时，既不能片面地从实施人方面予以考量，也不能完全遵循权利人的管辖主张，而是要平衡双方的管辖利益，否则将违反上述标准组织之FRAND原则的本质内涵。

上述平衡观点亦在我国司法实践中得到认可。例如，南京市中级人民法院在华为公司与康文森公司案件的判决书中就表示，“FRAND承诺的根本目的是确保对创新提供适当的鼓励，同时避免‘专利劫持’，即由于将专利纳入标准，所以相关产品不可避免会使用到该专

① 美国通信工业协会（Telecommunications Industry Association，TIA）是一家服务性贸易组织，其成员为世界各地提供通信和信息技术产品、系统和专业技术服务。

② 电气与电子工程师协会（Institute of Electrical and Electronics Engineers，IEEE）是国际性的电子技术与信息科学工程师的协会，也是全球最大的非营利性专业技术学会之一。

利。因此，专利权人基于此有利地位有可能拒绝授予许可，或者按照不公平、不合理的条款进行许可，或者以歧视性条款进行许可。然而，对于愿意支付合理专利权使用费的被许可人，专利权人不应直接拒绝授予许可。一方面，有必要确保专利权人能够从技术创新中获得足够的回报；另一方面，有必要制定基本的原则以防止标准必要专利权人收取高昂的许可费率或者附加不合理条款，这是FRAND费率的核心”[①]。但此处“对创新提供适当的鼓励”之表述，似乎有过于保守之嫌。

三、两便原则

便利人民群众进行诉讼，便利人民法院审理案件，是民事诉讼法和审判实践一贯遵循的“两便原则”，这是我国民事审判工作的优良传统，也是人民法院审理民事案件的一种行之有效的工作方法和制度[②]。根据两便原则，法律在确定管辖时综合考虑了当事人住所地、诉讼标的物特点、法律事实发生地等因素与法院辖区之间的密切程度[③]。因此，我国民事诉讼法规定大多数案件由当事人所在地或者标的物所在地人民法院管辖，“节约诉讼成本的‘两便原则’，其适用的前提是双方当事人选择有实际联系点的法院”[④]。

由此可见，实际上地域管辖规则就体现了两便原则，是其规则化的制度表现。因此，不应借口两便原则架空管辖法定原则，即对于民事诉讼法及其相关司法解释已经明确规定的一般或特殊地域管辖规则，

① 参见：南京市中级人民法院（2018）苏01民初字第232、233、234号民事判决书。

② 全国人大常委会法制工作委员会民法室.《中华人民共和国民事诉讼法》释解与适用［M］.北京：人民法院出版社，2012：221.

③ 齐树洁.民事诉讼法［M］.北京：中国人民大学出版社，2019：82.

④ 参见：甘肃省定西市中级人民法院（2018）甘11民辖终字第42号民事裁定书。

不应以两便原则为由而进行实质性突破，从而创设新的管辖规则，这不仅可能损害另一方的管辖利益，而且违反了两便原则本身。

但对于新类型案件，在不违反法定管辖的前提下，两便原则可以作为辅助判断因素予以确定管辖，人民法院应当先识别双方的管辖利益以及不利益，如一方在另一方住所地参加诉讼的不便利性、诉讼成本、法院查明事实的难度等，以全面、综合地理解对实施人或者权利人而言何种管辖利益更应当予以认可和保护。在此过程中，尤其要坚持民事诉讼的平等原则，避免地方保护主义与“一刀切”，严禁变相将一方住所地等可能影响案件实体结果的地点作为管辖连接点，从而确保双方平等接近法院的程序权利。

第四节　常见管辖连接点分析

本书根据国内现有SEP使用费纠纷裁定，梳理、归纳并总结了常见管辖连接点的范围，并逐一进行分析。

一、专利实施地

SEP使用费纠纷中，在以“专利实施地”确立管辖（尤其是能否以实施人的住所地或者实际经营地作为“专利实施地”）等问题上存在较大争议。就地域管辖的一般规则而言，专利实施地之认定应当审查以下几个方面。

第一，专利实施地的界定应当依照相关司法解释之规定，将其理解为专利侵权行为的直接实施地。《专利纠纷规定》第二条第二款规定，“侵权行为地包括：被诉侵犯发明、实用新型专利权的产品的制造、使用、许诺销售、销售、进口等行为的实施地；专利方法使用行为的实施地，依照该专利方法直接获得的产品的使用、许诺销售、销售、进口等行为的实施地；外观设计专利产品的制造、许诺销售、销售、进口等行为的实施地；假冒他人专利的行为实施地”。根据上述规定，专利实施地应属于侵权行为地的下位概念，是专利侵权行为的直接实施地，而非将其任意泛化。

第二，不应将专利实施地直接推定为实施人的“住所地”或“生产经营地”。有观点认为，对于实施人提起标准必要专利使用费纠纷的，可以推定其已经存在生产经营地或住所地实施SEP的极大可能性。但这显然与实施者跨地域布局的产业实践并不相符，如很多企业的生产经营地散布在国内多个地区，有的住所地仅作为商业决策中心，而不具有生产经营职能，即住所地与实际经营地不一致。另外，被提起诉讼的SEP在大多数情况下并非所生产产品的全部标准必要专利，而仅仅涉及实施人生产或服务的某一个或几个步骤环节，如果未指明涉案专利的具体实施环节，就无法据此指引到具体专利的实施地。因此，不应将专利实施地直接推定为“住所地”与“生产经营地”，以避免据此管辖的侵权行为实际上并不发生于该地区的情况，从而引发错误管辖。

第三，如果实施人拒绝认可或者未提交证据证明实施事实，权利人亦未提交侵权地点、证据，则不应以专利实施地作为管辖连接点确立管辖。在此情况下，“专利实施”本身尚处于真伪不明的状态，因而“专利实施地”是否存在以及存在于何处亦真伪不明，此时就不应适用“专利实施地”来确立受诉法院管辖，否则可能有违“以事实为依据”的民事诉讼法原则。

第四，以“专利实施地”主张管辖的，应当审查涉案SEP之“实施地”位于受诉法院管辖范围之内的证据。重点按照下列步骤予以查明：①起诉方是否提交初步证据或者实施人是否认可实施了涉案SEP？②是否初步判定该实施行为落入《专利纠纷规定》第二条第二款的行为类型？③该初步证据的行为发生地是否指向受诉法院的辖区？应按照上述顺序初步查明“专利实施”之事实，进而确定合适的管辖连接点。

第五，如果存在多个专利实施地，可适用两便原则进行辅助判断，并确定管辖法院。实践中，实施人可能在多个地区实施该专利，从而形成多个专利实施地。对此可以适用两便原则辅助判断并确定管辖法院，以便利双方当事人诉讼与法院审理为目的。但该辅助适用不能超越法定管辖规则，更不能不合理地、明显地增加一方的应诉成本或者将一方置于显著不利的法院辖区。

第六，应当避免实施人通过适用“专利实施地”而不正当获取管辖利益。从实施实践与商业惯例来看，即使双方签订了许可实施合同，专利实施的范围也受到许可合同的限制，而非遍及实施人的所有生产经营地。例如，我国《专利实施许可合同签订指南》就规定，“乙方在合同规定的期限、地区内实施合同技术。未经甲方同意乙方不得擅自与第三方联营扩大实施范围，并无权将合同技术许可第三方使用”；在最高人民法院公报案例（名山电力有限责任公司诉威格尔国际合作发展公司等专利实施许可合同纠纷案）中，法院也认定“《专利实施许可合同》约定：甲方代表专利权人，许可乙方在约定的期限、地区以甲方提供的年产3 000吨汽油、柴油的设备”等，由此可见，限定实施地域实属专利实施许可的商业惯例。因此，如果将“专利实施地”泛化，在许可达成的情况下，许可实施地域将受到双方合意之限制；但当许可未达成时，实施地反而会被理解为是与实施人有密切联系的生产经营地。这可能会刺激实施人未经过充分协商，便提早选择对自己可能有利的管辖法院，进而获取不当管辖利益。

第七，从专利法的立法目的来看，“专利实施地”的理解适用应向保护权利人的方向适度倾斜。从专利法来看，“专利实施”的目的在于保护权利人的合法权利，对于SEP使用费纠纷，对其理解适用应向权利人适度倾斜。我国专利法第十一条规定：“发明和实用新型专利权被授予后，除本法另有规定的以外，任何单位或者个人未经专利权人许可，都不得实施其专利……”第12条规定：“任何单位或者个人实施他人专利的，应当与专利权人订立实施许可合同，向专利权人支付专利使用费……”由此可见，专利法规定“专利实施”之许可前提，旨在保护权利人的合法权益，即他人使用SEP时须以签订合同的方式取得许可并支付费用，否则即为非法。因此，从专利法的法律价值出发，对于在专利实施事项中所发生的纠纷，应当在符合法律规定的情况下，向保护权利人的方向适度倾斜。

二、合同履行地

当前，SEP使用费纠纷诉诸法律的基本情况是双方在并未达成许可协议的情况下，请求人民法院确定SEP的使用费率。对此，一些法院在未考虑合同尚未订立的情况时，即将原告住所地作为合同履行地并确定管辖的做法存在较大争议。从我国民法典关于合同履行及其补救规定、民事诉讼法第二百七十二条、裁判实践等方面来看，均认可先有合同成立，而后方有合同履行，并基于合同实际履行产生合同履行地。因此，合同并未成立的，也就不能适用尚未产生、并不存在的合同履行地，在SEP使用费纠纷中也就不应将其作为管辖连接点。这一观点亦在最高人民法院的（2020）最高法知民辖终517号、（2019）最高法知民辖终第157号这两份裁定中得到确认，可以预见这将对今后处理此类案件提供裁判指引。

第一，从民法典关于合同成立的规定来看，应先有双方订立符合法律规定之合同，而后产生合同履行之事实，进而方能确定合同履行地。我国民法典第一百一十九条规定，“依法成立的合同，对当事人具有法律约束力”；第五百零九条第一款规定，“当事人应当按照约定全面履行自己的义务”。根据上述法律规定，显然只有当双方就合同权利义务关系达成一致意见后方产生合同履行的问题；如无一致意见，则无约定内容，自然不产生合同履行的事实；既然无合同履行的事实，则不具有所谓的合同履行地问题。换言之，合同履行地之产生，一般遵循“合同签订并依法成立—合同履行之义务—实际的合同履行地”这一规律，若无合同的签订，则无合同履行地。

第二，从民法典关于履行地点的补救规定来看，将实施人住所地作为合同履行地缺乏法律依据。我国民法典第五百一十条规定，“合同生效后，当事人就质量、价款或者报酬、履行地点等内容没有约定或者约定不明确的，可以协议补充；不能达成补充协议的，按照合同相关条款或者交易习惯确定”。由此可见，即使在合同生效后，履行地点之明确也应当先由双方协议补充，不能达成补充协议的，再由法院根据合同其他条款或者交易习惯确定，而非将原告的生产经营地或者住所地直接认定为合同履行地。在合同订立的情况下，人民法院尚且无法直接自行确定合同履行地；那么，在合同尚未订立的情况下，更不能仅仅依照实施人的住所地或生产经营地便径行将其认定为合同履行地。

第三，根据民事诉讼法第二百七十二条之规定，对在我国领域内没有住所的被告适用“合同履行地”确立管辖时，需要满足“合同在中华人民共和国领域内签订或者履行”这一前置条件。因此，如果双方并未签订合同，则不符合该前置条件，不应依照该条之“合同履行地”确定地域管辖。

第四，从人民法院的司法实践来看，未签订合同的，不应适用合同履行地确立管辖是较为统一的裁判观点。例如，在中农集团控股股份有限公司、刘勇合同纠纷二审案件[①]中，上诉人主张由于双方并没有签订合同，也不存在达成合作意向，因此不应适用合同履行地确定管辖，而是应当由被告住所地的人民法院管辖。对此，辽宁省葫芦岛市中级人民法院表示“本案上诉人主张由被告住所地法院管辖，依法有据，应予支持”。与之相类似，在南京森佳装饰材料厂与被告夏熙辉买卖合同纠纷一案[②]中，南京市秦淮区人民法院也认为，“因合同纠纷提起的诉讼，由被告住所地或者合同履行地人民法院管辖。本案所涉买卖合同未订立书面合同，亦未明确约定合同履行地，合同履行地属于不明状态，应由被告住所地人民法院管辖”。

三、许可标的所在地

许可标的所在地亦是此类案件中较为常见的管辖连接点，但从当前司法实践来看，许可标的的所在地的内涵与外延并不明确，对其适用的争议较大，应当慎重适用。

许可标的所在地的适用应以许可为前提。从其字面含义来看，应先有许可，而后有许可标的，即在未进行许可的情况下，不存在许可标的，也不存在所谓的许可标的的所在地，更为严谨地说，此类连接点应当被称为“潜在的许可标的的所在地”。如果双方尚未达成许可，也就不存在许可标的，何来许可标的的所在地？因此，许可标的的所在地的确定有赖于在先的许可标的，若无许可之存在，也就不存在所谓的“许可标的的所在地”。

同时，许可标的的所在地并不属于法定的管辖连接点，以此确定管辖，可能有违管辖法定原则。我国民事诉讼法等相关法律并未规定所谓的“许可标的的所在地”这一法律概念，也从未将该概念作为

① 参见：辽宁省葫芦岛市中级人民法院（2019）辽14民辖终字第98号民事裁定书。

② 参见：南京市秦淮区人民法院（2015）秦商初字第1884号民事判决书。

民事纠纷的管辖连接点予以规定。同时，民事诉讼法第二章第二节“地域管辖”中已经明确规定地域管辖的诸多管辖连接点，其中并未囊括“许可标的所在地”。根据管辖法定的基本原则，在判断SEP使用费纠纷的地域管辖中采用“许可标的所在地”时将面临合法性挑战。

此外，对许可标的“所在地”的认定分歧较大。由于许可对象为SEP，系无形财产，对其“所在地”如何界定存在一定难度：从授予地来看，专利权系由国家知识产权局授予，如果将所在地等同于授予地，则其应当在国家知识产权局所在地——北京市；但如果从标准纳入地来看，又应当结合标准化组织所在地、标准文件接收地等连接点予以综合判断；若将“许可”等同于“实施”，则将出现“许可标的所在地”与前述“专利实施地”的混同。因此，至少就目前而言，许可标的所在地的法律含义仍不十分明确。

四、侵权结果发生地

关于侵权纠纷的管辖，我国民事诉讼法第二十九条规定：“因侵权行为提起的诉讼，由侵权行为地或者被告住所地人民法院管辖。”在SEP使用费纠纷司法实践中，将实施人住所地推定为侵权结果发生地的做法引发了较大争议。

最高人民法院在《知识产权案件年度报告（2013年）》中指出，侵权结果发生地应当被理解为是侵权行为直接产生的结果的发生地，而不能简单地以原告受到损害就认定原告住所地是侵权结果发生地。实践中，各级人民法院也严格贯彻落实了最高人民法院的上述裁判精神与判决理由。部分法院甚至认为，“在知识产权案件中，若以侵权结果发生地作为管辖依据，将导致管辖权的连接点过多，产生管辖权冲突和矛盾，因此，在知识产权案件中一般不以侵权结果发生地作为管辖依据，而应以侵权行为实施地作为管辖依据”[1]，从而否定了侵权结果发生地的法律适用。当然，这种观点又走向了另一种极端，并不可取。

为了解决侵权结果发生地认定分歧的问题，《最高人民法院关于全国部分法院知识产权审判工作座谈会纪要》（法〔1998〕65号）指出，“一些法院对最高人民法院司法解释中关于‘侵权结果发生地’的理解有一定的混乱，有的甚至认为，在侵权案件中，受到损害的原告住所地或者‘侵权物’的达到地就是‘侵权结果发生地’。与会同志普遍认为，在知识产权侵权纠纷案件中，侵权结果发生地应当被理解为是侵权行为直接产生的结果发生地，而不能以原告受到损害就认为原告所在地就是侵权结果发生地”。

根据我国法院的上述司法判决及裁判精神可知，目前基本的共识是：不能直接、简单地凭实施人主张自己受到损害就认定原告住所地是侵权结果发生地。如果人民法院放任实施人未加证明其住所地是侵权结果发生地就认定两者同一，将加剧“择地而诉”现象，这样容易使当事人之间的利益平衡被打破，从而违背民事诉讼管辖制度设置的本意。

按照侵权结果发生地的上述认定逻辑可知，虽然此为一程序性审查，但由于先需要初步审查直接侵权结果之实际存在，进而方能将该直接侵权结果作为管辖连接点并确定管辖法院，因而如果起诉证据中并不存在直接侵权结果或者直接侵权结果尚不确定，则无法依照侵权结果发生地予以管辖，因为其逻辑前提即直接侵权结果并不存在。简而言之，侵权结果的初步审查及其诉讼系属应当是此类案件管辖权异议审查的重点。最高人民法院在其司法实践中亦坚持了上述司法观点，其曾在相关案件中明确表示，“在根据侵权结果发生地确定管辖法院时，应当对侵权结果进行审查，上诉人关于被诉侵权行为的

① 参见：江苏省高级人民法院（2014）苏知民辖终字第00084号民事裁定书。

后果是在法院实体审理阶段做出评判的事项，与本案管辖无关的上诉理由不能成立”[1]。因此，人民法院不能仅从起诉方所谓的受损这一单方主张就推定其住所地为侵权结果发生地，而应该结合对直接侵权事实之初步认定以及该侵权事实之实际发生地，精确地判断侵权结果发生地。

五、谈判行为发生地

在SEP许可实践中，双方谈判主要以会面实时谈判以及电子邮件、电话、传真等非实时谈判两种方式交替进行。因此，存在谈判信息发出地、谈判信息接收地及会面谈判地等三种谈判地点类型，加之每种类型可能具有多个谈判地点，甚至部分面谈地点位于境外，使得这类所谓的“谈判地”情况更加复杂。同时，实施人、权利人为了获取对己更为有利的管辖利益，常常会主张以不同谈判地点作为管辖连接点，这更增加了确定“谈判行为发生地”的难度。

同时也应当看到，并非每个“谈判行为发生地”均与SEP使用费纠纷相关。部分谈判行为涉及谈判资料的交换、会谈事项的事前确定、某些SEP的技术讨论、谈判人员或时间临时变更等内容。因此，如果要以“谈判行为发生地”确定SEP使用费纠纷的管辖，则应当审查该谈判行为的具体内容，只有当其与SEP使用费谈判直接相关时，方可作为管辖连接点。此外，实践中由于谈判内容大多有赖于单方的会议备忘录或者邮件纪要而确定，往往难以完整查明案件事实。因此，一般情况下不应单独依照该连接点来确定管辖，因其仅能发挥辅助作用。

---

① 参见：最高人民法院（2012）民三终字第3号民事裁定书。

第五节　小　结

不同的案件具有不同的性质，不同的案件性质会有不同的管辖连接点。例如，侵权之诉中的侵权结果发生地可以作为管辖连接点，但其无法适用于合同案件中。因此，需要先对案件性质予以界定。在SEP使用费纠纷被最高人民法院认定为侵权纠纷后，各方即应当遵循侵权纠纷的特殊地域管辖规则。当然，上述连接点分析是对地域管辖规则特别是SEP使用费纠纷在不同争议事实下所进行的尝试性探讨。从SEP许可的复杂性来看，要建立起科学可行的地域管辖规则还有很长一段路要走。但只要回归案件事实与管辖法定本身，合理考虑FRAND原则，避免“并用”合同与侵权管辖规则等任意“造法”行为，平等保护权利人与实施人的管辖利益，则法律适用将逐步走向统一。

第二章

域外禁令规则

近年来，司法实践中出现了SEP实施人将外籍标准必要专利权利人的域外申请禁令行为在我国国内法院主张为不正当竞争或者滥用市场支配地位之情形。由于申请禁令行为具有公法属性，基于司法主权原则，上述行为的合法性、正当性宜由属地法院或者执法机构判断，从而避免国际法冲突。如果SEP权利人申请禁令时已尽审慎注意义务，则应先推定其行权合法。同时，禁令授予与否最终应由属地法院依法做出，而不应仅根据申请禁令行为就直接推定SEP权利人存在主观恶意。但如果SEP权利人以专利侵权为手段，恶意干扰企业首次公开募股（IPO），则其不但可能被认定为不正当竞争，严重者还将被追究刑事责任。

同时也应当看到，如果完全剥夺权利人的禁令请求权，将对技术创新造成巨大的负面影响。2023年3月，印度德里高等法院在爱立信公司（Ericsson）与Intex（印度本土手机品牌）公司一案中明确表示，“在SEP诉讼中拒绝对实施人施加禁令措施将产生反创新的多米诺骨牌效应，即在所有SEP许可谈判中把讨价还价的筹码转移到实施人一方，从而贬低现有受专利保护的技术价值，抑制企业后续开发新技术。如果在合理期限内缺乏任何现实的禁令预期，实施人就可以享受创新者之技术，从实施该技术的产品和服务中获利。但在谈判和诉讼期间，创新者在其花费巨大成本和风险所研发的专利技术中将一无所获。这种不对称性很可能导致（较低的）和解金额，或者在缺乏诉讼的情况下，通过谈判得到的许可使用费也是如此”[①]。

第一节 问题之引入

2018年8月，某公司以不正当竞争为由，向广州知识产权法院起诉标准必要专利的权利人爱立信公司[②]，请求判定其在国外禁令申请行为构成不正当竞争。在更早的华为公司与IDC公司反垄断纠纷案中[③]，也涉及外国权利人在域外申请禁令行为的国内竞争法判断。随着SEP平行诉讼的日益高发，外国SEP权利人在域外申请禁令行为是否构成中国法律背景下的滥用市场支配地位或者不正当竞争等问题已逐渐凸显出来，对此有必要做进一步深入研究。

《国务院反垄断委员会关于知识产权领域的反垄断指南》第二十七条规定，对于拥有市场支配地位的标准必要专利权人通过请求法院或者相关部门做出或者颁发禁止使用相关知识产权的判决、裁定或者决定，从而迫使被许可人接受其提出的不公平高价许可费或者其他不合理许可条件的，存在排除、限制竞争之嫌。2022年6月27日，国家市场监督管理总局公布《禁止滥用知识产权排除、限制竞争行为规定（征求意见稿）》，其中第十六条新增类似规定，即“在标准必要专利许可过程中，违背公平、合理、无歧视许可的承诺，未经善意谈判程序，不正当地请求法院或者相关部门做出或者颁发禁止使用相关知识产权的判决、裁定或者决定，迫使被许可方接受其不公平的高价或者其他不合理的限制条件”的，涉嫌排除、限制竞争。但上述极为严格的态度在2023年7月国家市场监督管理总局发布的《关于标准必要

① 案号：2023:DHC:2243-DB。

② 参见：广州知识产权法院（2018）粤73民初字第2537号民事判决书。

③ 参见：广东省高级人民法院（2013）粤高法民三终字第306号民事判决书。

专利领域的反垄断指南（征求意见稿）》中有所缓和。该意见稿认可SEP权利人有权提出禁令请求，“通常情况下，标准必要专利权人有权依法请求法院或者相关部门作出或者颁布禁止使用相关专利权的判决、裁定或者决定”。同时，其又指出此类禁令申请所可能造成的反竞争效果，“标准必要专利权人可能滥用上述救济措施，要求标准实施方接受其不公平的高价或者其他不合理的交易条件，从而排除、限制竞争”。

上述几个规定并未明确“法院或者相关部门”是否仅指代我国法院或执法部门，抑或包括外国法院或者外国执法部门。当然，由于我国反垄断法具有域外适用效力，该规定亦可能适用于外国SEP权利人向外国法院或者外国执法机关所做出的禁令请求[①]。与不公平高价销售、无正当理由拒绝交易等典型的私法行为不同，一些国家的法律传统认为，申请禁令行为属于外国当事人依照所在国法律，向国家司法机关或者行政执法机关请求救济之诉讼权利，系一国公法上的权利，不应由外国政府干涉，尤其当其依据行政法寻求执法救济时，该特点更加突出。在我国，就与禁令申请权相类似的诉权面议而言，最高人民法院也认为该权利“是当事人启动和推动民事诉讼程序的基本权利，也是我国宪法规定的人民群众的基本权利”，并提出“加强人权司法保障，强化诉讼过程中当事人和其他诉讼参与人的知情权、陈述权、辩护辩论权、申请权、申诉权的制度保障”[②]。这从侧面佐证了我国法院对此的理解，即申请禁令行为带有公法属性，而与一般的私法

① 亦有观点并不认可上述规定的域外效力。其认为，反垄断法基于第二条之明确规定，故而具有域外适用效力；但上述规定并不属于法律，亦未明确其具有域外适用效力，故应当慎重适用。

② 张伟刚. 正确适用修改后民事诉讼法 不断完善“公正、高效、权威”的民事诉讼制度：最高人民法院有关负责人就民事诉讼法司法解释答记者问［EB/OL］.［2022-02-03］. https://www.chinacourt.org/article/detail/2015/02/id/1546423.shtml.

行为有所区别。

在此情况下，对于外国主体在域外向外国法院或者外国执法机关的申请禁令的行为，外国公权力机关将依照其国家主权与当地法律做出相应的判决、裁定或者决定。如果我国法院或者执法机关对该公法行为依照中国法律对申请禁令行为进行“二次评价”，则有可能与前述外国公权力机关的决定相冲突。例如，外国法院认可其合法性，但中国法院却认为其具有反垄断法上的可责性。从私法方面来看，这将使权利人陷入真正的法律冲突，无所适从，从而削弱了权利人通过申请禁令保护其合法权利的积极性；从公法方面来看，这可能被认为属于过度管辖，会对他国法院或执行机关的属地管辖权造成一定影响，也会影响我国司法机关或者执法机关的国际公信力。

第二节　尊重他国司法管辖权，避免过度管辖

一、属地法院或者执法机构自主判断

互相尊重主权原则不仅是我国和平共处五项原则的重要组成部分，而且是国际法原则中最重要的一项。《联合国宪章》规定了“会员国主权平等之原则”；在中国与英国、意大利等国签订的双边刑事司法协助协定，以及与意大利等国签订的民事司法协助协定中，也均规定“相互尊重主权”；在中国与荷兰等国签订的相互鼓励和保护投资协定（适用于知识产权）中亦明确指出“尊重主权”。根据上述国际条约可知，司法主权作为各国主权的重要内容，亦应当受到尊重。

尊重司法主权的一个重要体现，是一国法院不得干预他国法院之运行。根据相互尊重主权原则，就司法程序而言，在本国法院内提起

诉讼和申请禁令的合法性与正当性应由该国法院依照该国法律予以判断。例如，在中国境内，向中国法院提起诉讼以及申请禁令的合法性与正当性，当然应依照中国的民事诉讼法予以判断，而非依照别国法律予以判断。对此，最高人民法院在《关于人民法院服务保障进一步扩大对外开放的指导意见》中明确规定，“依据我国法律，正确行使司法管辖权，有效维护我国国家司法主权”；我国涉外民事关系法律适用法第八条也规定，“涉外民事关系的定性，适用法院地法律”。总之，根据法律规定以及司法政策，我国法院同样认为要依照受理法院地法律对申请禁令行为的定性进行判断。

此外，《第二届中国-东盟大法官论坛南宁声明》第七条也指出，“在本国国内法允许的范围内，与会各国法院将善意解释国内法，减少不必要的平行诉讼”。该声明不仅体现了中国与东盟国家之间日益增长的司法互信，而且为我国与其他“一带一路”沿线国之间（乃至扩及所有国家）的反垄断法之域外适用提供了新的思路，即善意解释原则，以此解决平行诉讼的问题。

综上，基于司法主权原则，申请禁令行为的正当性由属地法院或者执法机构判断较为适宜。

二、“二次评价”容易造成区际裁判冲突

在标准必要专利使用费纠纷中，涉及申请人在国外提起的专利侵权诉讼及禁令申请是否构成“滥用市场支配地位”的法律评价。对此应当明确的是，如果这些诉讼行为在国外反垄断法的框架下被认定为具备正当性，则应当谨慎认定其在我国国内构成滥用市场支配地位而具备可责性。否则，可能被认为适用中国法律来限制和否定外国当事人在外国合法地行使其在国外的相应民事实体或程序权利，从而引发实质性国际法冲突，甚至造成“法院裁决大战”。

在一些国外专利侵权诉讼所在法域，对于判断SEP侵权诉讼与反垄断法的关系，已经形成了相对成熟的规则。例如，欧盟法院（CJEU）在华为公司诉中兴公司一案（Huawei v ZTE）[①]中讨论的问题就是在何种情况下SEP权利人申请禁令构成滥用市场支配地位[②]。根据该判例确立的原则，专利权行使通常不会涉及滥用市场支配地位的问题，FRAND承诺不能否定SEP专利权人实质上拥有主张该专利之禁令救济的权利。该案例对专利权人和专利实施者的义务都做出了规定。其中，就专利权人而言，其需要向标准实施者发出侵权通知。该侵权通知中至少应涵盖涉诉专利，并在标准实施者向SEP权人提出许可请求后，向标准实施者提供具体的、书面的FRAND许可要约。只要满足了这些条件，提起诉讼或请求禁令就不存在滥用市场地位的问题。该欧盟法院案例适用于欧盟所有成员国，并且对于脱欧之后的英国也具有一定的参考价值。例如，在2020年5月5日德国联邦法院（German Federal Court of Justice）审理的申请人西斯威尔公司（Sisvel）诉海尔公司侵犯标准必要专利纠纷与禁令申请一案中，该法院即适用了上述CJEU的规则，认定海尔公司的行为未能体现其接受FRAND许可的意愿，不符合上述欧盟法院判例中对专利实施者行为的要求，因此海尔公司提出的针对申请人之禁令的FRAND抗辩不能成立。该份判决也为欧洲其他法院处理标准必要专利纠纷提供了指引。因此，考虑到国外存在较为成熟的判断SEP侵权诉讼是否构成滥用市场支配地位的规则，并且相关审判规则仍在不断发展之中，我国法院对于涉及境外标准必要专利诉讼的案件应保持更为审慎的态度。特别是，如果本国争议与域外多个国家正在进行的标准必要专利侵权诉讼和禁令申请存在高度牵连性甚至是

① 案号：Case C–170/13。

② 尹雪萍. 标准必要专利禁令之诉的竞争法边界：以欧盟2015年华为诉中兴案为视角［J］. 东岳论丛，2016（4）：174.

平行诉讼，则更应当谨慎认定。

因此，对于外国主体于境外正在进行的标准必要专利相关诉讼或者禁令申请行为是否正当、是否构成滥用市场支配地位等问题，可能并不适宜由我国法院或执法机构单方、仅仅依照我国法律做出认定。当前，在权利人所发起的国外专利侵权诉讼中，实施人大多会提起竞争法抗辩。相应地，外国法院势必会对当事人依据该国的专利权提出侵权诉讼和禁令的行为是否构成滥用市场支配地位做出判断。一旦本国法院或者执法机关的认定与之不同（如出现外国法院在其审理的案件中认定申请行为不存在滥用市场支配地位，而本国法院却认为申请人在国外被视为合法的申请禁令行为是滥用市场支配地位这种相互矛盾且不合逻辑的认定），这种“真正的法律冲突”可能会造成适用一国法律来限制和否定他国当事人在外国行使其合法专利权之法律后果，从而导致各国法院或者执法机构间的实质性法律冲突。

三、合法性审查应当秉持属地原则

对于外国权利人是否有权在外国司法辖区提起禁令申请，应当由当地法律予以判断。一般而言，一国法律都会规定起诉及申请禁令应当符合法律规定的条件，尤其是应当有具体的诉讼请求和事实、理由。如意大利《专利法》第一百三十一条设置了禁令制度，规定“工业产权的所有人可根据该国《民事诉讼法》关于临时救济程序的规定，要求对即将发生的侵犯其权利的行为以及正在发生的任何侵权行为继续或重复发出禁令，特别是可要求对作为所有人或以任何方式拥有这些物品的一方发出禁止制造、交易和使用构成侵权之物品的禁令，并令其撤出市场。根据同样的先决条件，可以向其服务被用于侵犯工业产权的任何一方申请禁止令和退出市场的命令”。荷兰《专利法》第七十条亦规定，“专利权人有权要求任何侵犯其权利的动产的所有权，或有权要求将该动产从市场上撤出、销毁或使其无法使用，并有权要求将主要用于生产这些商品的材料和机器从市场上撤出。该国《民事诉讼法》中关于执行动产的扣押和查封的规定应予适用”。实际上，就我国的专利侵权诉讼而言，专利权人只要提供了证明自己权利存在的证据和证明被告实施侵权行为的证据，就应当认为其起诉符合法定条件，具备具体事实和理由[①]。

如果SEP权利人所依据的是合法有效的专利权，且起诉或禁令对象都是实施人在当地公司涉嫌专利侵权产品的特定使用者，属于涉嫌专利侵权人的范围，目的是维护自身专利权，而非不正当损害他人权益，则均属于正当行使权利的范围。在真实维权的情况下，即使在维权时机等方面有所选择，仍属行使权利的自由，仅此不足以认定SEP权利人的行为具有不正当性[②]。

实际上，在我国国内司法实践中，对于专利维权亦持倾向于“保护权利”的裁判观点。例如，最高人民法院曾在一起案件[③]中明确表示，“理邦公司以迈瑞公司因具有竞争关系而具有诋毁动机、有意选取关键时段进行商业诋毁、撤回多达12件侵权诉讼等为由，认为从整体上分析并结合新证据可以认定一系列诉讼均为恶意诉讼，具有打击、排挤竞争对手的目的，而非真实的专利维权行为，其主张证据不足，本院不予支持”。重庆市第一中级人民法院在一起案件中指出，“本法院认为中凯公司有权对其合法权益通过合法方式进行维护，不论其客观上是否实现了打击竞争对手的效果，均具有法律上的正当性”[④]。因

---

① 案号：（2006）苏民三终字第0088号。

② 参见：最高人民法院（2015）民申字第191号民事判决书；（2005）沪高民三（知）终字第92号。

③ 参见：最高人民法院（2015）民申字第191号民事判决书。

④ 案号：（2008）渝一中法民初字第134号。

此，根据前述裁判观点，SEP权利人作为专利权人有权对其合法权益通过合法方式进行维护，不论其客观上是否实现了打击竞争对手的效果，均具有法律上的正当性①。

第三节 仅在明显滥用时方予适度司法干预

一、审慎注意义务与推定行权合法

最高人民法院实际上较早就已经注意到申请禁令、发送律师函等维权行动的合法性与正当性边界，并通过创制“审慎注意义务”作为判定标准，以判断其是否影响公平竞争的交易秩序。最高人民法院在典型案例判决中明确认定②，“权利人发送侵权警告的必须以确定的具体侵权事实为依据，在发送侵权警告时应当对所警告的行为是否构成侵权善尽审慎注意义务，对所涉侵权的具体事实进行充分考量和论证后进行”，并指出在向制造者的销售商、进口商“发送侵权警告时，对确定被警告行为构成侵权而产生的注意义务要高于向制造者发送侵权警告的情形……否则，易导致制造者的交易相对方在面对内容不明确的警告内容时，为避免自身涉及警告信所称的后果而停止进行交易，从而影响公平竞争的交易秩序”。

在随后的相关裁定③中，最高人民法院再次重申上述观点，“在发送侵权警告时应当善尽谨慎注意义务，充分披露据以判断涉嫌构成专利侵权的必要信息”，并指出“考虑到竞争对手的上下游客户对于涉嫌专利侵权问题的判断能力相对较弱、避险意识较强和更易受到侵

---

① 案号：（2009）渝高法民终字第142号。

② 参见：最高人民法院（2014）民三终字第7号民事判决书。

③ 参见：最高人民法院（2015）民申字第191号民事判决书。

权警告影响等实际，向涉嫌侵权之竞争对手的客户发送侵权警告时需要在注意义务上有更高要求”。广东省高级人民法院也曾在相关判决[①]中认为，“就专利侵权纠纷而言，由于专利权人熟知其专利权状况，一般有能力且应当有能力知道相关涉嫌侵权事实，因此应当以此为依据发送侵权警告，在发送侵权警告时应当善尽谨慎的注意义务”。

参照上述裁判意见，作为与发送律师函同样属于维权措施之一的禁令申请行为，其行使也应当履行审慎注意义务（由于该行为直接影响被申请人的切身利益，其在履行中的注意义务程度可能高于发送律师函）。如果SEP权利人在起诉时提交了相当充分的初步证据，以证明涉案专利权及侵权事实，而非仅基于猜测，亦非毫无事实基础。这表明SEP权利人提起诉讼时并不认为其必然败诉，至少SEP权利人在起诉时认为其具有权利基础和事实依据，并希望通过诉讼争取获得合理公允的专利许可费用，这对于身处商业竞争环境中的公司而言实属正常行为逻辑。此外，依法提起诉讼是当事人的权利，SEP权利人的起诉行为本身亦不具有违法性。

那么，SEP权利人在不同国家就不同被侵权专利寻求司法救济是否构成重复诉讼这一权利滥用呢？参照我国国内司法实践来看，可能难以构成。例如，江苏省高级人民法院曾在一项判决中指出，“因亿佳利公司涉嫌侵犯万美公司注册商标专用权的产品分为六个不同型号，故万美公司有权决定是否就每一个型号单独起诉或将所有型号合并起诉，对于亿佳利公司关于万美公司分案起诉系滥用诉权、谋取不当利益的主张，不能成立”[②]。与该法院立场类似，广东省高级人民法院也曾在一起案件中指出，“凯莱丝公司虽针对同一被诉侵权产品提起了四件专利侵权纠纷，但请求保护的是其享有的四个不同专利权，

① 参见：广东省高级人民法院（2020）粤民终字第418号民事判决书。

② 参见：江苏省高级人民法院（2015）苏知民终字第00053号民事判决书。

系正当行使其合法权利的行为，并无不当之处。故兆力公司上诉称，‘基于涉案专利创新性不高且凯莱丝公司滥用诉权，一审法院确定的赔偿数额过高’，该理由不能成立，本院不予支持”[①]。

由此可见，如果多个专利被侵权，专利权人有权选择单独起诉或者合并起诉。进一步来说，在符合法定起诉要件的情况下，不能因为就每个专利单独起诉，从而形成数量较大的维权诉讼，就据此认定为恶意诉讼或滥用诉权。对此湖北省高级人民法院明确表示，“被上诉人有权对符合法律规定的案件提起诉讼，即使是批量案件维权，也并未违反法律规定，故上诉人的该上诉理由不能成立，不予支持”[②]。基于此，SEP权利人在不同国家享有不同专利权的，其有权就每一个侵权产品型号所使用的标准必要专利单独起诉或合并起诉。

由于专利权具有地域性，当SEP实施于不同国家时，权利人势必会先寻求当地司法机关的司法救济。因此，SEP权利人就不同国家或地区的实施人（当地企业）制造、销售不同型号的侵权产品提起诉讼时，如果将不同的实施人（当地企业）分别向相应辖区内具有审理专利纠纷案件资格的当地法院提起专利侵权民事诉讼，此举是否构成重复诉讼？对此值得进一步研究。但鉴于知识产权的地域性、司法主权的属地管辖权、法律实体并不一致等因素，可能并不适宜直接推定其构成重复诉讼。

二、不应直接推定主观恶意

《广东省高级人民法院关于审理标准必要专利纠纷案件的工作指引（试行）》（以下简称《广高SEP指引》）第二十九条明确规定，“标准必要专利权人请求停止实施标准必要专利的行为本身并不必然构

---

① 参见：广东省高级人民法院（2018）粤民终字第1910号民事判决书。

② 参见：湖北省高级人民法院（2018）鄂民终781号民事判决书。

成滥用市场支配地位”。如果外国司法辖区的法律及法规已经确立了SEP权利人及关联公司提起标准必要专利诉讼及申请禁令的规则要求，则SEP权利人有权根据当地法律在满足该要求后申请禁令救济。由于禁令保护措施是在案件已开始进行实体审理并在做出判决之前实施的，所以对其进行的合法性审查只能是一种程序性审查。至于最终的申请结果，则系各地司法机关根据双方当时当地提交的证据材料，结合本地法律法规以及本国实际情况而做出的司法裁量。上述司法裁判结果仅是上述司法机关对于当时当地之申请情形的裁决，一般而言，SEP权利人无法控制该禁令授予与否，受理法院也不能仅仅由申请行为直接倒推出SEP权利人提起的标准必要专利诉讼与禁令申请“缺乏合理依据”或者“恶意”。

此外，即使纠纷最终进入审判程序，考虑到我国的成文法传统，外国判例也不能作为正式的法律渊源予以参照；即便作为证据提交，也要考虑多国间法治传统、经济社会发展环境、法律制度不同等因素，以及最为重要的因素——该裁判赖以做出的事实基础可能与我国法院所面对的事实基础大为不同。因此，禁令最终授予与否，不属于SEP权利人所能控制之范畴，其申请行为只能证明其具有希望获得禁令保护之期待性。在此情况下，对于这种期待性施加过于严苛的法律审查，似与民事诉讼法禁令保护制度的立法目的有所冲突。

三、损害竞争秩序与合理司法干预

只有当SEP权利人向实施人的销售商发送律师函或警告函可能影响竞争交易秩序时，才应当予以司法干预。从最高人民法院的裁判规则来看，权利人向制造者的下游销售商、使用者等发送律师函或者警告函容易构成不正当竞争，影响竞争交易秩序。

最高人民法院在相关典型案例的判决[①]中明确认定，“产品的销售商、进口商，或者发明或实用新型产品的使用者等，这些人作为制造者的交易相对方，往往也是权利人争夺的目标客户群。与制造者不同，他们通常对是否侵权的判断认知能力相对较弱，对所涉侵权的具体情况知之较少。同时，他们的避险意识较强，更易受到侵权警告的影响，遇到上述情况时可能会选择将所涉产品下架、退货等以停止被警告行为，并拒绝继续交易制造商的产品。因此，向这些主体进行警告的行为容易直接导致制造商无法进行产品销售，影响所涉产品的竞争交易秩序”。

最高人民法院的上述裁判观点亦被下级法院所遵循。例如，北京市海淀区人民法院曾在一项判决中指出，“作为合作对象或潜在客户的收函对象往往难以判断真实客观的情况，容易受到此类函件的影响而改变其决策，从而使得函件所涉经营者丧失交易机会或减少竞争优势，因此发函者应当尽到谨慎的注意义务，所涉信息应当详细充分……以避免损害竞争对手的商誉，影响公平竞争的市场交易秩序”[②]。广东省深圳市中级人民法院也在一项判决中指出，权利人向“不同使用者在深圳、北京、广州等地提起了30余起诉讼，并同时针对不同使用者在河南省知识产权局、济南市知识产权局等处提起了20余起的专利侵权行政处理请求。被告来电公司的前述所有行为，明显超过正当理由，借用司法与行政资源以专利权谋取不当利益，违背了诚实信用的原则，有悖正当维权的商业道德，扰乱了市场秩序，致使本案原告街电公司及其合作商户的商业经营活动受到一定负面影响，故被告来电公司的上述行为属于滥用权利行为，构成不正当

① 参见：最高人民法院（2014）民三终字第7号民事判决书。

② 参见：北京市海淀区人民法院（2019）京0108民初字第39045号民事判决书。

竞争”[①]。

因此，从专利侵权警告函或者律师函发送的相关事实来看，问题主要表现在发送主体、对象、内容、时间、方式之不恰当等方面，其中发送内容和对象不当表现得最为明显，且有滥用趋势，警告函的接收者可以通过“提起不正当竞争之诉”和“提起确认不侵权之诉”等方式寻求法律救济[②]。从反垄断法的视角来看，SEP权利人的该行为被认定为滥用市场支配地位的可能性会因为“影响竞争交易秩序”之可能性的增加而增加。

四、不应超出维权本身的合法目的

最高人民法院在实践中已经注意到律师函、诉讼、行政投诉等维权手段可能被用于恶意打击竞争对手之情形。在（2015）民申字第191号裁定中，最高人民法院认为，“专利权人发送侵权警告要适当，不能滥用侵权警告而损害他人合法权益、扰乱市场竞争秩序。如果专利权人为谋求市场竞争优势或者破坏竞争对手的竞争优势，以不正当方式滥用侵权警告，损害竞争对手合法权益，则超出权利行使的范围，可能构成商业诋毁或其他不正当竞争行为。因此，发送侵权警告既可以是权利行使行为，可被用以行使和保护权利；又可以是市场竞争行为，可被用以进行市场竞争或者不正当竞争。正当的侵权警告与不正当竞争的划分涉及权利保护与维护公平竞争之间的利益平衡，要求既允许正当的侵权警告行为及保护权利的行使，又有效防止滥用侵权警告及保护竞争对手的合法权益”。

对于起诉而言，要认定某诉讼行为构成恶意起诉，则要证明起

① 参见：深圳市中级人民法院（2018）粤03民初字第170号民事判决书。

② 程德理. 专利侵权警告函滥用规制研究［J］. 知识产权，2021（5）：56.

诉方具有超出诉讼本身的其他不正当目的[①]。SEP权利人之所以提起SEP使用费纠纷，原因在于其认为实施人将其专利技术未经许可或者付费而加以大量使用，因而需要通过诉讼手段获得正当公允的许可费用。通过诉讼程序争取利益，是民事主体的正当权利。例如，对于权利人在多个国家的诉讼或者禁令申请而言，如果SEP权利人在申请禁令时除希望禁止实施人所谓的侵权行为之外没有其他目的，且部分禁令申请未能获当地法院支持，则相关不利诉讼后果由SEP权利人自行承担。

实际上，提起涉案专利侵权案件的禁令救济程序，本是法律规定的当事人享有的权利，也是专利侵权救济程序制度设计的应有之义，因此SEP权利人依法请求获得禁令保护并不违法。此外，不论是SEP使用费纠纷还是反垄断纠纷，均可能涉及复杂的技术问题，当事人只能依据其所掌握的证据材料主张权利，案件的结果由裁判者（法官）综合全案证据决定，即使判决或申请结果不利于起诉一方，也不能据此就认为起诉方SEP权利人具有恶意。总之，在专利侵权诉讼过程中，如果SEP权利人之涉案专利始终处于有效存续状态，当SEP权利人在提出专利诉讼的基础上依据诉讼地法律规定主张其应有权利时，则应先推定其申请禁令保护的行为具有合法性。

五、滥用专利权与不正当竞争判断

上海市高级人民法院已经就滥用专利权实施不正当竞争之行为的可责性做出刑事认定。在（2018）沪0115刑初3339号判决书中，该院认定被告人“积极采用人为的方式弄虚作假，制造被害单位侵权的假象，以此作为要挟的借口和手段，通过起诉和举报等方式阻碍被害单位上市，引起被害单位相关人员的恐惧心理，进而索要被害单位

① 参见：上海市高级人民法院（2016）沪民终字第501号民事判决书。

财物人民币80万元，实际得款人民币10万元，其行为已经构成敲诈勒索罪”。

在民事诉讼中，曾被市场称作“科创板专利第一案”的光峰科技公司与台达公司不正当竞争案堪称典型案例。2019年7月，光峰科技公司在科创板上市仅仅一周后，遭到竞争对手台达公司起诉其3项专利侵权。光峰科技公司随即采取了反制措施，先针对涉案的台达公司专利向国家知识产权局提出无效宣告请求。同时，向深圳市中级人民法院提起诉讼，起诉台达公司侵犯其10项专利的专利权，索赔金额高达人民币5 600万元。2020年2月，国家知识产权局做出宣告台达公司所持有涉案专利权无效的决定。2020年10月，广州知识产权法院一审判决光峰科技公司不侵权抗辩成立，驳回原告台达公司的全部诉讼请求。台达公司随即向最高人民法院提起上诉，但在审理期间申请了撤诉，并获最高人民法院准许。

可见，对于普通专利而言，权利人以专利侵权为手段，干扰企业IPO，除了民事诉讼中凸显竞争手段、违反商业道德的“不正当竞争”，或者反向起诉侵害人“专利侵权”，从而达到“以战止战”、以不正当竞争诉讼牵制恶意专利侵权诉讼的诉讼目的外，情节严重的甚至可能被追究刑事责任。“举轻以明重”，对于SEP权利人而言，由于标准必要专利在无线通信市场中具有不可替代性、强制性和必然实施性的特点①，其可能滥用上述技术特点以实施“专利劫持”②，一旦通过专利侵权干扰实施人的IPO，干扰者被认定为滥用市场支配地位或者不正当竞争的可能性也就更大。

---

① 关于SEP该特点之表述，目前仍存在一定分歧。

② 祝建军. 浅议标准必要专利FRAND谈判机制的建立［N］. 人民法院报，2018-04-25（4）.

第四节 禁令影响并非“预期利益损失”

虽然FRAND义务可被视为知识产权的一种负担，但这绝不意味着他人就可以未经权利人许可、未支付许可费用而擅自“免费”使用该专利。如果双方已经进行了长达数年的商业谈判，则当谈判失败时，作为基本的商业惯例与常见的维权措施，权利人势必寻求公权力机关的救济，而不会放任被侵权人的侵权行为。同时，实施人销售产品之行为本身已侵犯了权利人的标准必要专利权，如果一日不达成专利许可协议，其侵权产品的销量越巨大，其侵权情形也就越严重。因此，实施人所谓的“预期利益损失”，应当是其未经许可使用权利人专利所获得的非法收益。

从中国法院的司法实践来看，在商事案件的判决中，对“可得利益损失”并未必然发生难以度量的特性做出过裁判总结。例如，在淄博旺达股份有限公司（以下简称“旺达公司”）与新汶矿业集团物资供销有限责任公司、涵仪（香港）有限公司进出口代理合同纠纷一案中，一审法院认为，“对于旺达公司请求的可得利益损失，由于市场变化较大，货物能否卖出和价格高低都是不可预测的，可见旺达公司主张的可得利益不是必然产生的损失，对此不予支持”[①]。二审法院支持上述意见并指出，“关于旺达公司主张的可得利益损失问题，原审法院结合本案其他事实，认定基于市场因素变化大，货物能否卖出及价格高低不可预测等因素，旺达公司主张的可得利益损失并不必然发生是正确的，本院予以维持”[②]。最高人民法院亦认可上述意见并指出，“二审判决综合本案事实认定上述未交付货物除直接损失外的可得利益损失不是必然发生以及不支持旺达公司关于可得利益损失请求

① 参见：淄博市中级人民法院（2011）淄商初字第16号民事判决书。

② 参见：山东省高级人民法院（2013）鲁民四终字第105号民事判决书。

的判处亦无不当”[①]。可见，最高人民法院亦认可“可得利益损失不是必然发生”。

由于商业环境变化迅速，尤其是国际移动通信市场推陈出新、更新升级速度极快，实施人能否在诉讼地之残酷的商业竞争中继续保持一定的市场份额、侵权手机产品的定价高低贵贱均是不可预知、难以度量的。同时，法律意义上的损害结果的发生及该损害结果与被诉行为之间的因果关系，限定了实施人就该主张之举证范围。此外，产品性能的受认可情况、法律政策发生变化、新产品的涌现、企业在海外市场的营销能力等均会影响实施人在国外市场的营收。因此，实施人要证明权利人诉讼及禁令系导致其损失的直接原因，难度较大。

第五节 中小企业的特殊考量

同时也应当注意，上述禁令的竞争分析适用于一般实施人，但对于中小企业而言，则应当全面审查对其可能造成的反竞争后果。2022年5月，英国天空集团认为，“面对不可预测或过高的许可条款”，如果不得不“放弃对其他领域的投资，其或将退出市场。诉讼费用和禁止令的威胁迫使潜在的被许可人接受可能不是FRAND的许可条款。这对中小企业来说是一个特别严重的问题，因为它们没有同样的谈判筹码，也没有办法通过诉讼从法院那里获得FRAND费率，或者通过诉讼获得必要的信息来进行准确的评估”[②]。欧洲公平标准联盟（The Fair Standards Alliance）于2019年发布的《标准必要专利许可的核心原则

① 参见：最高人民法院（2015）民申字第398号民事裁定书。

② 参见：https://ec.europa.eu/info/law/better-regulation/have-your-say/initiatives/13109-Intellectual-property-new-framework-for-standard-essential-patents/feedback_en?p_id=28414115.

和方法》中强调“尽量避免禁令原则”，该联盟还于2022年5月表示，“近年来欧盟在标准化政策方面的行为过于偏向不代表欧洲商业观点的少数SEP持有人”；“不适当的禁令极大地促成了劫持行为，进而减缓创新步伐、阻碍关键技术的发展”，不利于“初创企业和中小企业规模的扩大”[①]。

2023年3月，应用程序协会（The App Association）也表示，“禁令仍然是对中小企业生存的威胁。它们对中小企业的谈判能力产生了不成比例的、几乎是削弱性的影响。仅仅是禁令的可能性就意味着小公司没有与SEP持有人谈判FRAND许可率的余地。我们希望（欧盟）委员会同意，对FRAND承诺的SEP的禁令只能用作最后手段”；“某些SEP持有者坚持要求中小企业在SEP许可谈判中，要么许可无效或不可执行的SEP，要么许可对标准不甚重要的专利。我们希望委员会采取措施解决此类滥用行为”[②]。

在2023年4月披露的《欧盟SEP影响评估（草案）》中，欧盟吸收上述意见后表示，“一般来说，中小企业的特点是能力的多样性很有限，一个特定的中小企业极有可能缺乏技术以及与专利相关的能力来评估、哪怕是粗略地评估特定专利组合的标准重要性”。在2023年4月27日公布的该评估正式文本中，欧盟委员会进一步表示，“由于法院禁令将造成停产的威胁，这意味着收入损失以及市场份额被竞争对手抢占，并且转换为另一种替代技术的代价过于昂贵或不可能……这尤其适用于物联网领域的SEP许可，在物联网设备领域中实施SEP的初创企业不断涌现。82%受调查的中小企业表示，其既缺乏资源与SEP权利人谈判或参与法院诉讼……也缺乏SEP和许可方面的专业知

① 仲春. 欧盟SEP新框架意见征集结束，多方提交意见反馈［J］. 知产财经，2022（3）：25.

② 参见：https://actonline.org/statements/。

识”。该评估报告援引了一些中小企业的表述，这些企业表示“已经签下了几个许可协议，但我们知道，我们支付的费用比别人多得多，这不公平”；“由于我们是一家小公司，我们往往连谈判的选择权都没有”。可见，在这种情况下，应当审查此类禁令申请对于中小企业及初创企业可能的反竞争效果，当然并非要将所有禁令都统一推定为不正当竞争工具。

第六节　小　结

最高人民法院制定的相关司法政策认为，在具体制度所确定滥用行为之外的，通常属于应予保护的权利空间，因此除非确有必要，一般不宜再对知识产权行使行为增设其他限制，另设其他标准，甚至随意认定滥用行为。对于所谓的恶意诉讼，要从严把握，要以充分保障诉权为主要取向，只有对于极少数恶意明显的诉讼，才可以尝试通过诉讼予以反制。有时为了保障诉权，甚至要宽容当事人对诉权的某些情节轻微的过度行使行为[①]。因为民事诉讼是彰显权利、保障权利的重要途径，依法提起诉讼也可以表明权利人认真对待权利的态度。为保障诉权、保障并鼓励权利人保护其知识产权，对因恶意而提起的知识产权诉讼必须依法持较高的认定标准，否则将不当地阻吓权利人依法正当维护其知识产权[②]。

因此，当权利人长期谈判无果时，通过诉讼途径来制止他人的专利侵权行为，维护自身合法权益，是有效行使其专利权的方式之一，与知识产权本身的价值取向并无抵触，这种通过在诉讼过程中实现知识

① 参见：《最高人民法院知识产权审判庭关于印发孔祥俊庭长在全国法院知识产权审判工作座谈会上的总结讲话的通知》（2010年5月14日，法民三〔2010〕8号）。

② 参见：上海市高级人民法院（2016）沪民终501号民事判决书。

产权价值的做法，合乎知识产权保护的目的性和正当性。2023年3月，印度德里高等法院在爱立信公司诉Intex公司一案中认为，标准必要专利的“禁令或指示临时支付使用费可能是更有效的补救措施，因为这些措施不是使侵犯专利的产品成本有小幅增加，而是完全禁止侵权行为”；“如果SEP权利人被断然排除在寻求禁令之外，则实施人就缺乏理由同意或真诚地与权利人开展许可谈判。一个资源丰富的实施人会合理地拒绝任何许可要约，并迫使权利人进入诉讼程序，而这种诉讼程序通常需要在世界各地的多个法院支付数百万美元的法律费用。在最坏的情况下，实施人被迫支付货币赔偿金，而这些赔偿金通常是适用旨在模拟许可谈判交易中的费率方法而予以计算的。即使在当前法律制度下禁令救济可能是合理的，其实现也必须承受时间延迟和昂贵的诉讼程序之代价，资源丰富的实施人经常在与权利人谈判之初就拒绝接受许可，从而迫使双方花费数百万美元和数千小时，在多个司法辖区中进行诉讼”，而“这些资源原本可以更有效地用于研究和开发，以推动技术发展”[①]。

---

① 案号：2023:DHC:2243-DB。

第三章
司法事权与主体适格规则

法院审理SEP使用费纠纷的边界位于何处？何种主体系适格主体？这两个程序性问题在SEP使用费纠纷中不断出现，并有所纠缠。因此，有必要对这两个问题进行深入分析，以明晰其法律适用。

第一节　司法定价与司法事权

一直以来，通过法院解决标准必要专利似乎已成为不证自明之事而被广为接受，但鲜有学术研究对其合法性与合理性进行检讨。本书认为，至少从以下四个方面来看，“司法定价”之合法性与合理性仍有拷问、再检讨之空间。

一、法律授权存疑

从法律规定来看，由于确定标准必要专利使用费属于定价行为，一方请求法院确定费率等价格内容不属于法院主管事项，且违反价格法、人民法院组织法等的规定，因而与人民法院之司法事权不符。“标准必要专利使用费，是专利权人许可他人实施必要专利的许可条件，也即他人实施必要专利时所应当向专利权人支付的费用。”[①]究其本质而言，要想确定该费用，则需要人民法院通过行使审判权，为未能达成协

① 最高人民法院研究室. 最高人民法院新民事案件案由规定理解与适用［M］. 北京：人民法院出版社，2021：470.

议的标准必要专利之权利人与实施人确定必要专利的应付许可价格。

我国价格法第三条规定，“价格的制定应当符合价值规律，大多数商品和服务价格实行市场调节价，极少数商品和服务价格实行政府指导价或者政府定价”；价格法第二条规定，“商品价格是指各类有形产品和无形资产的价格”。同时，根据全国人大法工委、国家计委等发布的政策解读，“无形资产是指长期使用而没有实物形态的资产，包括专利权、非专利权、商标权、著作权、土地使用权、商誉等”，“公民、法人和其他组织向市场提供智力成果，如作品、技术、专利等，也是价格法中的经营者”。

根据前述价格法之规定，标准必要专利许可的费用确定系一种制定价格的活动，且不属于政府指导价或者政府定价之范畴，应当遵循市场调节定价，而非由单方请求人民法院为未能缔约的双方确定许可价格。同时，人民法院组织法第二章“人民法院的设置和职权”中亦没有此类为未能确定交易条件的双方确定交易价格的规定。深圳市中级人民法院也在审理中认为，“关于许可费率应否由司法裁决……作为标准必要专利的权利人负有FRAND许可义务。由于被许可对象情况千差万别、许可条款各异，FRAND并不意味着费率及许可条件的完全一致。通常情况下，双方达成专利许可协议，就无需司法机关的介入”[①]。

因此，由一方主张的定价诉讼请求似有违价格法、人民法院组织法等的规定时，应当通过市场调节定价而非以强制性的司法途径解决；该类直接定价诉请亦不属于我国民事诉讼法第一百二十二条所规定之人民法院“受理民事诉讼的范围”，因此人民法院似以裁定驳回该项诉讼请求为宜。当然，在司法实践以及部分法院的审判实践中，仍认为该类案件具有可诉性。例如，《广高SEP指引》指出，“标准必

① 参见：深圳市中级人民法院（2011）深中法知民初字第857号民事判决书。

要专利权人与实施者在标准必要专利许可谈判中就许可使用费的确定发生的争议，属于标准必要专利许可使用费纠纷。标准必要专利权人与实施者已经充分协商，但仍无法就许可使用费达成一致的，可以依法提起诉讼”。又如，南京市中级人民法院在华为公司诉康文森公司案件[①]中，为双方明确界定了交易价格，在“单模2G或3G移动终端产品中，中国专利包即中国标准必要专利的许可费率为0；在单模4G移动终端产品中，中国专利包即中国标准必要专利的许可费率为0.002 25%；在多模2G/3G/4G移动终端产品中，中国专利包即中国标准必要专利的许可费率为0.001 8%”。但前者仅为司法意见；后者仅为单独个案，且判决并未生效。简而言之，两者并不具有法律效力。

此外，最高人民法院司法解释中有一条被援引作为可以主张费率的法律依据，即2016年公布的《最高人民法院关于审理侵犯专利权纠纷案件应用法律若干问题的解释（二）》第二十四条第三款所指出的：“本条第二款所称实施许可条件，应当由专利权人、被诉侵权人协商确定。经充分协商，仍无法达成一致的，可以请求人民法院确定。人民法院在确定上述实施许可条件时，应当根据公平、合理、无歧视的原则，综合考虑专利的创新程度及其在标准中的作用、标准所属的技术领域、标准的性质、标准实施的范围和相关的许可条件等因素。”但从最高人民法院的相关政策意见来看，其并非持上述理解。一般认为，该条款“规定的专利许可条件，是指对标准实施人在专利侵权诉讼中据此提出抗辩后所承担的许可条件如何加以定量的问题，并不直接规制单纯的标准必要专利许可条件之诉。因此，该款中的实施许可条件增加了‘本条第二款所称’的限定”[②]。由此观之，最高人民法院认为此条并

① 参见：江苏省南京市中级人民法院（2018）苏01民初字第232、233、234号民事判决书。

② 江必新.最高人民法院司法解释与指导性案例理解与适用：第五卷［M］.北京：人民法院出版社，2017.

不适用于直接确定双方费率的诉讼，而仅限于专利侵权之诉中抗辩之用，故而SEP谈判一方不应依照此条提出单纯的费率确定请求。

深圳市中级人民法院在华为公司与IDC公司一案中论述了司法管辖的必要性，其认为“如果不寻求司法救济，除被迫接受IDC公司单方面所提出的条件，华为公司没有任何谈判余地。一方面，IDC公司通过诉讼（包括禁令申请），迫使华为公司接受其单方许可报价；另一方面，IDC公司以双方在谈判中对于专利实施许可合同中商业条款的分歧不宜由司法机关介入并做出裁判，而是应留待双方通过商业谈判予以解决为由，阻止华为公司获取司法救济，明显属于双重标准”。这显然夸大了实施人的困境，如其通过向专利管理部门提出无效申请，从而挑战SEP的有效性（例如，联想公司就IDC公司的17项中国专利向中国国家知识产权局提出了一系列无效申请，其中9项申请得到支持，涉案专利则被宣布完全无效）；提出FRAND费率诉讼、专利不侵权诉讼和反垄断诉讼，以及向反垄断执法部门提出反垄断行政投诉等。有实务人士以车企为例，汇总了实施人的应对策略，具有一定的代表性（见表3-1）。

表3-1　SEP实施人的应对策略及其内容

方式类型	相关内容
对涉案专利提出无效请求	有关SEP的诉讼，往往是起诉被控侵权产品侵犯有关专利权，而该专利往往被宣称为SEP。作为被告一方，如果初步判断可能侵权，可考虑做专利无效分析；如果有足够的证据确认专利的权利要求是不稳定的，可提出无效请求，使该专利失去效力，从而使权利人失去主张专利权和许可费的基础
滥用专利权抗辩	被告可以针对权利人利用诉讼恶意行使专利权的行为，提出请求驳回权利人的诉讼请求的抗辩，但是需要被告主张并举证证明权利人恶意取得并行使专利权

续表

方式类型	相关内容
提出不侵权抗辩	专利侵权判定涉及的法律和事实认定均比较复杂，被诉方可以通过提出不侵权抗辩（如通过主张权利要求等）全面覆盖被诉侵权产品或主张其行为不以生产经营为目的，从而不构成侵权行为；同时，可就专利中权利要求的保护范围、事实认定等方面进行不侵权抗辩
不视为侵权抗辩	不视为侵权抗辩者包括权利用尽抗辩、先用权抗辩、科学研究抗辩、现有技术抗辩、合法来源抗辩、不停止侵权抗辩等
利用反垄断规制提出反诉	如果专利权人滥用市场支配地位，反复提出明显不合理的许可要约附加条件，或者在许可谈判中提出明显不公平不合理的要求，或者所要求的许可费率明显高于市场价值，则实施人应在积极接洽和应对的前提下，注意保存相关证据，必要时可以依据反垄断法相关条款向国家市场监督管理总局投诉或者请求其进行反垄断调查。此时，要注意收集专利权人在许可谈判阶段涉嫌垄断的相关证明材料
针对涉案专利必要性进行审查	综观国内外标准必要专利诉讼案件，专利权人所声称的标准必要专利不一定构成真正的标准必要专利，因为可以利用这一基本现象对涉案专利的必要性进行挑战和争辩。所以，如果不能被法庭认定为必要专利，那么其也就失去了主张SEP许可的基础
以诉讼促和解	多数标准必要专利不会走到法庭诉讼这一阶段，或者在诉讼过程中双方即可达成和解。因此，在诉讼阶段同样要保证与对方的沟通渠道，摸清对方的底线，以诉讼促和解，尽量降低诉讼对实施人企业正常业务运营的影响

资料来源：胡凌，柯婷婷，宋鸣镝. SEP诉讼战火蔓延至汽车产业：车企应对策略初探［J］. 知产财经，2022（3）：101.

因此，上述深圳市中级人民法院的分析多注重纠纷解决的必要性，但这种必要性预设了实施人被逼到“墙角”而“无路可走”的前提。但正如表3-1所示，实际上实施人的“武器库”比想象中的更加丰富。因此，选择此思路论证法院主管与管辖的正当性与事实不符。此外，在缺乏法律依据的情况下，对此类事项行使管辖权仍有进一步推敲之处。

正是基于上述考虑，一些司法辖区选择并未直接确定费率。德国法院“在许多FRAND细节上做出了大量裁定，这是其他司法辖区都无法匹敌的。但是，德国法院一直回避了一个做法，即独立计算关于特定SEP的FRAND费率，这反映出德国法院坚信公平合理许可费率并非以数字方式计算的固定费率，而是一个可接受的范围”①。2023年3月，印度德里高等法院在爱立信公司与Intex公司一案中更是明确认为，“Intex公司（实施人）被指示在四周内向爱立信公司支付全部专利费……但是，对于费用问题不作任何命令”②。2023年4月27日，欧盟委员会在《欧盟SEP影响评估》中表示，“欧盟成员国的法院通常侧重于判断善意谈判程序是否得到遵守，迄今为止尚未参与全球FRAND费率判定……欧盟成员国的法院一直避免在国家或全球层面做出任何FRAND许可使用费之判决”。

但应当注意，欧盟尝试在不确定许可费率的前提下建立更加包容、柔和的调解机制，这为未来SEP使用费纠纷的解决提供了一种可能性方案。2023年4月27日，在其披露的《欧盟SEP影响评估》中，欧盟委员会就曾表示:“知识产权不是绝对的权利，根据《欧盟宪章》，只要尊重比例原则，就可以对这些权利的行使进行限制。根据已形成的判例法，基本权利可以受到限制，只要这些限制符合欧盟所追求

① RALPH NACK. The SEP state of play in Europe’s major jurisdictions [EB/OL]. [2022-12-30]. https://www.iam-media.com/article/europe-sep-state-of-play.

② 案号：2023:DHC:2243-DB。

的普遍利益目标，并且就所追求的目标而言，不构成不相称和不可容忍的干扰，从而侵犯了所保障的权利的本质。在这方面，该倡议（建立标准必要专利透明许可框架）符合公共利益，因为该倡议在欧盟范围内为SEP权利人、实施人和终端用户的利益提供了一个统一、公开和可预测的信息平台和结果，并且该倡议旨在促进技术创新和技术传播，使SEP权利人和实施人共同受益。”

二、与司法政策相背离

从现有司法政策来看，标准必要专利使用费之确定应当回归市场自主定价，而非由人民法院裁判定价。我国法院已经多次强调，在知识产权损害赔偿中应当坚持市场定价而非法院裁判定价。例如，2016年9月，时任广东省高级人民法院院长龚稼立在全省法院知识产权审判工作视频会议上的讲话中指出，“在对侵权损害、侵权获利的事实认定上，要由过去那种简单随意的主观认定转变为更加科学、合理、严谨的司法判定。要摒弃过去随意使用法定赔偿、抛开市场定价依据、夸大司法定价功能以及凭模糊判断设定侵权贡献率等不进行实际分析和论证的判赔方式”①。

对于侵权发生后的知识产权损害赔偿尚且坚持市场化定价，举轻以明重，那么对于尚未达成许可协议、适用于权利人与实施人未来经营安排的许可价格，基于保护权利人的视角则更应当坚持市场化定价原则。2014年7月，最高人民法院知识产权庭有关领导在全国法院知识产权审判工作座谈会上的总结讲话中指出，“涉及按照FRAND标准认定许可费的案件，甚至已接近司法定价。会议讨论中一些代表提出，强调市场观念以及把赔偿与市场价值挂钩，是加大

---

① 最高人民法院民事审判第三庭. 知识产权审判指导：总第28辑［M］. 北京：人民法院出版社，2017.

保护力度的突破口，是对知识产权保护本质的回归。这种说法很有道理”①。

具体到标准必要专利使用费纠纷中，如果司法定价迈向绝对化，会“将部分司法辖区的法院直接推向确定标准必要专利FRAND许可条款和条件的第一线，使其承受司法不可承受之重。虽说各司法辖区法院在损害赔偿确定方面大多拥有丰富的司法经验，但其毕竟不是标准必要专利市场实际参与者。标准必要专利纠纷夹杂着复杂的技术因素和商业因素，法院仅凭各种诉讼文本而裁决得出的标准必要专利许可条款和条件，与当事人通过谈判所追求并获得的FRAND许可条款和条件，很可能大相径庭。现实中，有些司法辖区法院虽然通过裁决得出了其所认为符合FRAND的许可条款和条件，但当事人并未遵照执行，而是另起炉灶，秘密在法院裁决之外达成全球一揽子协议，这就是法院裁决偏离现实情形的最好证明”②。

此外，“如果不同国家的法院都认为其应该将自己的世界经济观强加于他人，则问题也将随之产生。如果一国法院迫使专利权人按特定费率授予一项全球许可，或者以不同于另一个法院可能裁定的费率来要求实施者在全球范围内支付赔偿金，那么就有可能造成重大的国际争端，伴随而来的是高额的律师费、不确定的裁判结果和低效的维权进程。更糟糕的是，如果一国法院为使本国产业或本地经济短期受益而迫使外国专利权人接受特别低的许可费率，就有可能引发贸易协定中的“投资者-国家”争端。就算按照全球标准必要专利诉讼的标准，解决上述争端也需要耗费大量时间和财力”③。

---

① 最高人民法院民事审判第三庭. 知识产权审判指导：总第23辑［M］. 北京：人民法院出版社，2014.

② 李扬. 标准必要专利FRAND许可谈判框架的生命力［J］. 知产财经，2022（1）：41.

③ RICHARD VARY. 从国际视角看FRAND争议［J］. 知产财经，2022（1）：50.

三、违反市场规律

从市场规律来看，标准必要专利使用费之市场化定价遵循的是我国民法典中的“社会主义市场经济原则”[①]。根据经济学的基本理解，“市场经济的基本规律是价值规律，价格是价值的货币表现。在市场经济条件下，价值规律对社会生产、流通、分配和消费的调节作用是通过市场机制来实现的，而价格机制是市场机制的核心，市场优化资源配置的作用是通过价格机制实现的；价格是价值规律作用的主要表现形式，人们主要是通过市场价格来认识和遵循价值规律的”[②]。回到标准必要专利使用费定价这一微观问题中，该类专利通过市场定价，而非靠计划或者其他强制手段定价，从而体现了遵循市场经济基本规律的原则。

同时，标准必要专利使用费市场化定价也与知识产权政策保持一致。早在2017年，国务院在《关于强化实施创新驱动发展战略 进一步推进大众创业万众创新深入发展的意见》中就提出，“推动科技成果、专利等无形资产价值市场化……实现协议定价和挂牌、拍卖定价”。2020年2月，国务院国有资产监督管理委员会在《关于推进中央企业知识产权工作高质量发展的指导意见》中明确表示，“在知识产权许可、转让、收购时，通过评估、协议、挂牌交易、拍卖等市场化方式确定价格”。2021年，国务院在《关于开展营商环境创新试点工作的意见》中要求“完善知识产权市场化定价和交易机制”。同年，国家知识产权局在《关于促进和规范知识产权运营工作的通知》中也明确提出，“在充分保障和尊重权利人利益和意愿的基础上，鼓励向

① 我国民法典第二百零六条第三款规定：“国家实行社会主义市场经济，保障一切市场主体的平等法律地位和发展权利。”

② 价格法释义［EB/OL］.［2022-11-29］. http://www.npc.gov.cn/npc/c2204/200011/686b26afb68b4bbdb9e405f8ab89afd0.shtml.

具备实施能力的企业转移知识产权”。

为落实上述政策精神，2022年1月，广州市人民政府《关于印发广州市建设国家营商环境创新试点城市实施方案的通知》也提出，“提升广州知识产权交易中心知识产权交易商城‘知交汇’平台服务水平，为企业提供知识产权信息挂牌、交易撮合、资产评估等服务，帮助企业开展知识产权供需对接和快速质押融资”。

综上可知，标准必要专利使用费通过市场化定价而非司法定价，符合知识产权政策，也与民法典中的“社会主义市场经济原则”保持一致。

从域外经验来看，有观点认为应当对司法机制在解决SEP使用费纠纷中的作用设定边界。2021年12月7日，英国知识产权局发布了《标准必要专利与创新：征求意见》，并进行了为期12周（至2022年3月1日）的意见征询。2022年8月5日，英国知识产权局公布《标准必要专利和创新：执行摘要和后续步骤》，作为意见征询结果的摘要展示。其中部分观点认为，“应澄清国家法院的作用，如单个国家法院不应对外国SEP做出判决或设定全球许可”，“跨越多个国家法院的诉讼将使SEP持有人展示其全球组合的实力，并将促进全球许可谈判，而不涉及国家法院决定全球许可条款”[①]。

从司法实践来看，司法定价往往会对市场化的许可谈判机制造成破坏。“通过实证研究可以发现，除了部分案件中法院关于FRAND全球许可条款和条件的裁决因未被当事人履行而最终未损害标准必要专利FRAND许可谈判框架之外，相当一部分案件中法院关于FRAND全球许可条款和条件的裁决，在以国家主权和司法主权为后盾的禁诉令、反禁诉令或者禁执令、FRAND禁令、禁令等机制的综合作用

① 仲春. 英国知识产权局发布SEP意见征询结果：涉6方面27个问题［EB/OL］.［2022-07-17］. https://baijiahao.baidu.com/s?id=1740675754528424283&wfr=spider&for=pc.

下，当事人不得不以其为依据签订全球许可协议。此种协议可谓是戴着镣铐跳舞的产物，与双方当事人在没有任何外来压力、秉持善意谈判而协商得出来许可协议相比，前者难谓是ETSI知识产权政策创设的FRAND许可谈判框架发挥作用的结果，也很难判断其是否属于真正的FRAND许可协议。至少就各国法院而言，出于保护本国企业利益或者其他原因，当其裁判得出的费率出现畸高或畸低情形时，当事人据此达成的全球许可协议，并不一定能够反映标准必要专利的真实市场价值。"①

即使在欧盟内部，亦有观点认为对此类反市场规律之规制应当检讨。2023年4月，国际政治经济欧洲中心主任埃里克松（Erixon）就曾表示，"现在欧盟委员会的做法似乎基于一个基本假设，即费率太高，欧盟知识产权局（European Union Intellectual Property Office，EUIPO）可以帮助将该费率降低到FRAND水平。但FRAND之理念并非基于公权力机关确定价格，更不用说每个主体均适用相同的价格。事实上，法院或行政机构通常避免在其确定FRAND费率时亮明立场，这对市场运作机制以及实施人之技术需求存在差异的事实而言是陌生的"②。欧盟委员会于2023年4月27日发布《关于标准必要专利和修订（EU）2017/1001号条例的决定》的提案，该提案中的《欧盟SEP影响评估》明确表示，"FRAND费率分歧不适用争议解决机制"，"在国家法院提起的专利侵权诉讼中，很难正确判定FRAND费率，这是因为权利人仅从专利池中选择有限数量的SEP进行裁决，却寻求许可其所有的SEP"。

---

① 李扬. 标准必要专利FRAND许可谈判框架的生命力［J］. 知产财经，2022（1）：42.

② FREDRIK ERIXON. Go back to the drawing board! The Commission' s leaked patent reform would be bad for technological development and Europe［EB/OL］.［2023-03-30］. https://ecipe.org/blog/commission-leaked-patent-reform/.

四、造成诸多负面后果

从诉讼成本来看，司法定价的负面效应已经较为明显。从英国知识产权局公布的《标准必要专利和创新：执行摘要和后续步骤》来看，部分企业已经就司法定价的负面经济效应进行阐述。部分观点摘要如下：①诉讼成本高企[①]且效率较低，影响企业发展。多个企业表示，“由法院逐案确定一项许可是否为FRAND，效率不高”；“诉讼很耗时，成本很高”；“诉讼的费用对很多公司来说是难以承受的，应该在避免诉讼的情况下对FRAND费率进行评估”；“应该激励协商的结果，在一个有效的FRAND环境中不应该如此依赖法院”。②诱发机会主义式的“选择管辖”。“对不同国家法院之间的不一致表示关注或把重点放在选择法院”；“由于不同国家法院的方法不同，或者某个国家法院对某些当事人有利，可能会导致挑选法院和‘争夺法院’……这可能导致实施者和禁诉令的不确定性”；“法院可能会改变其程序以吸引诉讼当事人，或者可能做出有利于某些当事人的决定”——这一点几乎广遭批评。美国犹他大学孔特雷拉斯（Contreras）教授指出，“特定司法管辖区的法官愿意设定高的全球FRAND费率，因为这样可以吸引SEP权利人到这些司法管辖区来，就像美国专利权人曾经被吸引到对权利人友好的得克萨斯州东区地区法院一样……那些因设定低的全球FRAND费率而建立声誉的司法管辖区则可能会吸引实施人来挑战SEP权利人提供的费率”；“诉讼人急于在对己有利的司法管辖区提起诉讼，往往是为了阻止对方在一个不太有利的司法管辖区提起诉讼。这种情况被称为‘争先恐

① 欧盟委员会于2023年4月27日发布《关于标准必要专利和修订（EU）2017/1001号条例的决定》的提案，在该提案的《欧盟SEP影响评估》中也披露，“仅在欧盟，与SEP相关的法院诉讼每年的费用估计约为600万欧元”；“仅一个复杂SEP案件的费用就可以达到数百万欧元”。

后'，并可能过早地将当事人推向诉讼而不是谈判或和解"[①]。③司法定价可能造成补偿不足的问题。"由于实施者拖延谈判并迫使SEP持有人提起诉讼，实施者可能会有相当长的一段时间没有获得许可……这对SEP持有人来说是没有效率的，却给实施者带来了好处，因为法院确定的许可条款不可能完全补偿未许可期间的收入损失。"④不当地对他国专利进行管辖。一些企业表示"对法院判决的全球许可是（或者可能是欧盟SEP）管辖权的过度扩张"；"这些决定促使国家法院对外国专利做出判决，尽管这些外国专利不在这些国家法院的管辖范围内"；"外国专利和销售有关的专业知识或信息，无法对全球许可作出裁决"。

国内学者亦指出，此类司法定价"加剧当事人分歧，增大当事人成本，且并未解决当事人之间有关标准必要专利FRAND许可条款和条件的任何实质问题。从近几年发生的案例来看，不论当事人耗费多大成本来申请禁诉令、反禁诉令和禁执令，也不论各司法辖区法院是否就标准必要专利FRAND许可条款和条件做出裁决，部分案件中的当事人最终还是不得不通过谈判就所有标准必要专利和非标准必要专利达成全球范围内的一揽子许可协议，以解决何谓FRAND许可条款和条件的问题。回头看，这些案件中的当事人除了各自消耗巨额成本进行博弈，双方关系因此更趋僵化和紧张之外，实际上可谓一无所获"[②]。

同时，司法定价加剧了不同司法辖区关于许可条件的判决分歧，进而破坏了商业环境的可预见性与稳定性。"在计算FRAND使用费的方法方面，各国机构有很大的不同。这些方法在不同法院和不同案

① CONTRERAS J L. Global rate setting: a solution for standard-essential patents［J］. Washington law review，2019（94）：701.

② 李扬. 标准必要专利FRAND许可谈判框架的生命力［J］. 知产财经，2022（1）：41.

件中也会有很大的不同，即使涉及同一标准的专利和同一管辖区的案件，亦是如此。这种程度的司法分歧……在市场上造成了不确定性，因为缺乏明确标准以使各方确定在私人谈判中提出的费率是否合理。”①

第二节 主体适格性判断

我国民事诉讼法第一百二十二条规定：“起诉必须符合下列条件：①原告是与本案有直接利害关系的公民、法人和其他组织；②有明确的被告；③有具体的诉讼请求和事实、理由；④属于人民法院受理民事诉讼的范围和受诉人民法院管辖。”该条规定明确了原告的起诉条件，而起诉条件是原告在起诉时必须具备的基本条件。从本条规定来看，确定原告与本案是否有直接利害关系，即原告的适格问题，直接决定了原告是否具有起诉权，从而确定了该“诉”是否成立。这里规定的“与本案有直接利害关系”，即指民事权利义务关系，而是否与案件存在民事权利义务关系，必须根据法律规定加以确定②。

在我国司法实践中，母公司与子公司之间、关联公司之间的诉讼地位不能混同，对此已经形成司法共识。在诉讼中不能仅仅因为公司间的关联关系而认定利害关系。例如，在北京知识产权法院做出的（2015）京知行初字第5907号行政裁定书中便指出，母公司与子公司之间虽存在投资与被投资的关系，但两者均系独立的法人主体，各自具有独立的诉讼主体资格，在诉讼中不能混同。又如，天津市第一中

① CONTRERAS, JORGE L. Global rate setting: a solution for standard-essential patents［J］. Washington law review, 2019（94）: 701.

② 高淳县民政局诉王昌胜、吕芳、天安保险江苏分公司交通事故人身损害赔偿纠纷二审案［J］. 中华人民共和国最高人民法院公报，2007（6）.

级人民法院做出的（2018）津01民终3846号民事判决书中也指出，法人的财产和股东的财产是相互独立的，虽然公司的股东享有资产收益的权利，但不能直接对法人的财产主张实体权利。我国法律依法保障公司的正常经营行为和维护市场交易相对方的合法权益，禁止公司股东滥用出资人权利来侵害公司经营权。

具体到标准必要专利使用费纠纷中，如果部分主体未参与在境内外发生的专利侵权诉讼与禁令申请、未参与谈判、不属于许可谈判所要承担权利义务的主体、未进行许可信息交换，则对于是否认定这些主体与案件具有“直接利害关系”，进而是否赋予其诉权等问题仍存在一定争议。本书认为，在此情况下，从维护公司法人人格独立这一基本的公司法制度与维护独立法人的正常经营权出发，认定上述主体并不具有起诉资格、并非适格起诉主体较为妥当。对于被告的主体适格性判断也与之相类似，从被诉行为出发，如果被诉主体并未参与实施该被诉行为，而是原告刻意“选择”的管辖连接点，以此选择对自己较为有利的司法辖区，则应当认为该被告的主体不适格。

例如，在华为公司与IDC公司标准必要专利使用费纠纷一案中，深圳市中级人民法院认为，“IDC通信有限公司作为IDC公司的代表加入了ETSI等多个电信标准组织，参与了各类无线通信国际标准的制定，IDC通信有限公司在其中还负责对外统一进行专利许可谈判事宜；在IDC公司于美国发起的针对华为公司的诉讼中，IDC通信有限公司也是共同原告；本案中谢伊（Shay）既是IDC通信有限公司知识产权执行副主席、首席知识产权顾问，又是IDC公司技术公司、知识产权（IPR）许可公司的总裁，也是IDC公司专利控股公司的总裁及首席行政长官。同时，谢伊还是四被告的共同授权代表。由此可见，上述四个被告就专利申请、持有以及对外许可形成了权利义务的共同体”[①]。本书认为，此案中如果以参与标准制定、参与许可谈判、参与SEP诉讼等理由而将谢伊作为诉争当事方、列为被告，尚具有一定的合理性，但其仅仅以人员交叉任职、获得其他四家的外部授权为由而将其纳入诉讼、作为被告，似有值得推敲之处。

在TCL公司与爱立信公司因费率所引发的垄断诉讼争议[②]中，深圳市中级人民法院认定爱立信瑞典公司和爱立信（中国）有限公司构成“经济利益共同体”。上诉人在此后的上诉意见中表示，“爱立信（中国）有限公司是爱立信瑞典公司在中国境内设立的全资子公司，独立对外从事业务活动和承担民事责任，其并非本案所涉标准必要专利的权利人，也未从事与TCL公司之间的专利许可谈判活动，与TCL公司诉称的垄断行为及其损害结果毫无关联”，从而引发确定适格被告的争议。实际上，“经济利益共同体”并非法律概念，在此情况下对判定何种主体系适格被告的问题确实存在一定争议。

从域外视角来看，一些司法辖区对原告主体资格之审查则较为宽松。例如，2023年1月，在大陆汽车公司（以下简称“大陆公司”）起诉诺基亚公司的案件中，诺基亚公司就曾主张“大陆公司并未受到伤害，因为诺基亚公司是与大陆公司之附属公司（而非大陆公司本身）进行许可谈判的”。对此，美国法院查证了大陆公司提交的其参与许可谈判的律师所出具的声明，该律师表示，“诺基亚公司的雇员和大陆集团的代表都使用‘大陆’一词来涵盖所有大陆实体”。根据该证据，美国法院认为“大陆公司已经完成其证明责任，即证明它是‘SEP’的适格当事方”[③]。

---

① 参见：深圳市中级人民法院（2011）深中法知民初字第857号民事判决书。

② 参见：深圳市中级人民法院（2018）粤03民初字第3055号民事裁定书。

③ 案号：C.A. No. 2021-0066-NAC。

但如果在起诉时，原告明知或者应当知晓某企业与其指控的涉案行为无直接关系，仍恶意将该企业列为共同被告，即明显是为了“炮制”某地法院的管辖连接点，则其违反诚信原则，属于滥用诉权，具有明显的恶意，将给此类无关联的企业应诉造成困难，同时浪费了与本案无实质联系的法院等各类司法资源。在此情况下，应当认定该企业主体并不适格。

第三节 小 结

综上所述，从司法事权来看，由于法律授权存疑、与司法政策相背离、违反市场规律、造成诸多负面后果这四方面原因，通过法院解决标准必要专利的费率争议仍有进一步讨论之空间，而不应将其视为不证自明之法律真理。

尤其是从技术创新的历史重要关头来看，提倡市场定价、避免过度司法定价仍有其合理性。从主体适格的规则来看，避免通过列明无关主体以“拉管辖”将成为下一步人民法院审查的重中之重。与此同时，确立统一的主体适格性审查规则已成殊为必要之举。

第四章
禁止重复诉讼与国际礼让原则

在SEP使用费纠纷中，权利人在多个司法辖区提起侵权救济之诉并不鲜见，此举常被实施人批判为“重复诉讼”。但对于权利人先行在某国提起费率之诉，而后实施人在第三国提起费率之诉的情况是否属于重复诉讼这一点，仍存在一定的司法争议。同时，当此类跨国平行诉讼出现时，如何通过国际礼让原则协调各国法院的SEP使用费案件审理，也成为重要的实务问题。

第一节　禁止重复诉讼原则

“禁止重复主张”为我国民事诉讼法诚信原则的重要内容。民事诉讼法第十三条第一款规定，民事诉讼应当遵循诚信原则。“禁止重复主张”即为诚信原则的重要内容，任何人不能就同一事由获得两次救济，否则有欺诈之嫌。《最高人民法院关于适用〈中华人民共和国民事诉讼法〉的解释》第二百四十七条规定，“当事人就已经提起诉讼的事项在诉讼过程中或者裁判生效后再次起诉，同时符合下列条件的，构成重复起诉：①后诉与前诉的当事人相同；②后诉与前诉的诉讼标的相同；③后诉与前诉的诉讼请求相同，或者后诉的诉讼请求实质上否定了前诉的裁判结果。当事人重复起诉的，裁定不予受理；已经受理的，裁定驳回起诉，但法律、司法解释另有规定的除外”。

“禁止重复主张”不仅是国内法上诚信原则的重要内容，而且已成为中国对外缔结司法协助条约时的重要规定。在我国已经对外缔结的16个民事和刑事司法协助条约中，对于“重复主张”的禁止规制分为下列两种模式。一种为“正在审理”之判定，如《中华人民共和国和波兰人民共和国关于民事和刑事司法协助的协定》第二十条规定，“有下列情形之一的，不予承认或执行：……将承认或执行裁决的缔约一方境内的法院对于相同当事人之间就同一诉讼标的的案件已经做出了发生法律效力的裁决，或正在进行审理，或已承认了第三国法院对该案所做的发生法律效力的裁决”。另一种是“先受理”之判定，如《中华人民共和国和蒙古人民共和国关于民事和刑事司法协助的条约》第十八条规定，“有下列情形之一的，也可拒绝承认与执行：……被请求的缔约一方法院对于相同当事人之间就同一标的的争讼案件已经做出了生效裁决；或已先受理了上述案件；或已承认了在第三国对该案件所做的生效裁决”。由上述条款可见，无论采用何种判定模式，禁止“重复主张”已然成为我国对外缔结民事和刑事司法协助条约中的重要内容。

实际上，避免“重复主张”也日益成为国际司法界的共识与国际惯例。例如，《布鲁塞尔关于民商事案件管辖权及判决执行的公约》第二十一条规定：“相同当事人间就同一诉因在不同缔约国法院起诉时，首先受诉法院以外的其他法院应主动放弃管辖权，让首先受诉法院受理。应放弃管辖权的法院，在其他法院的管辖权被提出异议时，得延期做出其决定。”该公约第二十二条第一款规定：“当有关联的诉讼案件在不同的缔约国法院起诉时，除第一个受诉法院外，其他法院于诉讼尚在审理时，得延期做出其决定。”

同时，根据《最高人民法院关于适用〈中华人民共和国涉外民事关系法律适用法〉若干问题的解释（一）》第9条之规定，“当事人在合同中援引尚未对中华人民共和国生效的国际条约的，人民法院可以根据该国际条约的内容确定当事人之间的权利义务，但违反中华人民共和国社会公共利益或中华人民共和国法律、行政法规强制性规定的除外”。

根据上述原则可知，如果有关FRAND费率确定事项已被在先的外国诉讼所涵盖，其后再向中国法院单独提出的话，虽然这种制造平行诉讼的行为并不违法，但似有违诚实信用原则。在这种情况下，“重复主张”的事项已被其他诉讼所涵盖并得到审理，因而其可能不符合诚实信用原则，故可以请求我国法院适用上述国际条约中禁止“重复主张”之条款，考察起诉方在中外诉讼中的事实与主张，查明本案构成在FRAND费率确定问题上的“重复主张”，以判定其是否以制造平行诉讼之方式滥用诉权而违反诚实信用原则。如果判明在先外国诉讼待决事项中已涵盖或者大部分涵盖了在后中国诉讼中的诉讼请求，则证明在中国起诉的一方明知外国诉讼中的待决事项本已被其与对方之间在外国的诉讼完全覆盖，即其是为了拖延程序或意图反向劫持而恶意在中国提起诉讼的，从而可以判定其违反诚实信用原则。

第二节　国际礼让原则

一、原则释义

在国际民商事管辖权冲突时，向更适宜的司法辖区法院进行国际礼让，已经成为国际通行的国际惯例。根据《布鲁塞尔关于民商事案件管辖权及判决执行的公约》第二十一条的规定，“相同当事人之间就同一诉因在不同缔约国法院起诉时，首先受诉法院以外的其他法院应主动放弃管辖权，让首先受诉法院受理”。在2012年修订的《布鲁塞尔条例Ⅰ》中亦规定，“当数个关联诉讼在不同成员国法院同时提起时，除首先受诉法院之外的任何其他法院均可暂停其诉讼”。我国是负责任的大国，也是这个相互依存的世界中不可或缺的重要成员。近年来，中国法院着眼于探讨国际法上的大国问题，在“一带一路”倡议及重要国际商事问题中提出或重申了“大国司法”“国际法律共同体”“跨国司法治理权”等蕴含司法合作的理念或命题，强调大国的实力和司法制度对跨国民商事交往的能动作用，重视大国司法制度的合作性、服务性和礼让性，以加强国际司法合作，避免管辖权冲突。

在司法实践中，我国法院亦充分认可国际礼让司法政策，坚持与落实礼让的国际惯例。例如，最高人民法院于2005年12月26日公布的《第二次全国涉外商事海事审判工作会议纪要》第十一条规定：“我国法院在审理涉外商事纠纷案件过程中，如发现案件存在不方便管辖的因素，可以‘不方便管辖原则’裁定驳回原告的起诉。”最高人民法院原副院长江必新指出，在考虑上述不方便因素时，“法官应当将最符合公平正义的实现、最便利当事人合法权益的救济、体现和兼顾国际礼让原则作为裁量的主要价值取向”[①]。最高人民法院在涉外民事司法实践中，认为“由于原告可以自由选择一国法院而提起诉讼，其就可能选择对自己有利而对被告不利的法院。该法院虽然对案件具有管辖权，但如审理此案将给当事人和法院带来种种不便，从而不能使争议得到迅速解决。此时，如果存在对诉讼同样有管辖权的更为方便的可替代法院，则受案法院依职权或根据被告的请求可以做出自由裁量而拒绝行使管辖权”[②]。

---

① 江必新，何东宁. 最高人民法院指导性案例裁判规则理解与适用：民事诉讼卷：上［M］. 北京：中国法制出版社，2016：195–199.

② 最高人民法院（1999）经终字第194号民事裁定书（住友银行有限公司与新华房地产有限公司贷款合同纠纷管辖权异议案）的说明［M］//最高人民法院民事审判第二庭. 中华人民共和国最高人民法院判案大系：民商事卷：1999年卷上卷［M］. 北京：人民法院出版社，2003：549–551.

具体到知识产权领域而言，最高人民法院民事审判第四庭基于审判实践指出，“随着知识产权跨国流动的增多、跨国知识产权案件快速增长以及由此带来的跨国知识产权问题的复杂性，立法管辖权与司法管辖权绝对统一的观点逐渐被打破。各国在尊重他国之主权范围内的立法管辖权的同时，基于诉讼效率、方便当事人等原因，有条件地承认对发生在外国的知识产权案件或者涉及外国知识产权的案件的司法管辖权，并适用该外国法”；“尽管各国知识产权法的效力仅及于其地域范围之内，并排他性地调整发生在其域内的涉外知识产权关系，但是该涉外知识产权关系引发的案件却并非由该国专属管辖，而是可以由他国管辖”①。

近年来，我国法院主导提出了推定互惠的国际礼让原则。例如，《最高人民法院关于人民法院为“一带一路”建设提供司法服务和保障的若干意见》（法发〔2015〕9号）第六条规定，“在沿线一些国家尚未与中国缔结司法协助协定的情况下，根据国际司法合作交流意向、对方国家承诺将给予中国司法互惠等情况，可以考虑由中国法院先行给予对方国家当事人司法协助，积极促成形成互惠关系”。《第二届中国-东盟大法官论坛南宁声明》（2017年）第七条规定：“……在本国国内法允许的范围内，与会各国法院将善意解释国内法，减少不必要的平行诉讼……尚未缔结有关外国民商事判决承认和执行国际条约的国家……如对方国家的法院不存在以互惠为理由拒绝承认和执行本国民商事判决的先例，则在本国国内法允许的范围内，即可推定与对方国家之间存在互惠关系。”由此可见，中国法院认可并坚持国际礼让的法律原则，且将其作为解决国际民商事管辖权冲突的主要规制原则，甚至在《第地与民同乐中国-东盟大法官论坛南宁声明》中

① 最高人民法院民事审判第四庭. 中华人民共和国涉外民事关系法律适用法条文理解与适用［M］. 北京：中国法制出版社，2011：346.

首次主导提出推定互惠原则[①]，即如果他国法院不存在以互惠为理由拒绝承认和执行中国民商事判决的先例，甚至在先例中明确承认中国法院管辖权，应当推定中国与该国存在互惠关系，基于此，中国法院应当尊重先受理外国法院的管辖权。

此外，我国较近签订的国际公约亦认为应当落实统一、确定性的国际民商事管辖机制，以避免平行诉讼所可能引发的严重国际司法冲突。例如，《选择法院协议公约》于2015年10月1日正式生效，中国于2017年9月12日签署该公约，成为该公约第33个缔约国。该公约对缔结条约目的的表述为“希望通过加强司法合作增进国际贸易和投资，相信在民商事项的管辖和外国判决承认与执行上的统一规则能够加强这种合作，相信加强这种合作尤其需要国际法律机制所提供的确定性”。2019年7月2日，《承认与执行外国民商事判决公约》获通过，当日中国就签署了作为会议最终决议的该公约。该公约在表述其缔结目的时表示，“希冀通过司法合作，提升司法救济的有效性，裨益各方，促进以规则为基础的多边贸易与投资，以及流动……确认加强此种司法合作时特别需要一种合理的国际法律制度，使得外国判决的全球流通更具可预见性和确定性”；“解释本公约时，应考虑其国际性质，以及促进其适用的统一性”。《最高人民法院关于适用〈中华人民共和国涉外民事关系法律适用法〉若干问题的解释（一）》第九条规定，“当事人在合同中援引尚未对中华人民共和国生效的国际条约的，人民法院可以根据该国际条约的内容确定当事人之间的权利义务”。根据上述法律条文精神，中国已经成为上述两项公约的签署国。虽然这两项公约尚未在我国国内生效，但其已为国际贸易提供了确定性的国际民商事管辖机制，避免了国际民商事管辖权冲突，这一缔约目的对

① 参见：2018年6月28日最高人民法院负责人就《关于建立“一带一路”国际商事争端解决机制和机构的意见》答记者问。

我国的司法实践具有重要的指导价值。

最高人民法院在国内相关司法政策文件中，实际上已经秉承了上述司法理念。2019年12月颁布的《最高人民法院关于人民法院进一步为“一带一路”建设提供司法服务和保障的意见》明确提出，“坚持共商共建共享，加强与‘一带一路’建设参与国的司法交流，强化国际司法合作，协调国际司法冲突”；“加强国际司法合作，协调司法管辖权的行使”。可见，我国法院认可通过国际司法合作，形成更加统一、确定性的国际民商事管辖机制，进而协调本国司法管辖权的行使。

二、国际礼让原则之适用

根据上述司法精神，具体到标准必要专利使用费纠纷中，如果在中国诉讼中所要解决的纠纷已为权利人在其他国家在先起诉的专利侵权纠纷所覆盖并与其存在极为密切的牵连，如实施人主张的过高定价核心问题已被他国法院的在先FRAND费率案件所涵盖，则案件似由该外国法院继续审理更为适宜。

实践中，在一方向我国法院提起SEP使用费诉讼之前，如果另一方已经就其与对方之间的标准必要专利许可问题先行在外国法院提起诉讼，并要求该外国法院确认权利人的报价符合FRAND原则或确定FRAND全球许可费率，从而使双方能够“一揽子”化解纠纷，则说明双方之间关于标准必要专利许可问题的纠纷完全能够于在先外国的诉讼中得到解决。换言之，在外国进行的诉讼实际上已经可以涵盖此案中需要审查确定全球费率、是否存在过高定价等几个核心问题。那么，此时是否适用国际礼让原则？对此应当审查以下8个方面。

（1）SEP使用费纠纷的受理先后顺序。在中国与其他国家签订的双边民事司法协助中，对于受理相同当事人之间就同一标的的争讼案件的管辖安排，双方一般遵循先受理原则。此外，除前述所援引的《布鲁塞尔关于民商事案件管连成权及判决执行的公约》外，《关于民商事案件管辖权及判决执行的卢加诺公约》第二十一条也规定，“相同当事人之间就同一诉因在不同缔约国法院起诉时，首先受诉法院以外的其他法院应主动中止管辖权，让首先受诉法院受理”。可见，受理案件的先后顺序对于协调管辖权至关重要。

（2）该国与中国之间是否已缔结或者共同参加了关于相互承认和执行生效民商事裁判文书的国际条约？

（3）审查该国是否对中国“不存在以互惠为理由拒绝承认和执行中国民商事判决的先例”，如不存在，则应当积极适用“推定互惠”。根据《第二届中国-东盟大法官论坛南宁声明》《最高人民法院关于人民法院为“一带一路”建设提供司法服务和保障的若干意见》等关于“推定互惠”之规定，应审查该国法院是否在其司法实践中“不存在以互惠为理由拒绝承认和执行中国民商事判决的先例”，如不存在，即认可中国法院也应当给予互惠原则，以及认可该案法院对于在先标准必要专利使用费纠纷的司法管辖权。

（4）该国法院审理SEP使用费纠纷的历史经验与公平性。如果该国法院在审理类似案件方面已经积累了丰富的审判经验，具有较好的可信度和执行力，并且能够合理平衡中国企业与外国企业的合法权益，充分尊重案件事实和许可双方的权益，则可以考虑礼让原则之适用。

（5）该国是否系外国企业的母国？如果该国并非双方商务经营中的母国，客观上更具有中立性，其做出裁判的可信度也更高。也就是说，非母国的地域管辖意味着法院更加中立，双方较难对争议解决机构施加法律之外的影响，这也使其裁决更能被双方所接受。国内亦有学者讨论母国法院之可能存在偏向性等问题。“在可能存在司法不公的司法辖区，尤其是那些实施者占多数的发展中国家，标准实施者通过绑架企业、司法、国家和社会实施反劫持的动力更加充足。在实施者率先于本国提起标准必要专利FRAND全球许可费率之诉并捆绑申请禁诉令、反禁诉令、禁执令的案件中，尽管当事人最终也通过谈判达成了标准必要专利全球许可协议，但对于该协议是否真正反映了当事人的内在意思，以及该协议是否真正属于FRAND协议等问题，均存在疑问。"①

（6）该国法院之审理范围是否涉及长臂管辖？如果该国法院表示并不会就任何其国以外的标准必要专利的侵权或有效性、对标性进行裁判，而是仅限于确认专利权利人是否按照其对ETSI的FRAND承诺而给予实施人相关许可条款，且并不意味着专利实施人必须接受该项许可条款，在此情况下可知该国法院充分尊重了他国司法主权，为实施人和全球专利权利人提供了一个更有效地帮助解决标准必要专利许可问题的司法框架。

（7）外国诉讼与中国诉讼的牵连性。如果外国法院对本案的审理工作已经逐步推进，无需漫长的等待即可做出许可费率的裁判，且外国诉讼的待决全球费率事项涵盖了中国诉讼的所涉中国费率事项，此时若中国法院坚持审理本案件，则会导致两国司法裁决都对相同事项做出裁判的问题。这很容易引发国际司法冲突，不仅无助于双方的纠纷化解，而且在标准必要专利许可领域做出了负面示范，不利于今后其他标准必要专利许可事务的顺利开展。

（8）该国是否系中国企业全球化布局下的重要市场？是否与费率纠纷有密切的联系？如果该国与费率纠纷具有相当紧密的联系，通过国际礼让原则，使其做出相关裁判，亦不失为此类案件可行的纠纷解

① 李扬. 标准必要专利FRAND许可谈判框架的生命力［J］. 知产财经，2022（1）：42.

决方式。此外，通过建构统一、具有确定性的国际民商事管辖机制，尊重先受案的客观事实以及相关国际公约的缔约精神，由先受理的外国法院继续审理似乎也较为适宜。

2023年1月，美国范德堡大学默西（Murthy）教授根据标准必要专利中的国际礼让问题提出了如下分析要件[①]：①美国之外的诉讼行为可能会阻止美国法院的管辖权；②美国之外的诉讼行为可能会威胁到美国的重要政策；③美国的国内利益超过了对国际礼让之考量。其进一步提出，在上述宏观要件满足后，建议美国法院进入礼让要件的具体分析：①对发证法院的对物或准对物管辖权之威胁；②在不同诉讼中对相同待决事项进行裁决会导致延误、不方便、费用、分歧或“竞赛裁判”；③缺乏充分的通知；④欺诈的可能性或缺乏充分机会提出完整的诉求；⑤与当事人约定在其他法院解决争议的条款相抵触；⑥对渲染法院的完整性产生怀疑等；⑦诉讼程序不符合“公平原则”；⑧原籍国法院不承认美国判决。在上述要件适用过程中，该教授表示，“应为法院提供一定的自由裁量权，以严格检验国际礼让作为标准和规则之适用”；“FRAND许可的国际合作将属必要。理想情况下，域外法院应该在其开展司法事务时避免踩到对方的‘脚趾’”。

第三节　小　结

在SEP使用费纠纷中，权利人在多个司法辖区提起侵权救济之诉的行为是否属于中国法律背景下的“重复诉讼”，仍有一定的讨论空间。

---

① RAGHAVENDRA. Why can’t we be frands? anti-suit injunctions, international comity, and international commercial arbitration in standard-essential patent litigation［J］. Vanderbilt law review，2022，75（5）：1609-1648.

整体而言，这需要结合个案事实来加以分析。如果在先行启动的外国诉讼中，已经包含了FRAND费率所确定的事项，且此后在中国的费率诉讼中亦完整包含此类事项（即此时在中国的诉讼中，该待决事项已被双方在外国的诉讼完全覆盖），对此则需要进一步审查其起诉实践、诉讼请求、事实理由等事项，以判断起诉方是否存在以后续在中国的诉讼来拖延纠纷实质解决、意图反向劫持的恶意。在此情况下，根据国际礼让原则，涉案争议似由该外国法院继续审理更为适宜。

中篇

善意谈判

善意谈判是落实FRAND费率的基本路径与常态模型。“由司法或者仲裁机构裁决标准必要专利FRAND许可条款和条件的做法虽然具有强制执行力，但司法或者仲裁机构并非市场参与者，仅通过在案材料并不能全面掌握通信领域技术的发展脉络，无法客观了解与标准必要专利技术和市场有关的所有信息，难以动态把握标准必要专利技术的技术价值和商业价值。因此，司法或仲裁机构所裁决得出的标准必要专利许可条款和条件，极容易陷入畸高或畸低的情况，并不符合FRAND要求。相反，身处行业第一线的理性当事人，深谙相关标准及必要专利技术的技术价值和商业价值，其在技术信息、经营信息的掌握等方面具有司法或者仲裁机构不可比拟的优势。上述理性当事人经过多轮报价、反报价，在反复协商基础上达成一致的标准必要专利许可条款和条件，应该是双方的真实意思表示，是互惠共赢的许可条款和条件，也是真正意义上的FRAND许可条款和条件。”[①]同时，专利劫持与反向劫持等许可乱象也催生了善意谈判判定框架的建构必要。

“对于现实世界中 FRAND 谈判的时机和演变的学术研究非常重要，其既可以提高司法判决的一致性，也可以为市场参与者建立规范和基准。”[②]为此，本书对于善意谈判之分析重在谈判框架的建构。首先，建构分阶段的谈判流程，摒弃一些西方国家以标志性行为作为区分谈判各阶段的标准，而是从许可实践出发，建立开局、磋商、终局之更为宏观的三大谈判阶段。其次，确立判断的尺度，善意性的标准主要包括尊重平等主体的意思自治、诚实推进谈判、保障合理信赖、避免权利滥用、坚持互惠互利、秉承效率优先等六大方面。最后，适用上述尺度，结合开局阶段、磋商谈判阶段、终局阶段等不同阶段的谈判任务，具体分析各类常见谈判行为的善意性，从而为后续SEP许可提供谈判指引。

---

① 李扬. 标准必要专利FRAND许可谈判框架的生命力［J］. 知产财经，2022（1）：42.

② CONTRERAS，JORGE L. A Research agenda for standards-essential patents［R］. Salt Lake City：University of Utah College of law research paper，2023（531）：16.

第五章

善意谈判框架的建构分析

在标准必要专利（SEP）许可谈判中，不少权利人与实施人出于各自利益最大化的动机，常常滥用FRAND原则的模糊性，使专利劫持、反向劫持这类严重损害SEP许可市场的侵害行为不断发生。专利劫持是指权利人挟技术标准之优势地位，迫使实施人接受过高许可费率或者其他不合理条件；反向劫持则是指实施人滥用FRAND 原则，恶意拖延诉讼或恶意磋商，以达到少付或不付专利技术的实施许可费的不当目的[①]。

为了构建符合FRAND原则的谈判机制、避免劫持行为损害许可活动，各国已开始对谈判过程中双方之谈判行为进行规制，逐步建构符合本国法与FRAND原则的善意谈判模型。例如，早在2015年欧盟法院（ECJ）就通过审理华为公司与中兴公司案[②]，初步确定了SEP善意谈判的欧盟框架方案；2018年，日本专利厅（JPO）发布《标准必要专利授权谈判指南》，提出SEP善意谈判的“日本版本”，并于2022年6月进行修订；2021年12月，美国专利商标局（USPTO）、国家标准与技术研究院（NIST）和司法部反垄断局（DOJ）发布联合政策声明草案，并指出其中的重点是建构善意谈判框架。在2023年7月国家市场监督管理总局发布的《关于标准必要专利领域的反垄断指南（征

① 易继明，胡小伟. 标准必要专利实施中的竞争政策：“专利劫持”与“反向劫持”的司法衡量［J］. 陕西师范大学学报（哲学社会科学版），2021（2）：84，86.

② 案号：C–170/13。

求意见稿）》中，也建构了判断善意谈判的程序与要求，并提出“标准必要专利善意谈判是履行公平、合理和无歧视承诺的具体表现。标准必要专利权人和标准实施方之间应当就标准必要专利许可的费率、数量、时限等许可条件开展善意谈判，以达成公平、合理和无歧视的许可条件”。当然，该意见稿更多体现了原则性要求，在具体程序和落实等方面有待进一步细化[①]。

虽然善意谈判框架无法涵盖许可双方所有的谈判行为，但通过类型化方法，将实践中常见且容易引发争议的谈判行为进行归纳总结等，可形成虽不具有法律强制力但较为明确的规范指引。这不仅为权利人依法依规申请禁令提供了可预见性，而且为实施人避免被指摘为反向劫持提供了正当性基础，并可引导双方通过善意谈判促成许可。但前述善意框架难免带有欧美立法的制度背景，因此有必要梳理总结

---

① 该意见稿对善意谈判的程序与要求具体如下：标准必要专利权人应对标准实施方提出明确的许可谈判要约，包括提供标准必要专利清单、标准必要专利与标准的对照表以及合理的反馈期限等具体内容；标准实施方应在合理期限内对获得许可表达善意意愿，即不存在恶意拖延、无正当理由拒绝许可谈判等情形；标准必要专利权人应提出符合其所作出的公平、合理和无歧视承诺的许可条件，主要包括许可费率计算方式及其合理性理由、标准必要专利保护时效及转让情况等与许可直接相关的必要信息和实际情况；标准实施方应在合理期限内接受许可条件，如不接受，应在合理期限内就许可费率、回授等许可条件提出符合公平、合理和无歧视原则的方案。在具体个案中，须对谈判的过程和内容进行全面评估，非善意的标准必要专利许可谈判将提高相关市场中排除、限制竞争的风险。标准必要专利权人和标准实施方均应对其在上述过程中不存在过错的情况进行证明，提供相应证明材料，并对所提供证明材料的真实性负责。

当然，上述规定亦存在一定改进空间。例如：对于标准必要专利数量较多的情况，实践中只需要提供部分代表性标准必要专利与标准的对照表即可；权利人只需要提供计算方式即可，由于有些信息可能是权利人在开始阶段所不掌握的，因而需要双方在要约、反要约等过程中加以调整，所以不需要权利人提供合理性理由；建议增加诸如以划定“红线”的方式设定最长反馈期限之条款，以避免拖延谈判；等等。

我国许可实践中的常见行为类型，并结合我国现行立法、司法实践以及国际司法共识，建构SEP善意谈判框架的中国版本。

第一节　谈判过程与善意原则

先行确定谈判流程、谈判阶段，而后判定某一阶段的具体行为是否具有善意，成为建构判定规则的总体方向。因此，划定相对合理、符合实际的谈判阶段成为善意判定的第一步工作。

一、谈判过程

SEP许可与其他法律谈判较为类似，都是由一系列谈判阶段组成的。欧盟法院在2015年华为公司与中兴公司案件中，吸收实践经验，从竞争法视角建立了SEP许可的基本流程；2018年，日本专利厅受该案影响，也提出了SEP许可的流程与步骤。大体上，SEP许可分为以下六大步骤：第一步，权利人提出许可谈判要约；第二步，实施人做出愿意获得SEP许可的意思表示；第三步，权利人提出FRAND要约；第四步，实施人提出FRAND反要约；第五步，权利人拒绝反要约；第六步，双方通过法院、仲裁或非诉讼纠纷解决机制解决许可争议。

这种单纯以行为主体的标志性行为作为划分流程的标准，虽然简单明了且构建了理想型的商谈模式，但存在一定程度的与实践脱节之问题。实践中，双方往往并非严格按照上述顺序推进许可谈判。例如，权利人在提出许可要约之前，双方可能已经实际接触并进行信息交换；又如，权利人拒绝反要约后，也可能并非直接寻求法律解决而是重复第三步、第四步。此外，多数许可谈判并非仅针对单一问题，而是会涉及多项问题。例如，在讨论保密协议时，常常会同步讨论技术信息的发送、当面会谈的举行等问题。故而，上述六大步骤在每次许可谈判中可能并不相同，且未能包含初步接触阶段。

因此，有必要回归法律谈判的一般理论。法律谈判“存在着一个循环过程”，“是由一系列反复进行的活动所构成的，这些活动包括谈判各方随着新情况的出现而不断交换信息，评估方案，以及调整预期目标和自己的偏好”①。这一点亦适用于SEP许可谈判：权利人与实施人在交换信息后，针对对方的谈判行为选择对己有利的应对策略，这期间充满了信息互动、妥协让步以及坚持强硬等，甚至可能推翻已有的成果而回到起点。鉴于谈判行为的复杂性与多变性，坚持以单个行为作为划分标准的做法值得商榷，有必要从更为宏观的层面来划分谈判流程。因此，本书根据传统法律谈判的分阶段理论②，将SEP谈判区分为开局、磋商、终局三大阶段。

二、善意原则

“善意的、具有争议的谈判手段会使得谈判顺利地进行下去，而恶意的、损害对方利益的手段只会将合作越推越远，最终导致谈判破裂”③，但对于如何判断SEP谈判行为的善意，目前分歧较大。从整体来看，善意原则应当包括以下六方面内容。

第一，尊重平等主体的意思自治。我国民法典第五条规定，“民事主体从事民事活动，应当遵循自愿原则，按照自己的意思设立、变更、终止民事法律关系”。因此，一方参加或不参加SEP许可谈判应

---

① 吉福特. 法律谈判的理论与技巧［M］. 张弘，张西建，张勇，译. 重庆：重庆大学出版社，1992：8.

② 胡敏飞，刘建明，杨磊. 法律谈判的技能与实践［M］. 杭州：浙江工商大学出版社，2017：10.

③ 戴勇坚. 如何当好调解员：法律谈判的理论、策略和技巧［M］. 湘潭：湘潭大学出版社，2015：26.

由其根据自身意志和利益自由决定，对方不能强迫其参加，当然其亦应当承担自主决定的法律责任；同时双方应在平等协商的基础上达成许可条款，任何一方不得利用自己的优势地位向对方施加不当压力。

第二，诚实推进谈判。一方在着手与他人开展SEP许可谈判时应当诚实，须如实披露相关信息，而非弄虚作假。例如，权利人未尽专利信息披露义务，使得实施人相信专利尚未标准化，但在该专利被纳入标准后，权利人即以SEP遭受侵权为由申请禁令，这种做法就是权利人不诚实的表现。

第三，保障合理信赖。缔约各方应当本着相互照顾的原则，相互配合、交替推进谈判，保护对方的合理期待与信赖。例如，当面会谈所达成的谈判事项，不得以事后领导未同意为由，随意变更或者否认。

第四，避免权利滥用。谈判各方应当善意行使权利，不得滥用其权，不得故意曲解合同条款。例如，权利人应当审慎行使申请禁令之权利，实施人也应当谨慎提起竞争法之诉。尤其是，当权利人之错误仅属微小瑕疵时，实施人不得滥用诉权。

第五，坚持互惠互利。由于SEP许可谈判是满足权利人、实施人双方利益的互动行为，这就意味着任何一方不能仅仅立足其自我利益甚至将其最大化而漠视他方利益，否则谈判将难以为继，或者导致一方掠夺另一方合法权益的结果，从而面临合法性的拷问。因此，谈判应以互谅互让为理念，以有偿交换为底线，从而实现权利人收取合理报酬、实施人合法使用SEP的“双赢”局面。

第六，秉持效率优先。日本专利厅在《标准必要专利授权谈判指南》中将效率与善意作为同等原则予以并列，这其实误解了两者之间的关系。一般情况下，若谈判主体以较高的效率一以贯之地推进谈判，其善意程度也较高；反之，则善意程度较低。可见，效率之高低属于善意之外观表征，尤其是考虑到当前许可实践中大量违反善意谈判的行为系拖延谈判行为，可知效率当属善意原则的一个重要面向。欧盟委员会于2023年4月27日发布《关于标准必要专利和修订（EU）2017/1001号条例的决定》的提案，在该提案的《欧盟SEP评估》中披露，根据统计，“SEP权利人和实施人开展SEP许可的平均谈判成本，估计为200万至1 100万欧元”。可见，提升效率有助于降低此类谈判成本。

第二节　许可谈判开局阶段的善意判断

一般而言，权利人如果认为实施人具有实施SEP之情形，则会通过通知实施人诉争专利及其实施情况而开启许可谈判。在专利池[①]许可机制中，专利池的管理人在得到有效授权的情况下，亦可以代表权利人或以自己名义发送通知后开启许可谈判。同时，开局阶段也包括实施人对权利人谈判通知的初步反馈。总体来看，该阶段以建立沟通渠道、获取初步信息为主，其中之善意应着眼于双方是否及时响应以及初步信息获取的便利性。

此外应当注意一点，并非所有的司法机构都将权利人发出谈判通知作为谈判的起点，而是有的将开启谈判之义务赋予实施人。例如，2023年3月，英国某法院就曾表示，“每个标准实施人都有责任直接与专利权人联系”。该院认为，“有意愿的实施人不会坐等SEP权利人之要约。在预留资金以支付必要的许可费用的同时，有意愿的实

① 专利池又被称为专利联营，是指两个或者两个以上的专利权人通过某种形式将各自拥有的专利共同许可给第三方的协议安排，其形式可以是为此目的而成立的专门合资公司，也可以是委托某一联营成员或者某独立的第三方进行管理。参见：《国务院反垄断委员会关于知识产权领域的反垄断指南》第二十六条。

施人还会采取积极的措施来寻找其所需要的专利许可并以此作为第一步。这意味着当与SEP权利人进行联系时，权利人之身份可以很容易地从ETSI处得到确认"[①]。

但这一司法观点可能并不适用于中小企业。欧盟委员会于2023年4月27日发布《关于标准必要专利和修订（EU）2017/1001号条例的决定》的提案，在该提案的《欧盟SEP影响评估》中披露，虽然"50%的较大企业表示其已主动向权利人申请SEP许可"，但高达"80%的中小企业表示，其不知道何种主体享有与其使用的标准相关的SEP，90%的中小企业不知道在谈判期间权利人发送给自己的专利是否对标准至关重要"。因此，主流看法仍认为"实施人并不需要寻求SEP许可来表明其诚意"，"相反，在典型的许可谈判中，实施人只需要对SEP权利人的FRAND提议做出回应。只要实施人及时和真诚地做出回应，则其应该不必或根本不需要担心被视为'恶意实施人'"；"实施人可以安心等待 SEP 权利人的联系，然后再进行许可谈判"[②]。

一、针权利人发出谈判通知的善意判断

（一）必要性与发出时间

对于权利人先行向实施人发出权利通知之必要，各国法院与执法机构已经基本形成共识，甚至有裁判观点认为"对侵权行为进行通知是SEP权利人在对实施人提起侵权诉讼之前所必须满足的强制性要求"[③]。在前述华为公司与中兴公司案件中，欧盟法院更是明确建议权

---

① 案号：HP-2019-000032。

② FARRAR L，ANNE，STARK，et al. License to all or access to all? a law and economics assessment of standard development organizations' licensing rules（September 10，2020）. George washington law review，2020，9（10）：126.

③ 案号：A3/2017/1784。

利人应当先通过识别专利并明确侵权方式，促使实施人知晓其侵权行为，从而为下一步许可奠定基础。

但谈判通知的必要性并非一成不变。在许可实践中，当确实出现实施人已经知道或者应当知道其实施的行为时，则谈判通知是否仍存在发出之必要？对此德国杜塞尔多夫地区法院曾将其界定为“毫无意义的手续”[①]，认为这仅仅是一种形式，在此情况下，权利人不需要对实施人发出谈判通知。但这种司法意见一定程度上带有“事后之明”的偏见。首先，从双方成本收益平衡的角度来看，考虑到权利人发出谈判通知的经济成本较为低廉，该通知将较为有效地帮助实施人知晓涉案专利信息并以此为基础推进下一步许可谈判工作。其次，从保护知情权的角度来看，谈判通知应当侧重于对实施人的权益保护，因此不应将其裁量判断诉诸权利人的主观判断。最后，从争议解决成本的角度来看，“知道或者应当知道”更多系事后判断，而以事后之认定倒推事先之知晓情形，不仅增加了事实查明难度，而且增加了争议解决成本。因此，整体来看，谈判通知应当坚持“以发出为原则，以未发出为少数例外”的原则。根据该原则，如果权利人未能发出谈判通知，则其负有实施人知晓或者应当知晓侵权情形的举证责任，否则可被视为违反FRAND承诺，应当认定其具有明显过错。

此外，对于谈判时间而言，一般来说如果在起诉之前发出谈判通知，即表明权利人并不具有明显恶意。但如果权利人在发出谈判通知之前提起诉讼，或者在发出谈判通知后立即提起诉讼或申请禁令，则可能被认为存在较大恶意，日本专利厅即持此看法。但在其他法域的司法实践中，并非一概将起诉后发出的谈判通知均视为恶意。例如，德国杜塞尔多夫地区法院就认为，对于普通案件，侵权通知必须在提

---

① 案号：4c O 44/18。

起诉讼之前或者最晚在向法院预付诉讼费之前发出[①]。甚至在少数案件中，即使侵权通知是在提交法院诉讼和预付诉讼费之后发出的，只要其在送达索赔声明前发出，部分法院亦认可其属于善意谈判。在我国司法实践中，亦认可谈判通知可以延伸至诉讼阶段[②]。

（二）通知内容

对于谈判通知之范围，司法实践中存在较大争议。在早期的SEP案件中，谈判通知之内容相对较狭窄。例如，德国曼海姆地区法院在其早期判例中认为，谈判通知既不必包含权利人初次所做出的FRAND书面承诺，也不必包含其在标准发展过程中已做出的后续FRAND承诺文件[③]。但这种“有限信息”理论无助于实施人及时获知相关侵权内容，从而可能迟滞谈判。因此，德国曼海姆地区法院在后续多起判决中修正其早期观点，并在后续的司法规则以及执法指引中逐步将谈判通知之范围进行适度扩张，主张权利通知应当包括：①明确被侵权的专利，包括该项专利的编号；②声明为标准必要专利的相关文件；③所涉及的相关标准；④实施人已经使用该专利的实施例；⑤明确涉案实施例中使用涉案专利的方式或实现功能等。上述内容为推进谈判提供了初步的信息基础。

当前争议较大的是上述内容应当细化到何种程度。部分观点认为，“通知不需要包含详细的（技术或法律）分析，而只需要提供足够的信息，使实施人能够评估收到的侵权指控”即可[④]。亦有观点认为，通知内容的细化程度取决于具体案件的整体情况，而非标准化的

① 案号：4a O 73/14。

② 参见：深圳市中级人民法院（2016）粤03民初字第816号民事判决书。

③ 案号：4a O 73/14。

④ 案号：4c O 81/17。

统一清单。《广高SEP指引》第13条也确立了“商业惯例和交易习惯所涉专利权的范围”的适用标准，但“商业惯例和交易习惯”之用语较为原则化，缺乏具有较强可操作性的规则。实际上，发出谈判通知属于初步接触阶段，甚至系双方首次直接接触，过多的材料要求不合理地增加了权利人的启动谈判成本；同时实施人亦需要花更多时间进行研究，从而拖慢了其反应速度，反而不利于谈判的顺利推进。因此，在初步接触阶段，谈判的回合、次数比材料的全面性更为重要，即谈判通知内容的全面性不应影响尽快推动双方直接对话的效率要求。基于上述分析，只要权利通知能够使实施人初步评估侵权主张，权利人就基本满足了“善意谈判”之标准。

（三）发送主体与接受主体

就发送主体而言，由权利人发出自无异议，但对于权利人的母公司以及获得授权的关联公司能否发出仍存在一定争议。德国杜塞尔多夫地区法院曾认为①，通知可以由权利人发出，或由同一集团内的任何其他关联公司（尤其是权利人的母公司）发出。但发出谈判通知系开启SEP商谈的第一步，由权利人发出通知方式对于推进后续谈判更为妥当。此外，如果专利池管理人依照其与权利人之间的合同约定有权就其所管理的专利进行再许可及开展维权活动，则谈判通知亦可由专利池管理人向实施人发送。如果实施人因发送主体明显不适格而挑战了该通知的合法性，但权利人一方拒绝更改或者未再次发出通知，则应当认定权利人具有明显过错。

对于接受主体而言，考虑到终端企业可能存在复杂的关联关系以及分散化的生产经营安排，如果要求谈判通知的接受对象必须是实施侵权行为之主体，甚至必须是后续侵权诉讼之被告，则可能会对权利

① 案号：4c O 81/17。

人施加过高的查明成本。因此一般而言，权利人向实施企业集团中的母公司发出通知即可满足善意标准[①]。但此种做法又可能造成“行为-主体”之间的错位，从而导致责任主体模糊，即被诉主体可能并未实施涉案行为却要求其承担相应的法律责任。意大利都灵法庭在类似情况下曾表示，由于权利人只与被告的母公司进行了许可谈判，并向母公司提出了谈判通知，故而权利人并未履行其对被告的通知义务，从而驳回其禁令请求[②]。因此，为了平衡双方的信息利益，除非有客观证据能够证明权利人知道或者应当知道母公司或者关联公司无正当理由却拒绝将通知转发给实施人，否则向实施人母公司发送通知即可满足善意标准。

二、实施人应对谈判通知的善意判断

实施人在收到权利人的谈判通知后，即使对该通知内容存有异议，也应当坚持善意谈判原则，对谈判通知做出合理高效的回应，以避免后续被认定为恶意。所谓善意合理的回应，可被理解为是实施人做出愿意在FRAND条件下订立许可的意思表示，即实施人在审查权利人谈判通知后，只要大体上评估自身存在侵权之可能，即应当向权利人做出上述意思表示。2023年3月，印度德里高等法院在爱立信公司与Intex公司一案中使用较为常见的“间接”方法还原了上述“大体判断过程”，即：“第一步，将权利人的专利与标准相联系，以表明该专利是一项标准必要专利；第二步，表明实施人的设备也映射到标准”，“A=专利，B=标准，C=被告的设备，如果A=B和B=C，那么A=C”，并认为该方法“是证明标准必要专利侵权和必要性的可

① 案号：6 U 183/16。

② 案号：30308/20215 R.G。

靠和更好的方法”[①]。

（一）以明示为原则

德国杜塞尔多夫地区法院曾表示，不应对实施人做出意思表示之内容提出苛刻要求，只要其表示愿意获得许可（一般性表态即可），就不受具体形式之限制，在具体个案中，甚至默示行为亦可满足该要件[②]。在后续案件中，有德国法院认为，对于默示行为做出之意思表示，需要综合实施人的行为进行整体分析[③]，在该初步阶段，亦不必强求实施人提出具体的谈判反要约。

从上述德国法院的裁判意见来看，对于实施人的意思表示不设过高门槛，有助于节省谈判成本，同时便于推动下一步谈判；但其认可默示行为的做法，容易增加事实查明成本以及纠纷解决难度，似不妥当。因此，应当“以明示为原则，以默示为少数例外”，从而兼顾谈判效率与权利人信赖利益。但如果实施人向权利人表示只有其供应商才是适格被许可人，或者其仅愿意从供应商那里购买产品时同步获得许可而拒绝单独许可，则可能被视为拒绝许可的意思表示[④]。

（二）无明显迟延

对于实施人意思表示的合理期限，不应采取僵化的“一刀切”方式，即以设定统一的期限方式判断合理与否。整体上，该合理期限受到前述谈判通知内容、技术复杂程度、专利数量、实施人技术水平、过往交易历史等多种因素影响，因此需要进行个案分析。例如，如果

① 案号：2023:DHC:2243-DB。

② 案号：4c O 81/17。

③ 案号：4c O 44/18。

④ 案号：21 O 11384/19。

专利池数量较少，且属于实施人相对熟悉的技术领域，则相对较短的期限方具有合理性；反之，如果涉及大量专利，且属于实施人并不熟悉的领域，相对较长的期限才是合理的。此外，实施人应当及时与权利人进行沟通，以避免对方出现误判。例如，当实施人预估首次回复需要较长时间时，应当主动向权利人阐释原因。

完全弹性的期限设定则有可能诱发实施人滥用该漏洞，以拖延谈判、实施反向劫持[①]，因此有必要以设定底线的方式确保谈判高效推进。关于设定底线，2023年3月，有英国法院在审理中指出，虽然“SEP权利人和实施人未能就FRAND条款达成协议的原因可能是多种多样的……在这一点上，必须让实施人进行选择：要么停止侵犯被认为是有效、被侵权和对有关标准至关重要的SEP（并为先前的侵权行为支付赔偿金），要么接受许可”[②]。但对于该种底线的期限长度，则存在不同看法。德国卡尔斯鲁厄高等地方法院曾在审理中认为，实施人在收到谈判通知后表达愿意获得许可的意思表示之合理期限通常不超过2个月[③]，德国的曼海姆地区法院、杜塞尔多夫地区法院则分别认定3个月[④]、5个月[⑤]不属于合理期限。考虑到在我国实施人的实际情况，参阅前述案例，以3个月作为底线较为适当。例如，实施人3个月至6个月怠于回复的，应当被认定为“恶意拖延谈判”；超过6个月，则应当被认定为“重大恶意拖延谈判”，可直接推定其恶意侵权，且拒绝接受许可，从而督促实施人积极回复要约或者信息交换请求。

---

① 黄薇君，李晓秋. 论标准必要专利中的FRAND劫持［J］. 科技进步与对策，2017（1）：113.

② 案号：HP-2019-000032。

③ 案号：6 U 183/16。

④ 案号：2 O 106/14。

⑤ 案号：4a O 73/14。

（三）不否定质疑权利

在许可实践中，经常出现双方对SEP的必要性、有效性以及侵权是否存在等问题发生争议的情况。对此，实施人常存顾虑：一旦自己做出该意思表示，是否就意味着在后续谈判阶段无法再质疑上述问题？为了推动谈判尽快开展，通说认为实施人可以保留其在谈判过程中对SEP必要性、有效性或侵权主张提出挑战之权利[①]。当然，如果实施人以挑战SEP必要性、有效性或侵权主张为由，明知或者应当知道无法排除实施之可能，且拒绝审查相关事实，拒绝做出答复，甚至拒绝开启谈判或者拒绝阐释合理理由的，则可能被认为存在过错。

三、权利要求对照表的善意判断

对于权利要求对照表是否必须在谈判开局阶段发出这一点，当前仍存在一定争议。例如，德国曼海姆地区法院曾在判决中表示，向实施人发送权利要求对照表，不仅是与许可谈判相适应的商业惯例，而且属于可接受的谈判通知方式[②]。但这一观点并未被所有德国法院所认可，卡尔斯鲁厄高等地方法院甚至在后续判决中明确表示，权利人并无法律义务将权利要求对照表附随谈判通知一并发送[③]，从而变相否定了在开局阶段发送权利要求对照表的规则。

实际上，类似德国法院内部的分歧观点在我国司法实践中亦有体现。例如，在西电捷通公司与索尼公司侵害发明专利权纠纷中，2009年3月25日，双方开始了关于无线局域网身份验证和隐私基础设施

① 例如，日本知识产权高等法院在2014年就苹果公司诉三星公司一案认为，尽管实施人坚持认为其产品并未侵权，且主张涉案专利无效，但法院仍判定实施人具有获取许可的意愿。

② 案号：7 O 66/15。

③ 案号：6 U 183/16。

（WAPI）许可的沟通；2009年7月14日，索尼公司请求西电捷通公司提供权利要求对照表；2009年7月17日，西电捷通公司表示“根据我们过去的许可经验，你们应该决定的是是否需要就你们的产品获得西电捷通的专利许可，而不是要求西电捷通公司向你们提供详细的权利要求对照表”；2009年8月19日，索尼公司表示手机中的技术实施非常复杂，需要西电捷通公司提供包含详细权利要求对照表资料，将专利描述范围的逐个元素与索尼公司的特定移动产品进行对照。对于上述谈判过程，北京市高级人民法院认为西电捷通公司已经向索尼公司解释了相关技术，提交了专利清单和许可合同文本，在此基础上索尼公司“理应能够判断出被诉侵权产品在生产制造过程中是否实施了涉案专利，并非一定需要借助于西电捷通公司提供的权利要求对照表”①，并据此认定，索尼公司要求西电捷通公司在开局阶段即提交权利要求对照表的做法不合理。

与之相反，《广高SEP指引》中则明确表示，“未按商业惯例和交易习惯向实施人提供示例性专利清单、权利要求对照表等专利信息”的，视为权利人存在过错。对于权利要求对照表这一关乎技术谈判的核心文件，北京、广东两地的高级人民法院在是否需要提供的问题上分歧明显，这也使得在该环节的善意判断问题上仍存在一定争议。但考虑到开局阶段以获取初步信息、推进快速谈判为主要考量，因此即使开局阶段权利人并未提供权利要求对照表，也不应直接推定其有恶意。

① 参见：北京市高级人民法院（2017）京民终字454号民事判决书。

第三节　许可谈判磋商阶段的善意判断

在开局阶段后，随着双方所获取信息的增多以及沟通的深入，尤其是实施人在做出愿意在FRAND原则下接受许可的意思表示后，即进入更为实质性的磋商阶段。在该阶段，一般由权利人先行提出许可要约予以开启。

一、权利人许可要约

前述谈判通知与许可要约的关系在于，前者仅提供初步信息，目的在于建立沟通渠道；后者则更加具体，已进入实质性许可磋商。一般而言，权利人所发出的许可要约应当包含所有合同必备的基本条款，并细化至实施人基本上只要接受该要约即可达成许可协议之程度[①]。但亦有法院判决认为，权利人并无法律义务发送如此详尽之要约[②]。但为推进谈判计，发送详尽要约的做法似更加妥当，也有利于降低交易成本。

在许可要约中，最核心之条款莫过于费率及其计算条款。对于该条款，权利人应当客观地向实施人解释缘何该费率符合FRAND原则[③]，以便于实施人判断费率要约是否合理以及是否非歧视。因此，如果仅仅提供费率数额但拒绝解释其计费算法与赋值逻辑，或者解释过于简单、粗疏而无法使实施人验证的，则权利人难言善意。

从解释内容来看，由于费率系“算法+赋值”共同作用所得，因此对两者的解释缺一不可。如果权利人仅仅阐释其算法但未能解释赋值，则会被认为存在重大缺陷，因为实施人无法评估该费率要约是否

① 案号：7 O 19/16。

② 案号：4c O 44/18。

③ 案号：7 O 209/15。

符合FRAND原则并由此提出反要约，反之亦然。但应当注意，在解释费率是否符合善意要求时，应当进行概括性、整体性之定性分析，即使某一细节不明确也不能就此直接推定发出方并非善意谈判方。

同时，对权利人是否应当同步提交可比协议以解释费率要约这一点仍存在一定争议。有观点认为，如果存在可比协议，则有必要对这些可比协议与费率要约进行比较，以方便实施人判断该费率要约是否合理以及非歧视性。但亦有观点认为，这种在磋商阶段将要约与可比协议捆绑的方式，不仅缺乏法律规定，而且并非商业惯例，尤其是当缺乏司法程序中的保密机制或者对方拒绝签署保密协议时，可能对可比协议的相对方之权益造成损害。从遵循意思自治的角度来看，如果权利人将初始要约与可比协议绑定发送，不仅表明其具有较高的善意来推动许可谈判深入进行，而且将抬高实施人后续提出反要约的善意标准；当然如果仅发送初始要约，也不能因此径行推定其存有恶意，而是应由其承担实施人反要约可能与FRAND费率存在较大差异的谈判风险。随着谈判的深入，权利人可能会修订费率要约。在实施人提出提交可比协议之要求或者双方对于费率问题出现重大分歧时，当双方签署保密协议后，权利人提交可比协议以有效解释费率计算的，当属善意。

二、实施人反要约

一般而言，如果实施人并不同意权利人提出的要约内容，尤其是其中的费率是否为FRAND费率，则其应当提出自己认为符合FRAND原则的反要约[①]。但实践中亦有观点认为，如果实施人认为要约并不符合FRAND费率，则其不需要做出反要约[②]。但后一观点将

① 案号：4a O 93/14；2 O 106/14；4a O 144/14。

② 案号：15 U 65/15。

要约是否符合FRAND之权利诉诸实施人单方的做法并不符合合意原则，且拒绝做出反要约将容易引发谈判停滞，因而并不妥当。对此，即使实施人认为要约并不合理，也应当通过反要约表达其对FRAND费率的意见，从而推进许可谈判。

同时，与前述权利人负有对要约之解释义务类似，实施人对于反要约之内容亦负有解释义务。提交反要约是否必须同时提交可比协议，亦遵循意思自治之基本原则，即未附随可比协议的反要约，至少表明实施人具有积极推进谈判的善意态度。但如果实施人在收到权利人要约后，仅仅提出反要约但未解释反要约的计算过程以及是否符合FRAND原则，令权利人无法判断其合理性，则难言合理。为了避免拖延谈判，应当设定反要约的合理期限。与前述实施人对侵权通知回复的期限判定相类似，该期限也受到要约详尽程度、技术复杂程度、专利数量、实施人技术水平、过往交易历史等多种因素影响，所以要注重个案的合理性分析。可见，应当结合上述因素整体来判断实施人是否通过迟延反要约而拖延谈判，从而确定其主观善意与否[①]。

三、控制谈判期限

关于是否有必要划定统一、具体的预估谈判期限这个问题仍存在一定争议，但考虑到个案差异，前述诸如专利数量、复杂性等因素将实质性地影响期限之长短，故应当结合具体个案来分析所设定预估期限的妥当性。如果设定预估谈判期限，则可能增加被视为善意之可能；但即使当事方因拒绝提供或者接受该期限而将增加被认定为恶意之可能，也不应直接推定其存在主观恶意。

如果实施人怠于回应，拖延谈判，将严重违反善意、勤勉谈判的

① 在美国联邦巡回上诉法院审理的苹果公司诉摩托罗拉公司案（案号：11-cv-08540）中，该院指出，当实施人拒绝FRAND许可费率或恶意拖延时，禁令可能是合理的。

FRAND原则。从许可实践来看，考虑到当前产品的市场生命周期变短与专利保护的期限性，过长的谈判周期将造成权利人无法及时收回创新成本，进而迟滞后续的技术创新活动；同时，也会迫使权利人将大量资源用于聘请律师、缴纳诉讼或者仲裁费用等维权开支，从而增加不必要的开支。因此，勤勉高效推进谈判以推进许可符合FRAND原则。

从司法实践与FRAND的目标来看，在缔约过程中，双方应当本着善意的原则，相互配合，积极、主动回复并展开许可谈判，这也与FRAND原则的内涵和各国司法实践相契合。例如，在华为公司与中兴公司案中，欧盟法院认为实施人“应依照业界认可的商业惯例和善意原则，勤勉地对该要约做出回应。这一认定必须结合客观因素来判断，具体来说，实施应被认为不存在实施了拖延手段”①。在西斯威尔公司诉海尔公司案中，德国杜塞尔多夫高等法院也认为，“在告知范围仅仅限于绝对必要告知事项的情况下，如果进行迟至3个月乃至5个月的时间才做出反应是不合理的，因为不能苛求专利权人过久等待”②。在爱立信公司与友迅集团（D-Link）案中，美国得克萨斯联邦东区法院同样认为，RAND③许可“还包括善意谈判的义务，这个义务是双向的。作为FRAND谈判中的潜在被许可人，被告有义务进行善意谈判，认真寻求友好的许可费率”④。

实践中已经出现以下拖延情形：实施人在收到该要约数月甚至两年后才首次回复权利人的要约，并迟迟不愿意与权利人进入实质讨论阶段，故意严重拖延讨论进程；一方在谈判过程中一直拖延，多次经对方邮件催促后仍不予回复；一方迫于政府、供应商等外部压力后恢

① 案号：C-170/13。

② 案号：4a O 93/14。

③ FRAND原则的美国版本。

④ 案号：10-cv-473。

复谈判，但仍拒绝直接磋商，拖延谈判；在多次不予回复或严重拖延回复的情况下，一方为推动谈判有序进展，在邮件中明确提示另一方应当予以回复的合理期限，但另一方仍然不予理会，并拒绝在该合理期限间内进行回复。上述拖延行为，应当被认定为非善意。

四、许可费率

（一）合理性

如果实施人缺乏正当理由，却主张权利人提出的所有许可条件均违反FRAND原则，且无视权利人为谈判达成所做出的妥协或者让步，则难言善意。例如，在某案件中，实施人仅以缺乏事实依据的传闻就主张权利人费率要约不符合FRAND原则，其在邮件中表示，“我们听说因为你们的区别对待过于严重，存在歧视性，所以你们的授权报价不符合FRAND原则”。与此同时，该实施人并未提交权利人实施歧视定价的任何证明材料，也未说明其该信息的具体来源，便径直以缺乏事实依据的传闻就主张费率要约不符合FRAND原则，对此应当判定为存在恶意。

实践中，如果实施人缺乏正当理由即主张权利人所有费率报价违背FRAND，一方面大肆实施专利技术，另一方面严重拖延与权利人正式磋商使用费率的时间，以致部分或全部专利或相关专利族无效，以图达到不支付或者尽量少支付使用费的非法目的，则应当被认定为具有恶意。例如，在三星公司与苹果公司的337调查[①]中，美国国际贸易委员会认为，“实施人以专利权人提出的许可要约不公平或者不

---

① 337调查是指美国国际贸易委员会根据美国《1930年关税法》第337节及相关修正案进行的调查。其对象是进口产品侵犯美国知识产权的行为及进口贸易中的其他不公平竞争行为。

合理为幌子，利用已声明的必要技术而不向专利权人支付报酬。专利权人因此被迫通过昂贵的诉讼方式来维护自身的权利”[①]，表明实施人之行为缺乏正当性。同时，如果权利人在多次解释报价费率依据后，实施人仍然毫无依据地坚持主张权利人许可费率不符合FRAND，则可推定实施人具有恶意。

即使实施人认为存在许可费率明显过高，捆绑非必要或过期专利、与终端无关的专利，缺乏可比协议，重复收费等不合理情形，亦不得径行单方拒绝谈判或者泛泛表达反对意见[②]，而应向权利人提供初步证据或者相关事实材料予以佐证，避免谈判停滞，从而将下一步论证费率合理性之义务转换至权利人，实现交替论证以推进谈判，以免被视为恶意拖延谈判。例如，2023年3月，印度德里高等法院在爱立信与Intex公司一案中认为，“实施者在这个阶段并没有沉默或不作为的权利。如果说在没有获得专利权人可比协议的情况下就不能提出还价，这是不正确的。通常情况下，实施人可以求证于自己与其他SEP权利人签订的许可协议，以确定其愿意支付的FRAND费率，或者确定SEP权利人提供的费率是否符合FRAND原则”[③]。

关于重复收费，应当注意的是，实践中有可能出现同一个专利对于不同代际的标准而言都是必要的，但不同代际的标准在该技术点上却通常以不同的方式来实施该同一专利的情况。也就是说，该专利对不同代际的标准都做出了技术贡献，对不同代际的标准均具有技术价值。在此情况下，根据该同一专利的技术贡献进行多次收费具有一定

---

① 案号：337-TA-794。

② 对这一点亦存在一定争议，少数观点认为，“如果SEP权利人所发出的许可要约条款不符合FRAND原则，则实施人无需回应该要约”。参见：德国杜塞尔多夫法院所做的No. 15 U 65/15裁决。

③ 案号：2023:DHC:2243-DB。

的合理性。一方面，同一专利之于不同代际的技术贡献和价值可分解为对不同标准的技术价值；对于同专利之不同的技术贡献，专利权人似有权分别收取许可费用；另一方面，对于该等专利在不同代际的许可费用，专利权人事实上仅针对该代际的实施方式进行许可并以此为基础来提供许可费报价。但也应当注意，此种收费方式不应不合理地增加实施人的付费负担。亦有观点认为，对是否存在重复收费之判断应当根据该专利技术的使用潜力而定。对此有英国法院表示，“我们的理解是，以4G/LTE手机为例，其专利费是由于该设备利用该技术的潜力而支付的。不论该设备是通过移动网络被大量使用，还是主要通过Wi-Fi网络传输数据，或者该设备被放在抽屉里从未使用，都应同样支付专利费”①。

此外，“过期专利”的问题稍显复杂，其大多系因过长的SEP许可谈判周期所致，而非权利人故意为之。欧盟委员会于2023年4月27日发布《关于标准必要专利和修订（EU）2017/1001号条例的决定》的提案，该提案中的《欧盟SEP影响评估》表示，由于“一项发明获得专利保护的期限最长为20年，为了能更好地评估其技术为标准实施带来的价值，SEP权利人将等待几年（如2到4年），直到该标准在市场上实施，然后与特定市场的公司接洽，向其提供许可要约。嗣后双方开展谈判，该谈判的平均周期为3年，如果双方无法达成协议，权利人可能会提起诉讼（再增加1年到2.5年）”。在笔者亲历的一场SEP许可谈判中，双方谈判用时甚至接近10年，其间一些2G、3G技术确实已经过期，在权利人替代了这部分过期专利后，双方才达成了许可协议。

---

① 案号：HP-2019-000032。

（二）全球许可费率

国际主流司法观点认为，双方就全球许可进行谈判符合商业惯例，具有一定的合理性。例如，德国杜塞尔多夫高等法院认为，除非个案中存在特殊情况，如实施人将其地域市场限制在特定地理范围之单一市场内，否则权利人主张全球范围内许可要约内的做法符合欧盟法之要求①；曼海姆高等法院亦认为，全球范围内的许可要求属于标准化许可产业中的商业惯例，因此符合欧盟法院所确立的合规要求②。英国上诉法院亦认为，全球范围内的许可要约可能符合FRAND原则，甚至在特定情况下，可能仅有全球范围内的许可要约或至少是多个地域范围内的许可要约方能符合FRAND原则③。2023年3月，印度德里高等法院也在审理中表示，“标准必要专利的权利人和实施人通常会根据FRAND原则协商出一个最适合他们各自需求的许可，这个许可通常是全球性许可，或者至少覆盖一些不同的地区。对于权利人来说，逐个国家地去寻求（或协商）SEP许可也许是完全不切实际的，就像其在每个国家通过诉讼来执行这些权利可能过于昂贵那样”；“由于价值在于构成标准的一部分技术，而诉讼专利只是该技术的代表，爱立信公司不需要提供单个专利许可或特定国家的许可，全球许可费率能够符合FRAND原则”④。

但是，如果许可谈判中双方合意进行全球许可，是否意味着其在后续特定法律程序中亦应当接受全球许可裁决？对于这一点仍存在一定争议。从该问题表面来看，如果一方在先以全球许可磋商但在后法律程序中拒绝全球许可裁决，似乎有违诚信原则。基于此，我国最高

① 案号：4a O 126/14。

② 案号：7 O 96/14。

③ 案号：A3/2017/1784。

④ 案号：2023:DHC:2243-DB。

人民法院曾在两份裁定书中以当事人在先合意之磋商历史作为管辖全球费率的事实基础[①]。但实际上，在先许可谈判之合意并不意味着在后必然选择特定争议解决机制以确定全球费率方式之合意。对此，可从两个方面进行理解。首先，从程度来看，前者的自愿程度更高，否则即构成强制交易；而就后者来说，如双方未达成合意，一方基于法律规定可能被强制性"拉入"该程序，则究其实质缺乏合意。其次，从内容来看，前者仅包含基于商业自治与行业惯例、通过双方谈判而形成的全球许可费率之合意；后者则系由做出法律强制力裁决之第三方根据法律规定、案件事实等来为双方确定具体费率，两者内容并不一致。将两种合意混淆，可能对部分当事人的程序、实体权利等造成实质损害。因此，最高人民法院上述裁定中的司法观点似有进一步检讨之空间。

（三）金额范围

在SEP使用费纠纷中，法院或者仲裁机构通常会应用多种经济学方法确定FRAND费率[②]，并以此为标准比较要约、反要约金额之高低，进而判断当事人之善意与否，这似乎已成为较为可行的路径。但这种方法实际上将善意判断矮化为纯粹数字意义上的大小比对，这可能迫使权利人在初次报价时就不得不压低报价，避免因高于事后可能的FRAND费率而被认定为存在恶意，从而遏制技术创新与标准发展。

① 最高人民法院在（2020）最高法知民辖终字第517号、（2022）最高法知民辖终字第167号两份裁定中分别认定："本案当事人均有就涉案标准必要专利达成全球范围内许可条件的意愿，且对此进行过许可磋商。当事人协商谈判的医院范围构成本案具体确定涉案标准必要专利全球范围内许可条件的事实基础"；"双方当事人就涉案标准必要专利全球许可使用条件进行过磋商，均有达成许可使用协议的意愿，由此构成本案具备确定涉案标准必要专利全球范围内许可使用条件的事实基础"。

② 赵启杉. 标准必要专利合理许可费的司法确定问题研究［J］. 知识产权，2017（7）：13.

同时，考虑到“在计算FRAND费率时本身存在固有的不确定性，也就不存在计算FRAND 费率的完美方法，在个案中也只是寻求通过某一计算方法，尽可能计算出FRAND费率最接近市场价值及创新回报和平衡各方利益的完美近似值”[①]，即该所谓的FRAND费率也仅为平衡利益后的近似值，而不具有绝对意义上的科学标准。因此，单纯的数字亦难以独立、客观地反映当事人的主观状态，更不应当仅仅以事前费率高于事后的司法费率就直接推定权利人存在恶意。

五、权利要求对照表

如前所述，在我国司法实践中，对于要求权利人提供所有的SEP权利要求对照表（以下简称“对照表”）这一点仍存在一定分歧，尤其是当许可所涉专利族众多时，全部提供对照表是否会不合理地增加权利人的谈判成本？此问题在实践中争议较大。《广高SEP指引》认为，权利人“未按商业惯例和交易习惯向实施者提供示例性专利清单、对照表等专利信息”的，存在明显过错。但是，对照表是否受到“示例性”之限定？或者其是否包括全部对照表？对此仍存在不同的解释路径。对此北京知识产权法院表示，“需要注意的是，并不是说这种对照表是必须提供的，尤其是在专利实施人基于已有的条件能够做出侵权评估的情形下”[②]。

日本专利厅在其《标准必要专利授权谈判指南》中则规定，如果实施人“声明除非先提供所有SEP的必要性和有效性根据，否则不会启动谈判”，则其将被视为恶意被许可人。在西斯威尔公司与海尔公司案件中，德国杜塞尔多夫高等法院也明确表示，“鉴于无线-组合的

---

① 姚兵兵. 标准必要专利保护司法实践新进展（二）[EB/OL] .[2022-10-18] . http://www.justra.org.cn/ShowInfo.asp?GUID=A265693EE55E48ED9B561B0D158FF015.

② 参见：北京市高级人民法院（2015）京知民初字第1194号民事判决书。

规模，提交10~15个对照表是合理的"；"在此许可授权阶段，尚不需要权利人根据所谓的对照表来具体阐释专利侵权的构成"[①]。从遵循国际司法共识与商业惯例来看，如果所涉专利数量较多，且在提交全部对照表可能明显不合理地增加权利人的谈判成本以及实施人已经获得示例性对照表的前提下，实施人无视庞大专利数量对标的经济不可行性，以逐个、全部判断专利的有效性、对标性等技术问题为由拖延谈判，可能被认定为非善意。此外，实施人在收到权利人提供的示例性对照表后，在后者反复多次催告下，经过明显不合理的期限后方回复关于对照表的初步意见，此种行为亦难言善意。但对于"示例性"之标准，应当结合待许可专利的数量、复杂性、实施人专业能力等多方面因素在个案中进行综合判定，而非划定统一的数量标准。

六、保密协议

许可谈判需要双方交换相关信息，其中部分信息较为敏感，一旦外泄，可能对当事人的合法权益造成严重损害。为此，实践中双方通过签订保密协议，既满足对上述信息的保密需求，又能有效推进谈判。《广高SEP指引》将"无正当理由拒绝签订保密协议，导致无法继续谈判"作为实施人存在恶意的表现之一。上述主张亦被其他国家法院所遵循，如德国杜塞尔多夫高等法院认为[②]，权利人提出签署保密协议请求后，实施人无正当理由拒绝签署保密协议的，则该商业秘密泄露的责任由实施人承担。北京市高级人民法院也持类似观点，"从2014年12月4日起，西电捷通公司同意在签署保密协议的前提下提供权利要求对照表，但索尼中国公司强调要求西电捷通公司在'没有保密协议的基础上提供权利要求对照表'。西电捷通公司为了推

① 案号：I–15 U 66/15。

② 案号：I–2 W 8/18。

进谈判，对于签订保密协议提出了多种解决方案，包括重新解释保密协议、简化延长保密协议的手续等，但索尼中国公司没有相应表现出推动谈判的诚意”[①]。

在许可实践中，因此种径行拒绝签订保密协议的做法恶意较为明显，故而实际上相对少见，更多情况系双方对于保密协议内容的分歧。签订保密协议应当突出效率，大体遵循商业惯例即可。若一方无正当理由，却反复纠缠某些概念使用、语序结构等过于琐碎的问题，以达到拖延谈判之不当目的，则难言善意。其原因在于，一方面，从可行性来看，保密协议已经初步形成了体现商业惯例的内容框架[②]，在遵循该商业惯例的基础上结合特定许可实际进行具体调整，符合效率原则。另一方面，从合同目的来看，保密协议具有一定的附属性，即签订该协议是为下一步许可谈判提供信息交流保障。因此，应以较高效率达成保密协议，从而推动谈判进入实质化阶段。

同时，主张信息保密的一方负有解释说理义务，如其拒绝解释保密理由且未提供相关信息，或者进行模糊解释，则难言善意。对此，德国杜塞尔多夫高等法院认为，主张保密的一方当事人应当履行以下义务：①阐释这些信息构成商业秘密的原因；②说明已经采取的具体保护措施；③分别就每项信息以具体且可验证的方式进行解释，即如果该信息被披露将会对当事人造成何种负面影响；④评估该负面影响发生的可能性[③]。

---

① 参见：北京市高级人民法院（2017）京民终字第454号法律判决书。

② 一般而言，该框架包括合同目的、保密信息之种类、内容范围、术语定义、保密信息发送主体与接受主体、保密标记、保密期限、信息控制、豁免事由、违约责任、法律适用以及争议解决方式等内容。

③ 案号：I–2 W 8/18。

第四节 许可谈判终局阶段的善意判断

进入终局阶段，双方达成许可协议自不待言，但如果未能达成许可协议，如何妥善解决双方费率争议将成为善意判断的重点。

一、拒绝仲裁提议

当谈判未能达成许可协议时，一方主张仲裁但另一方拒绝的，对于是否将这种拒绝仲裁行为直接推定为恶意的问题仍存在一定争议。有观点认为，拒绝仲裁提议，使SEP许可谈判迟迟无法得到实质性解决，从而导致整体谈判进程被不当拖延的，应当被认定为恶意。因此，强制仲裁应当成为备选项。2013年，来自斯坦福法学院和加州大学伯克利法学院的两位学者莱姆利（Lemley）和夏皮罗（Shapiro）曾这样建议标准化组织：应当强制要求受FRAND许可约束的SEP组合，在确定其使用费率时，通过具有约束力的仲裁予以确定①。相反观点则认为，是否选择仲裁解决双方SEP许可争议有赖于双方合意以及市场调整，如果一方拒绝仲裁，除非法律规定，否则不应实施强制仲裁。蒙特利尔大学的拉鲁什（Larouche）教授②就对上述两位学者的观点持反对意见，他认为“强制仲裁建议是……一种不必要的干预，因为它会导致市场失灵，更重要的是，它构成了对市场产生负面影响的重大风险”③。但从整体来看，谈

① LEMLEY M A，SHAPIRO C. A simple approach to setting reasonable royalties for standard-essential patents［J］. Berkeley jechnology law journal，2013（2）：1135–1166.

② 拉鲁什教授是加拿大蒙特利尔大学法学院负责课程发展与教学质量的副院长，亦担任“法律和创新”研究方向的全职教授，其先后毕业于加拿大麦吉尔大学、德国波恩大学和荷兰马斯特里赫特大学法学院。他曾在荷兰蒂尔堡大学任教，并参与创办了蒂尔堡法律和经济研究中心（TILEC），并使该中心在全球学术界具有较大影响力。

③ LAROUCHE P，et al. Settling frand disputes: is mandatory arbitration a reasonable and nondiscriminatory alternative?［J］. Journal of competition law and economic，2014，10（3）：581–610.

判双方对强制仲裁均抱有较大顾虑。爱立信公司曾在2022年5月表示，“强制使用仲裁方式解决SEP争议有风险，如果一方不愿意，调解或仲裁程序将进一步延迟达成许可协议”；Orang公司（一家法国电信运营商）也对此表示支持，其认为“仲裁应保持自愿，强制仲裁将引发诉诸法院和司法的基本宪法问题”①。

在我国司法实践中，拒绝仲裁提议曾在一些个案中被认为属于恶意拖延谈判的行为表现之一。在华为公司与三星公司案中，深圳市中级人民法院认为，华为公司向三星公司明确表达了希望仲裁的意思表示，同时附上了完整的仲裁协议条款，试图将双方SEP交叉许可所涉及的争议提交给中立的仲裁机构进行仲裁解决，“但三星公司拒绝了华为的该仲裁提议。上述事实证明，三星公司没有解决双方许可谈判争议的意愿，存在恶意拖延谈判的主观过错，明显违反了FRAND原则”②。但在我国其他案例以及司法政策文件中，包括其他一些国家的司法判决里，大多未将拒绝仲裁行为直接认定为恶意。因此，对于此类行为的主观状态不应做单独分析，而应从实施人的行为整体出发，结合其他因素予以综合判定。

二、拒绝提交保证金

2015年7月，欧盟法院在华为公司与中兴公司案中认为，如果权利人拒绝实施人的反要约，但实施人使用了SEP，则其应当根据所属领域的商业惯例向权利人提供合适担保。该规则背后的法理在于，当谈判陷入僵局时，由实施人提供适当担保，一方面表明实施人愿意就其使用SEP进行付费的善意，另一方面则是为了合理修正实施人在未付费的情况下“在先使用”这一违反专利法基本原则的经营安排，从而避免两者的利益过于失衡。

① 仲春.欧盟SEP新框架意见征集结束，多方提交意见反馈［J］.知产财经，2022（3）：26–27.

② 参见：深圳市中级人民法院（2016）粤03民初字第816号民事判决书。

上述规则已在欧洲地区得到广泛遵循。例如，在西斯威尔公司起诉海尔案[①]中，德国有关法院就认为实施人有义务就其使用行为开立保证金账户，同时有义务根据反要约内容可能产生的潜在许可费缴纳保证金；不论后续反要约是否被接受，实施人都应当在其初始反要约遭到拒绝后履行保证金义务；在履行义务期限上，由于实施人在初始反要约被拒绝1个多月后方履行保证金义务，故而不属于善意。德国慕尼黑第一地区法院在2020年2月发布的《关于审理侵犯专利权纠纷案件时反垄断强制许可抗辩适用指南》中也重申了上述规则，要求实施人在反要约未被接受后披露专利使用情况并提供担保。2023年3月，英国有关法院在判决中也表示，“在一个理想的世界里，有意愿的实施人在开始使用相关SEP之前就会同意FRAND条款，因此在使用SEP技术之初就会支付FRAND使用费。ETSI资料认可‘FRAND条款很可能后来才会达成一致’这一点，这反映在建议善意实施人要为可能在未来适当时候支付的款项做准备，从而预留这些款项”。

当前，在美国、日本、韩国等一些国家和地区，实施人未能提供适当担保时并不会被直接推定为恶意。但前述担保规则已经逐步被非欧盟司法辖区所接受。2023年3月，印度德里高等法院在爱立信公司与Intex公司一案中表示，“实施人必须接受权利人的要约或提出反要约，并提供相应的担保，以证明其许可诚意。因为在间隔期内，实施人不能自由销售使用这些标准必要专利的设备。如果在间隔期内不支付临时使用费，该实施人就会受益，而这对其他有意愿的实施人不利，并将使该受益人在市场上获得不公平的竞争优势”[②]。在我国司法政策中，如《广东SEP指引》、北京市高级人民法院《专利侵权判定指南》等亦并未将此情形直接列为恶意考量情节，但这并不意味着在

① 案号：4a O 93/14。

② 案号：2023:DHC:2243-DB。

权利人提出担保金请求后实施人可以置若罔闻。作为合同缔约过程中的一方，实施人仍受到民法典合同编中合同订立规则之拘束，恶意缔约者仍须承担法律责任。例如，如果实施人在谈判之前经营状况严重恶化，已经丧失履行许可协议下的债务清偿能力，但其仍做出财务状况健康的虚假陈述，误导权利人与之继续谈判并取消保证金请求，从而对权利人造成经济损失的，可能承担缔约过失责任。

三、提起竞争法或者许可费率之诉

一般而言，权利人或实施人对于不正当竞争行为或者垄断行为有权提起竞争法诉讼以寻求救济，对此不能仅以提起竞争法诉讼就推定其恶意与否。但同时，实践中该类诉权被恶意滥用之情形也确实存在。最高人民法院民事审判第三庭曾在《关于恶意诉讼问题的研究报告》中指出，恶意诉讼一般指故意以他人受到损害为目的，无事实根据和正当理由而提起民事诉讼，致使相对人在诉讼中遭受损失的行为。司法实践中，对于将诉讼作为侵害他人权益工具的，人民法院将裁定驳回起诉。例如，上海市第一中级人民法院就曾在裁决中指出，涉案诉请“旨在将本案诉讼工具化，以此司法裁决申请强制执行赭元公司的相关变更登记事项，该诉请本应予以驳回”①。

在SEP许可实践中，一些实施人为了少付或者不付专利许可费，故意利用FRAND的模糊性与不确定性，不正当利用竞争法制度，恶意提起反不正当竞争、反垄断诉讼，主张权利人违反FRAND原则滥用市场支配地位②并将其“用以进行谈判要价的工具”③，从而迫使权

---

① 参见：上海市第一中级人民法院（2017）沪01民终字第12230号民事判决书。

② 易继明，胡小伟. 标准必要专利实施中的竞争政策：“专利劫持”与“反向劫持”的司法衡量［J］. 陕西师范大学学报（哲学社会科学版），2021（2）：87.

③ 李剑. 市场支配地位认定、标准必要专利与抗衡力量［J］. 法学论坛，2018（2）：64.

利人将许可费率压低到FRAND费率之下。对此有学者认为，实施人“干脆主动向法院起诉，指控SEP 权利人的使用费率报价违反了FRAND 原则，或者滥用了市场支配地位，从而将SEP 权利人拖入诉讼的泥潭当中”[①]，这属于明显的恶意诉讼。2021年9月29日，美国司法部反垄断司经济执行主任怀尔德（Wilder）在知识产权管理杂志（*IAM*）主办的会议上明确表示，应当正确理解反垄断诉讼与FRAND费率之间的关系，防止反垄断诉讼变成实施人不当减少费用的工具，“反垄断诉讼并不是解决双边谈判失败的灵丹妙药，也不是解决所有许可纠纷的正确方法。归根结底，反垄断行动的重点在于阻止损害竞争的行为，而不是针对高价或不合理的许可使用费。反垄断诉讼不是对SEP权利人所提供费率感到不满的实施人的正确工具。虽然我承认许可谈判通常是有争议的，并且可能导致反垄断诉讼，但反垄断法的宗旨并非打造这种机制：让强大的现有公司为实施未损害竞争之标准而减少支付许可使用费”[②]。

同时，如果实施人违反自愿合意原则，恶意利用民事诉讼制度的强制性，旨在实施强制技术转让的不当行为，则应当认定其恶意程度更高。自愿且合意是我国法律以及国际条约对技术转让或许可所确立的基本规则。如果实施人滥用诉权，通过司法裁判的强制性，意图迫使权利人接受不利的许可费率，并最终达到强制技术转让的实际效果，则应当属于变相的强制技术转让。这类恶意诉讼实际上是一种新的强制技术转让形式，系实施人以行使诉讼权利作为虚假的合法

① 李扬. FRAND劫持及其法律对策［J］. 武汉大学学报（哲学社会科学版），2018（1）：118.

② WILDER J. Leveling the playing field in the standards ecosystem: principles for a balanced antitrust enforcement approach to standards-essential patents［EB/OL］.［2022-09-29］. https://www.justice.gov/opa/speech/antitrust-division-economics-director-enforcement-jeffrey-wilder-iam-and-gcr-connect-sep，last.

形式，恶意利用受诉国法院的司法权力作为强制手段。这种确定技术许可核心条件的诉求，从形式上来看，似乎符合受诉国的民事诉讼程序；但究其本质而言，这是为规避上述国际条约和国内法“自愿且合意”的规定，将司法程序“工具化”，完全忽视权利人自主定价的意愿，并在双方未能达成费率合意的情况下强迫权利人接受实施人选定之法院而做出的许可费率裁判，从而破坏了前述技术转让与许可所遵循的“自愿且合意”的基本规则，因而属于重大恶意。

此外，亦有观点认为，此类竞争法之诉具有“制衡”工具属性，其目的在于牵制权利人提起的专利侵权之诉，从而获得较为合理的费率。“以智能网联汽车为例，由于SEP权利人和专利实施者就标准必要专利在垂直行业之恰当的许可层级、合理的许可费等问题上较难达成共识，因此各方纷纷通过影响立法、行政投诉、司法诉讼等形式进行博弈。例如博通公司、夏普公司、康文森公司、IP Bridge公司（一家日本专利基金）等标准必要专利权利人发起的针对汽车领域专利实施者的多起专利侵权诉讼；专利实施者如戴姆勒公司、大陆汽车、法雷奥公司、泰雷兹集团等通过向反垄断监管机构投诉权利人构成垄断、向法院提起权利人滥用通信技术标准必要专利的反垄断诉讼、在法律政策修订过程中推行禁令适用的比例原则等方式，寻求合理的许可谈判条件。”①

第五节　外部保障机制

一、透明性

透明性正逐步成为SEP许可谈判中的焦点问题。2021年1月，欧盟专家组发表观点认为，“通过谈判方之间信息交流的具体制度和一

① 姚兵兵. 论标准必要专利许可谈判良性生态系统改进和完善［J］. 知产财经，2022（3）：39.

个有待设立的办公室（该办公室将主要确保在SEP许可的过程中具有较高的透明度，以避免信息不对称情况的发生）来实现，以建立和维护一个严格保密的SEP许可协议库”。但这类方法由于要建立相应的制度以及相应的组织，显然将推高SEP交易成本，且这种成本由所有纳税人承担的做法可能会面临合法性质疑。该专家组也有观点认为，“应要求实施人在将符合标准的产品商业化之前，主动向那些已经充分证明其专利对相关标准至关重要的SEP权利人寻求许可，并将其标准许可条款和条件提供给权利人”。但这种意见显然加重了实施人的事先信息披露义务，也面临合法性之拷问。同时，从现有产业实践来看，一些专利池已经通过网站、专利手册等方式公布其标准费率以符合透明性的要求。例如，从2020年起，IDC公司在其网站上公布了标准费率①，具体费率如表5-1所示。

表5-1 IDC公司公布的标准费率

技术	费率（%）	平均售价（美元）	费率上限（美元）
3G	0.40	40.00	100.00
4G	0.50	50.00	200.00
5G	0.60	60.00	200.00

但对于现阶段许可实践中的透明性水平仍存在一定争议，即使是在权利人或许可人群体内部也还存在些许差异。例如，2022年5月，爱立信公司认为“SEP公开的许可信息已经非常丰富，包括欧洲、美国和亚洲在内的不少法院已公开了许多涉及FRAND条款的案例、公

① 但IDC公司亦表示，该标准费率“仅供参考，不构成有约束力的报价，并取决于其他条款和条件以及最终的执行情况”，“符合条件的新手机被许可人，根据协议期限、产品数量、付款时间和结构、特殊市场考虑和其他因素，可能适用额外的折扣”。

共当局的指导、SEP的学术辩论、咨询公司各种关于SEP的报告以及标准机构网站的资料等”。但同为权利人阵营的高通公司则认同欧盟委员会的高透明度建议，即“一是各方披露和更新SEP信息，以改善可公开获得的信息；二是建立第三方独立评估机构”[①]。但此类泛泛之谈显然难以得出有效结论。从某种程度上来看，透明性分析应当回归具体争议的某一环节或者场景，以便做出更加有针对性的判断。

此处的透明性分析与实践中的敏感许可信息大多通过在先的许可协议予以保密。“潜在的被实施人几乎或根本无法访问 SEP 权利人就相同或任何其他 SEP签订的许可协议。虽然一些FRAND费率信息可以通过公开诉讼文件、公告和证券文件获得，但……这些信息非常不完整。因此，除了诉讼之外，未来的实施人几乎没有别的途径来验证是否其中存在歧视性条款。”为此，有人提出应当建立公共存储库以存储、查阅这些在先的许可协议，“这样公共存储库不仅可以帮助标准实施人评估权利人所提供的许可条款，而且可以确保全面提高 FRAND 费率的可预测性，从而减少谈判时间和精力，以及加强 FRAND 承诺所做出的非歧视保证。该存储库还将帮助SEP权利人衡量和调节FRAND费率要约，并使影响特定标准的整体许可使用费之‘堆叠’更加清晰”[②]。

2023年4月披露的《欧洲议会和理事会的条例：关于标准必要专利（与欧洲经济区有关的文本）（草案）》认为，有必要“建立一个集中的登记册来提供这些信息，这将符合并强化欧洲标准化的透明度、

---

① 仲春.欧盟SEP新框架意见征集结束，多方提交意见反馈［J］.知产财经，2022（3）：26.

② CONTRERAS J L. A research agenda for standards-essential patents（January 5，2023）. forthcoming in a research agenda for patent law（Enrico Bonadio & Noam Shemtov，eds.，Edward Elgar，2024），University of Utah College of Law Research Paper No. 531［EB/OL］.［2023-06-07］: https://ssrn.com/abstract=4318208.

参与和使用的一般原则和目标。该登记册将包含相关标准、产品、工艺、在欧盟生效的SEP、SEP许可FRAND的信息条款和许可条件或任何许可协议、集体许可方案及其必要性等。对于SEP权利人来说，该登记册将在相关SEP、单个权利人所占的份额以及专利所涵盖的标准特征等方面满足透明度的要求。SEP权利人将能够更好地就其专利组合与其他SEP权利人的专利组合进行比较。这不仅对其与实施人的谈判很重要，而且对其与其他SEP权利人进行交叉许可也很重要。对于实施人来说，该登记册将为之提供以资信赖的SEP信息来源，包括实施人可能需要从何处获得许可的SEP权利人信息等。在登记册中提供这些信息也有助于缩短SEP许可谈判第一阶段的技术讨论时间”。

2023年4月27日，上述草案的正式文本（《关于标准必要专利和修订（EU）2017/1001号条例的决定》）发布，该提案中的《欧盟SEP影响评估》认为，SEP许可缺乏透明度被归因于以下三个方面。①“许多标准化组织（SDO）并未提供其自身所宣布的潜在SEP的全面数据”，使得“专利权人可能只是简单地声明其享有潜在的SEP，并准备按照SDO的知识产权政策开展许可，但未具体声明这些专利中的任何一项或某些项与特定标准之间的相关性。一些统计表明，只有10%~20%的WiFi 标准必要专利在IEEE中做出了明确声明”。②潜在SEP的声明通常是在标准化过程中做出的，换言之，其系于事中做出的，因而不能提供事后有关涵盖最终标准的真实SEP的可靠信息。③“声明是复杂的，声明做出的过程系面向标准化活动，而非SEP许可谈判”。

关于保障透明度之信息交换范围，国内有学者认为，“如何促进许可谈判合理定价，其关键是相关信息披露。在SEP费率争议中，由于SEP许可的独特性和定价信息的非公开性，双方实则存在明显的信息不对称。当缺乏任何一方必要的信息披露时均难以达成协议，缺乏透明度必然导致谈判双方之间的交易信息缺失。专利权人应对其所主张权利的SEP专利包与标准的对应性和技术贡献加以明确，主要包括SEP数量、质量澄清、必要性分析等，这是获得许可费的基础条件；对被许可人而言，披露其生产量、销售量和营业收入是支付许可费的必要条件”[①]。在前述《欧盟SEP影响评估》中，欧盟委员会认为，“为了协商SEP许可，实施人应当知道哪些SEP权利人收取许可费、有多少声明拥有何种SEP，以及其中有多少实际上是实施标准时所必要的”。

如果信息获取成本过高，也会影响透明度。在前述《欧盟SEP影响评估》中，欧盟委员会就已经考虑到了这一点，“更容易使用的数据可以从商业化的信息数据库中获得，但费用从5 000欧元到25 000欧元不等。因此，这些商业数据库只有在高成本的情况下才能进入，并且不清楚这些数据对必要性评估的可靠性”。

需要注意的是，透明性问题不应被极端夸大，以免其成为反向劫持之工具。2023年4月，美国乔治梅森大学法学院教授莫索夫（Mossoff）指出，“无可否认，一些法官和律师零星抱怨SEP许可谈判缺乏确定性和透明度，但尚未有实证研究证实这属于系统性问题并由此导致价格上升或创新减少。充其量，这些抱怨只是‘完美主义谬误’在专利法方面的反映。最坏的情况是（正如许多法院所查明的），此类抱怨是从事‘反向劫持’的实施者之自私论点……总之，商业和法律证据都证实，移动电信产业是高效和成功的。该产业在设备和服务方面表现出了前所未有的创新速度，新公司进入市场、消费者支付价格，十多年来，这些设备的质量调整价格一直在下降”[②]。

① 姚兵兵. 论标准必要专利许可谈判良性生态系统改进和完善［J］. 知产财经，2022（3）：45.

② MOSSOFF A. New EU regulatory regime for seps will upend mobile telecommunications sector［EB/OL］.［2023-05-17］. https://ipwatchdog.com/2023/04/12/new-eu-regulatory-regime-seps-will-upend-mobile-telecommunications-sector/id=159387/.

二、罚金规则与鉴定机制

虽然反向劫持行为的实施人将支付更高的许可费，但已经有观点在讨论：是否应对此类实施人施加罚金？对于实施专利劫持的权利人，是否亦可参照罚金扣减其许可费率？例如，“通过对从事拖延战术的一方进行制裁，鼓励各方毫不拖延地就SEP许可证进行谈判。如果法院认定其中一方有恶意行为，则有两种可供选择的后果：在实施人有恶意的情况下，如果法院没有颁布禁令，则实施人可能要在其FRAND使用费之外再支付一笔罚金；如果权利人有恶意行为，则实施人可能在其FRAND使用费上获得一定的折扣”[①]。

在司法程序中建立类鉴定机制。对此欧盟专家组有观点认为，有必要建立类似鉴定的独立审查机制。“可以通过法院要求诉讼各方将其争端的某些内容提交给独立的专家机构，该机构将做出评估并提出解决建议，同时说明支持其决定的理由。这种评估对当事人没有约束力，但法院可以将其作为一种可供参考的专家意见。”[②]

加大对专利池的公权力干预。欧盟专家组有观点认为，“在专利池开始运作之前，可以根据欧盟公法建立一个集体许可机构，该机构可以根据实施人的请求，对至少两项SEP权利人的标准授予所有欧洲SEP的许可”。但此种类似于著作权集体管理组织的授权方式，似乎存在干预私权之风险。因此，有专家组成员提出了更加温和的观点，“如果允许实施人组成团体，代表其团体成员联合谈判许可，可以进一步降低交易成本。为此需要制定符合相关竞争法的规则和控制措施，以组建和运作这些实施人团体”。此种方式实际上更加可行，由于Access Advance、Avanci、Via、西斯威尔等专利池的不断发展，因

---

① 参见：https://ec.europa.eu/docsroom/documents/45217。

② 参见：https://ec.europa.eu/docsroom/documents/45217。

此可依据相应的标准许可SEP，在某种程度上实现权利人的“联合”。如果实施人亦实现此类“联合”，将有助于提高谈判效率、预防反向劫持，最终实现自主定价、公平定价的目的。

第六节　小　结

互惠双赢是SEP许可谈判所追求的理想结果，但在实践过程中，当事人或仅为谋求自身利益最大化而漠视他方合法利益，或恶意利用FRAND原则的模糊性以及配套规则的薄弱性，诱发专利劫持或反向劫持，从而阻碍许可的顺利开展。为此有必要建立判断谈判行为善意与否的规则框架，而要完成此工作，先要划定谈判阶段（范围）、确定善意的原则性标准（尺度）。对于谈判阶段之划分，日本、欧盟等国家和地区以标志性行为作为划界标准的做法已经难以满足复杂多变、周期较长的许可实践，较为宏观的判断阶段划分反而更能适应许可的制度需求。对于具体的尺度，则要兼顾开局、磋商谈判、终局等各阶段的特点以及行为方所应承担的谈判义务，将尺度适用于具体场景之中，以判定当事人谈判行为之善意与否，从而为SEP许可谈判提供既符合FRAND原则又符合中国法律的行为指引，促进SEP许可活动的健康有序开展。

第六章

反向劫持的判定原则与行为识别

识别反向劫持行为是规制标准必要许可谈判的前置性问题，但当前对于此类行为的研究较为粗疏，相关做法在司法实践中缺乏可操作性，许可双方对于具体行为的劫持属性分歧较大。为此，有必要基于现阶段国内外的司法判决、行政裁决以及商业惯例等最新动向，尽可能全面、客观地分析常见劫持行为及其判断原则，建构反向劫持的行为识别体系，指引许可双方善意谈判、避免许可争端。同时，应充分考虑到不同国家在司法政策、执法理念等方面的差异，指出不同行为在不同地区的差异化法律评价，从而使识别反向劫持行为更有针对性。

第一节　专利劫持与反向劫持

随着无线通信技术的蓬勃发展，为了使电子产品能够相互兼容，有关各方推动标准化组织的成立并推进专利的标准化工作，以确保更多产品在遵循统一标准的情况下得到进一步研发，避免因标准不统一而与其他产品不兼容，最终贬损产品价值[①]。同时，后续企业依照所确立的标准进入市场时，可以有效降低生产成本，从而间接促进市场

① 黄惠敏. 标准必要专利与竞争法之管制：以违反FRAND/RAND承诺为中心［J］. 中原财经法学，2016（6）：173.

公平竞争[①]。如前所述，当为了提供某种标准的产品而涉及特定技术，而实施该特定技术又不可避免地会适用某些特定专利时，这些专利被称为标准必要专利。

当前关于SEP的研究多认为，“专利+标准”的叠加构造会对实施人产生明显的“锁定困境”，即实施人如果试图避免使用SEP，则会因其产品标准与通行标准不一致，由此不仅极大地提高成本，而且可能影响与其他产品的兼容性，从而在市场竞争中处于劣势；但如果其希望遵循通行标准，则将极大可能适用该标准所涉及的必要专利，此时该产品即被该标准“锁定”。在此困境下，SEP权利人将因专利标准化而在许可谈判中处于明显的优势地位，其可以利用“锁定效应”而要求对实施人明显不利的许可条件，如过高的专利许可费[②]，这就是当前讨论较多的“专利劫持”[③]。一些实施人甚至认为专利劫持现象正在不断恶化。例如，英国天空集团曾于2022年5月表示，“当欧盟的法院对提供了FRAND承诺的SEP授予禁令时，就出现了专利劫持现象。欧洲法院，特别是德国的法院，对潜在的被许可人提出了过于烦琐的要求，要求他们证明‘许可意愿’，却不先审查SEP持有人的要约是否系FRAND”[④]。亦有观点指出，“专利劫持”对于中小企业损害更大。来自应用程序协会的萨克斯（Sax）曾于2023年

---

① SHAPIRO C. Setting compatibility standards: cooperation or collusion［M］//DREYFUSS R，ZIMMERMAN D L，FIRST H.Expanding the boundaries of intellectual property. Oxford，England：Oxford University Press，2001.

② JOE K，CHRIS W. Standard-essential patents and the problem of hold-up［J］. SSRN electronic journal，2013（1）：1.

③ 王晓晔. 标准必要专利反垄断诉讼问题研究［J］. 中国法学，2016（6）：27.

④ 参见：https://ec.europa.eu/info/law/better-regulation/have-your-say/initiatives/13109-Intellectual-property-new-framework-for-standard-essential-patents/feedback_en?p_id=28414115。

4月表示，“SEP权利人无视其自愿承诺（即根据FRAND原则进行许可），要么利用标准必要专利系统中的模糊性来获得超FRAND费率，有时甚至干脆拒绝SEP许可……但中小企业却因缺乏资金、人力、法律知识或能力根本无力挑战此类权利人。对于中小企业来说，上述SEP权利人滥用权利之结果就是巨大的资金成本挤占了中小企业的底线，降低了这些中小企业将利润用于引进人才和开展进一步技术开发的能力”。萨克斯甚至做出了“如果没有能力获得标准必要专利的公平许可，中小企业将灭亡”这一非常激烈的表述①。

为了解决“专利劫持”问题，一些标准化组织在其知识产权政策中专门要求SEP 权利人以公平、合理、无歧视（即FRAND原则）的许可条件，授权所有标准实施人实施其专利发明。FRAND原则包含两个维度，一是谈判过程，二是许可条件。2023年7月国家市场监督管理总局发布的《关于标准必要专利领域的反垄断指南（征求意见稿）》中提出，公平、合理和无歧视原则，是标准必要专利权人与标准实施方进行标准必要专利许可谈判时应遵循的重要原则，该原则被国际、国内各类标准制定组织所公认并广泛采用，成为知识产权政策的重要内容；落实到具体个案中，标准必要专利权人或者其受让人是否违反了公平、合理和无歧视原则，是认定其是否存在不公平的高价许可、无正当理由拒绝许可或搭售商品、附加其他不合理的交易条件或实行差别待遇等具体垄断行为时的重要考虑因素。当然应当看到的是，有关各方上述意见稿中的规则仍存在一定

---

① 参见：https://www.euractiv.com/section/digital/opinion/without-the-ability-to-license-standard-essential-patents-fairly-smes-will-perish/。

争议[①]。

FRAND的许可条件多依赖于经济学与技术的非法律判断，因此本书从法律角度出发，聚焦于第一个维度，即谈判过程中的反向劫持行为。

当前一些国家的法院限制甚至否认权利人就SEP提起禁令请求的救济性权利，这种片面推定权利人将滥用SEP的做法，人为放大了FRAND原则对权利人的拘束作用，而忽视了实施人的反向劫持，将对技术创新造成严重的负面影响[②]。实践中，已经出现实施人滥用FRAND原则，实施反向劫持的侵害行为，如通过恶意拖延许可谈判、恶意提起竞争法诉讼等方式，迫使权利人接受低于FRAND原则的许可费或其他许可条件。有权利人指出，"专利反劫持是专利不能自我执行和实施者可以在没有任何阻碍的情况下获得标准化技术的结果。诉讼通常是专利持有人的最后手段，这是由于侵权者认为专利反劫持的风险和成本很小，并由此长期实施恶意的专利反劫持行为。如果没有实施者的专利反劫持行为，那么SEP行业将很少或没有诉讼纠纷"[③]。但当前对于反向劫持的研究多聚焦于其成因、损害、对策等理论讨论，而对于前置性问题，即何种行为属于反向劫持等，缺乏进一步的细致梳理与归纳总结，这无助于对许可实践中劫持行为的识别。

---

① 如有观点认为，其一，FRAND承诺系一抽象原则，尚没有详细的规则指引，其法律属性在理论上仍存在诸如先合同义务、为第三人设定利益之合同等争论与分歧，ETSI等标准化组织亦未明确将其与反垄断分析相联系。因此，如果将违反FRAND原则判断与反垄断判断相挂钩，仍可能需要协调其与缔约过失责任、权利滥用等民事责任之间的关系。其二，SEP许可的核心特征是许可交易尚未发生时，实施人已在实际使用SEP。换言之，SEP许可与否，并不影响实施人在先实际使用SEP。因此，将FRAND原则与"没有正当理由拒绝许可"相联系，与SEP的许可实践并不相符。

② 李扬. FRAND劫持及其法律对策［J］. 武汉大学学报（哲学社会科学版），2018（1）：117.

③ 仲春. 欧盟SEP新框架意见征集结束，多方提交意见反馈［J］. 知产财经，2022（3）：25.

因此，类型化许可谈判中的劫持行为对防范反向劫持、构建更加科学的“善意谈判”框架至关重要，值得深入分析。

第二节　反向劫持的监管趋势

反向劫持是指实施人不正当地利用FRAND原则，反过来要挟SEP权利人，极力压低SEP许可使用费，从而使SEP权利人难以获得与其专利市场价值相适应的许可使用费[①]。换言之，反向劫持的本质特征在于实施人意图通过劫持行为少付甚至不付许可使用费。由于实施人可以在先使用专利而无须事先获得许可，“这种‘自由’和不受约束的使用，使许多实施者几乎没有动力去谈判和及时签订FRAND许可。如果与这些实施者的谈判失败，往往只有诉讼的现实及其潜在的后果才能最终说服这些实施者再回来进行真诚的谈判并及时缔结FRAND许可”[②]，而这也成为反向劫持滋生的根本动因。

随着SEP许可谈判实践的日益丰富，各国执法机构开始认识到不仅存在专利劫持，而且存在反向劫持，并有意识地调整自身的执法政策、理念。

例如，美国司法部（DOJ）、专利商标局（USPTO）于2013年发布的联合政策声明中，多次强调要避免“专利劫持”，虽然该声明并未明文禁止权利人寻求禁令救济，但诸多限制却迫使权利人无法轻易启动该救济程序。该联合政策声明后来被美国的一些学者、法官理解

① 祝建军. 标准必要专利使用费的公开：以治理专利劫持和反向劫持为视角［J］. 人民司法，2015（15）：54.

② NOKIA COMMENTS ON THE DG GROW CALL FOR EVIDENCE FOR AN IMPACT ASSESSMENT［EB/OL］.［2022-05-21］. https://ec.europa.eu/info/law/better-regulation/have-your-say/initiatives/13109-Intellectual-property-new-framework-for-standard-essential-patents/feedback_en?p_id=28414115.

为SEP可能不适用于禁令救济，以避免出现专利劫持。但同时另一些法官则认为，上述政策助长了反向劫持。2014年7月，美国国际贸易委员会（ITC）行政法官艾塞克斯（Essex）在No.337A868号调查初步裁决报告[①]中指出，是实施人而非权利人正在不公平地获取优势，其不仅未经许可即使用标准中的专利技术，而且并未打算与权利人协商以获得许可，因为其知道最坏的结果不过是被诉后法院判决支付FRAND费率。有学者亦指出，“以必须执行某种产品标准为由而正在实施标准必要专利的实施者，有足够的激励机制从事反劫持行为，即尽量拖延支付或少支付使用费，即使标准必要专利权人最后因无法忍受而提起侵权诉讼，实施者要做的也不过是支付其本来就应当支付的使用费，其处境丝毫不会因此而变差”[②]。

经过6年多的实践，美国司法部（DOJ）、专利商标局（USPTO）认为2013年的政策声明被误解为在侵犯SEP的诉讼中不应使用禁令及排他性救济措施，而这不利于维持专利制度的平衡，并最终导致对创新和公平竞争的损害。为此，上述两部门联合美国国家标准与技术研究院（NIST）于2019年12月发布新的联合政策声明并撤回了其于2013年所发布的联合政策声明，该新声明调整了SEP的侵权救济政策，其目的就在于防范反向劫持。在新的联合政策声明中，上述三家机构明确表示，该新声明通过调整行政政策的方式，保护技术创新不因标准化本身而遭遇“维权乏力”的困境。

在欧盟则更加强调利益平衡以及规则指引，以避免出现专利劫持与反向劫持。欧盟委员会于2017年发布的《制定关于SEP的欧

① BADIN S，RENAUD M，WODARSKI J. Patent hold-up or patent hold-out? judge Essex adds his voice to the SEP FRAND Debate［EB/OL］.［2022-05-01］. https://www.jdsupra.com/legalnews/patent-hold-up-or-patent-hold-out-judge-75125/.

② 李扬. 标准必要专利FRAND许可谈判框架的生命力［J］. 知产财经，2022（1）：42.

盟方法》提出，该方法旨在建立一个平衡的知识产权框架以支持持续有效的标准化生态系统和SEP之专利许可环境，如实施人可以为避免禁令而提供反担保，但金额不应过低，以免鼓励反向劫持。2019年6月，欧洲知识产权联盟（IP Europe）发布了《5G和物联网（包括工业互联网）SEP许可的原则和指南》，该指南依然秉承平衡原则，在坚持"公平合理"补偿以防范专利劫持的同时，主张不得滥用调解、仲裁、法庭裁决等争议解决方式，无理拖延授权的谈判和订立。2023年4月，国际政治经济欧洲中心主任埃里克森（Erixon）就曾表示，"SEP的制度关键取决于'权利人'和'实施人'之间的平衡。如果这种平衡消失，发展和创新将受到影响。被宣布为标准必要专利的数量将减少，'实施人'将不得不在SEP系统之外就这些专利进行谈判。更糟糕的是，上游创新的动机可能会恶化，导致技术创新的速度放缓"①。

与欧盟类似，日本、韩国也已开始通过规则指引的方式指导权利人与实施人进行许可商谈。日本专利厅于2017年、2018年分别出台了《标准必要性判定意见指引》《标准必要专利授权谈判指南》，从而通过较为细化的行为指引，以类似"乒乓球"比赛中回合制的方式规范双方的谈判行为以及费率计算。2020年4月，日本经济产业省考虑到SEP在物联网、车联网、工业互联网等垂直行业的广泛应用，又发布了《多组件产品SEP合理价值计算指南》，从而为SEP在上述应用场景中的价值计算提供指引。与日本相类似，韩国也于2020年2月出台了《标准必要专利纠纷应对指南》，为SEP许可谈判提供指引以及费率计算参考。整体来看，世界主要国家已经清楚地认识到SEP许可领

① ERIXON F. Go back to the drawing board! the commission's leaked patent reform would be bad for technological development and Europe［EB/OL］.［2023-04-03］. https://ecipe.org/blog/commission-leaked-patent-reform/.

域不仅存在专利劫持，而且存在反向劫持，忽视反向劫持将打破专利制度自身的平衡性。因此，新的政策趋势是出台善意谈判指引，从而规范双方的许可商谈过程，避免反向劫持行为。

第三节　反向劫持的判定原则

一、善意谈判原则

善意谈判原则较为抽象，未能明示权利人与实施人的行为标准以及法院的裁判规则，无法直接适用于个案作为案件裁判的法律规范，因而应当依据商业惯例、公平原则、谈判事实等做出解释，从而实现“法律原则的具体化”[①]。

首先，从商业惯例来看，欧盟法院于2015年就华为公司与中兴公司所做出的判决至少在欧洲地区被视为应当遵循的商业惯例，并在其他地区的商业许可活动中被作为参照。该判决确立了权利人与实施人在许可商谈之每个阶段、步骤所应采取的善意行为，并从防范竞争法纠纷的角度初步建构了双方善意谈判之框架。一般而言，该框架被认为是激励双方善意谈判的有效设计，从而使权利人得以善意履行FRAND承诺，亦可使实施人在使用SEP的同时将禁令风险不断降低，从而保障其生产经营活动的有序开展而不被禁令措施所干扰。但同时也应当看到，上述善意谈判框架并未规定双方行为的具体内容，如权利人通知与实施人反通知的具体内容为何以及对合理期限的判断等，这实际上影响了该框架的可操作性。立基于该善意谈判框架之上，并结合SEP许可实践中的实际做法，我国和日本、韩国等均

---

① 雷磊. 法律原则如何适用?:《法律原则适用中的难题何在》的线索及其推展［M］//法学方法论论丛：第一卷. 北京：中国法制出版社，2012：193.

出台了关于善意谈判的相关指引。当然就整体而言，这种指引仍需要结合双方行为进行具体分析。一般而言，善意谈判的简化步骤如下所示。

第一步：权利人向实施人发送许可要约。

第二步：实施人于合理期间内表示愿意接受许可。

第三步：双方就技术问题进行谈判。

第四步：实施人第一次发出反要约。

第五步：权利人第一次修订许可要约。

第六步：双方就许可条件进行商业谈判。

（上述步骤可能重复进行，或者进行简化）

…………

第n步：权利人拒绝反要约，并通过仲裁、非诉讼纠纷解决程序（ADR）或者司法程序解决。

在每个谈判阶段，可以参照下列基本的商业谈判惯例予以判断。一是坚持时效性。为了确保许可谈判顺利进行，双方应尽可能在谈判之初就拟定好后续各阶段、各节点的日程表，并以设定的日程判断是否存在严重的延误。尽管，随着谈判的深入，谈判日程可能发生变动甚至延后，但就总体进度做出安排有助于尽快达成许可协议。二是坚持诚信谈判。实施人应当真诚促成谈判，而非仅仅为了满足合规需求以避免承担不利法律责任，或旨在少交、晚交许可费以获取不正当利益。

其次，从公平原则来看，我国民法典要求民事主体在从事民事活动时应当遵循公平原则，合理确定各方的权利和义务。因此，要坚持公平谈判，在适度限制权利人提起禁令救济的同时，也应避免实施人恶意提起竞争法诉讼以压制权利人，从而不正当获取优势谈判地位。同时，要避免谈判中一方不正当地要求其自己享有权利，而由另一方完全承担义务；或者故意要求另一方违反法律规定或者契约义务，以及提出其他不合理、不公平的缔约条件。

最后，从谈判事实来看，应做到具体情况具体分析。随着善意谈判框架的逐步形成，依托该框架之新的劫持行为也会逐步出现，这就需要更加灵活的判断标准。正如《欧洲合同法原则》所规定的，要判断谈判行为是否合理，除前述商业惯例外，还要讨论合同的性质、目的、谈判事实等，以及进行与当事人处于相同情况下的合理性判断。

二、FRAND 平等适用原则

ETSI、TIA等标准化国际组织的知识产权政策要求权利人遵循FRAND原则，但并未明确FRAND原则亦适用于实施人。在我国，《国务院反垄断委员会关于知识产权领域的反垄断指南》《关于禁止滥用知识产权排除、限制竞争行为的规定》等也仅明确了权利人在实施专利许可时应遵守公平、合理、无歧视义务，但这并非意味着实施人不受FRAND原则之拘束。

首先，从我国民法典的基本原则来看，实施人亦应受到FRAND原则的约束。根据我国民法典的规定，民事主体从事民事活动，应当遵循公平原则，合理确定各方的权利和义务；不得违背公序良俗；应当遵循诚信原则。上述原则可以证立实施人也应负有FRAND义务，否则将与上述民法原则相冲突。

其次，从制度漏洞的目的解释来看，由于实施人接受FRAND原则符合民法典的整体调整目的，因此其属于根据上述立法目的可以预期的规定，即属于公开的漏洞，可以通过立法目的进行填补①。换言之，如果主张实施人得以豁免FRAND义务，则可能诱发实施人在许

① 王利明. 法律解释学［M］. 北京：中国人民大学出版社，2016：330-463.

可谈判中实施恶意拖延、少付许可费用、拒绝合理反要约等反向劫持行为的风险。这不仅与ETSI所主张的“电信公用技术标准化与知识产权所有人之间取得平衡”，并使权利人“获得充分而公平的报酬”的政策目标相背离，而且违反了我国专利法关于“保护专利权人的合法权益，鼓励发明创造”的立法目的。

最后，参照法国等国的法律规定，FRAND原则亦适用于实施人。ETSI规定，“FRAND声明的创建、效力和履行均适用法国法律”。虽然该规定并不能直接适用于我国，但对我们理解该原则具有一定的参照价值。《法国民法典》第一千一百零四条规定，“合同的商谈、订立和履行必须秉承善意而行，此乃关乎公共政策之要求”。在法国法律中，该善意谈判在知识产权许可中对双方（尤其是实施人）具有重要拘束力。例如，2021年7月，法国竞争管理局就以谷歌公司未能与法国出版商就新闻内容付费进行善意谈判为由，对前者施以高达5亿欧元的罚款。从较近的域外司法判例来看，上述认知基本得到遵循。例如，2023年3月印度德里高等法院在爱立信公司与Intex公司一案中明确表示，“FRAND原则被解释为不仅适用于标准必要专利权利人，而且对实施人也是一种要求。标准必要专利制度包含了权利人和实施人之间相互对等的义务。FRAND原则不是一条‘单行道’，并非只对权利人施加义务。因此，标准必要专利制度平衡了权利人和实施人之间的利益，并确保了公平的竞争环境”①。

三、尊重创新原则

专利制度的立法目的在于保护发明创造，鼓励发明创造，促进科学技术进步和创新。为了实现上述目的，专利法通过保护发明创造的合法权利，使其能够通过自行实施或者许可他人实施专利，从而收回

① 案号：2023:DHC:2243-DB。

研发费用并获得“超额价值”[①]。

从标准化的持续发展来看，只有使权利人“获得充分而公平的报酬”（ETSI目标）方可激励其不断为产业标准化供给最优秀的技术，从而促进标准之不断更新、发展。对于权利人而言，即使受到FRAND原则的约束，但其在刨除研发、推广、维权、参与标准化等成本后仍能获得充分而公平的报酬，因而技术标准化仍对其具有正向的经济激励。反之，“如果SEP权利人预期面临补偿不足，其将减少对以标准为目标的创新投资，而这将减少SEP的数量，意味着具有合作性标准的新技术会减少，标准的演进也会放缓”；“如果潜在的SEP权利人预期其标准贡献得不到补偿，其将选择不参与标准化。换言之，参与合作性标准开发需要大量的研发资源投入。参与的预期收益必须等于或超过预期成本，这样企业才会选择参与”[②]。

从科技发展规律来看，技术研发存在机会成本，不可能100%成功，失败在某种程度上属于必然。一项 SEP背后可能有几个甚至十几个研发项目的失败，投入研发并不意味着一定能够获得技术成果。因此，如果该项SEP无法实际收取许可费，就意味着权利人将因缺乏资金而无法进行或者不得不缩减下一步的研发活动，进而降低企业的经济增加值率，最终不利于企业高质量发展[③]。

但反向劫持的目的在于非法地尽量少支付甚至不支付SEP使用费，这实际上掠夺了权利人的技术贡献，与上述立法目的完全相悖，

① 全国人民代表大会常务委员会法制工作委员会. 中华人民共和国专利法释义［M］. 北京：法律出版社，2009：3.

② FARRAR L，ANNE，STARK，et al. License to all or access to all? a law and economics assessment of standard development organizations' licensing rulesp［J］. George Washington law review，2020，9（10）：142.

③ 陈丽姗，傅元海. 融资约束条件下技术创新影响企业高质量发展的动态特征［J］. 中国软科学，2019（12）：108.

且实质性地架空了专利法的基本激励架构，变相纵容了侵权行为，最终使创新者落入“研发越多、专利越多，损失越重”的不利境地，长此以往，前述专利法建构的激励创新机制将完全失效。同理，权利人也将缺乏继续推进标准化工作的激励，从而导致标准化工作停滞不前。更为重要的是，长期来看“上游研发标准技术供下游商业化实施，下游实施营利并向上游支付许可费用”的良性激励结构将被打破，恶性循环之下，技术标准化将越发难以为继。

第四节　反向劫持的行为识别

实践中，许可谈判的推进方式由实施人与权利人根据许可具体情况以及专利授权国的法律法规而定，因而从一定程度上而言对违反善意谈判之劫持行为的判断需要具体情况具体分析。当然，我国法律相关规定以及欧盟法院于2015年在华为公司诉中兴公司一案中所建构的双方“善意谈判”之指导框架与粗略模型，能够为双方在每个谈判阶段所应采取的行动提供指引。因此，根据中国法律相关规定，结合其他国家法院就SEP争议所做出的相关判决，能够较为客观地识别违反善意谈判的“反向劫持”行为。

一、故意拖延谈判

“SEP许可谈判本身就是双方达成合意的过程，谈判双方在立场上绝非截然对立。忽视共同的利益基础，选择以程序冗长、成本高昂的诉讼方式相互对抗，只会加大谈判双方的意见分歧和情绪对立，而无助于真正解决SEP许可谈判中的现实矛盾，并将给全球各大司法辖区造成巨大压力，这一点已经被近年来大量的禁诉、反禁诉等实际案例所证明。”[①]故意拖延谈判之行为的目的是少付或者不付许可费率。2023年3月，英国有关法院曾表示，“一个有意愿的实施人不会寻求从延迟商定FRAND条款或支付FRAND使用费中获益……一个自愿的实施人将就其所有已经使用的专利进行支付……有意愿的被许可人会说：‘我已经预留这些钱支付给SEP权利人，一旦商定或确定了适当的费率，我就会支付。’如果情况并非如此，则会在FRAND谈判过程中增加不正当激励，即实施人将尽可能地拖延协议或设定非FRAND条款。也就是说，拖延的时间越长，实施人需要支付的费用越少”。欧盟委员会于2023年4月27日发布《关于标准必要专利和修订（EU）2017/1001号条例的决定》的提案，在该提案的《欧盟SEP影响评估》中也表示，“漫长的谈判”是SEP权利人面临的重大挑战，“这可能会减少权利人的许可收入，并降低其参与新标准制定的意愿”。

（一）怠于回复要约或信息交换请求

实践中，许可谈判的第一步是SEP权利人向实施人发出许可谈判要约。根据我国民法典的公平、诚信原则，实施人在接到要约后，应当本着善意的原则，在合理的时间内，积极配合、勤勉地进行回复并着手与SEP权利人展开许可谈判，而这也与FRAND原则的内涵相契合。实际进入谈判后，如果实施人在合理时间内未能回复权利人所提出正当的信息交换请求，人为不合理地中断谈判进程，并形成了为期较长的谈判“停滞期”，也应当认定其属于“反向劫持”行为，而这也被认为是劫持成本最低、使用频率最高的劫持行为[②]。

实施人怠于回复权利人的要约或信息交换请求被认为属于“反向劫持”已然成为各国法院司法裁判的共识。在华为公司与诉中兴公

① 李雪. FRAND：以“合”为贵［J］. 知产财经，2022（1）：34.

② 黄薇君，李晓秋. 论标准必要专利中的FRAND劫持［J］. 科技进步与对策，2017（1）：113.

司案中，欧盟法院第五法庭就认为，“涉嫌侵权者应依照业界认可的商业惯例和善意原则，勤勉地对该要约做出回应，这一认定必须结合客观因素来判断，具体来说，涉嫌侵权者应不存在拖延手段”[①]。在西斯威尔公司诉海尔公司案中，德国杜塞尔多夫高等法院提出了更为具体的时间判断标准，其认为“在告知范围仅仅限于绝对必要告知事项的情况下，通常迟于3个月乃至5个月的时间才做出反应是不合理的，因为不能苛求专利权人过久等待，专利权人在此情况下可以直接起诉”[②]。日本专利厅在其《标准必要专利授权谈判指南》中也规定，实施人“在继续使用侵权（或潜在侵权）技术的情况下，没有说明迟延回应的理由或是对谈判完全不回应”的，应被视为恶意被许可人。我国法院持相同的司法观点，如《广高SEP指引》中认为，实施人拒绝权利人的谈判通知，或收到谈判通知后未在合理时间内做出明确答复的，可认定其存在明显过错。

但在实践中，该行为判定的焦点在于如何理解“合理时间”。一般而言，实施人收到SEP权利人的许可要约后回复接受许可谈判的时间周期主要受专利自身因素、侵权因素和双方主体因素等因素的影响（见表6-1）。

表6-1　合理答复周期的判断因素

因子类别	影响因素	与回复周期的相关性
专利自身因素	SEP数量	↑
	技术方案的复杂程度	↑
	SEP的必要性	↑
	SEP的有效性	↑

① 案号：C-170/13。

② 案号：I-15 U 66/15。

续表

因子类别	影响因素	与回复周期的相关性
侵权因素	侵权是否发生	↑
双方主体因素	实施人的技术水平	↓
	双方过往许可	↓

如果许可谈判所涉及的专利族数量很少，且实施人也属于本领域的SEP权利人或者重量级的实施人，熟知该领域的专利技术，那么，实施人在较短的时间内回复愿意接受许可谈判的做法才是合理的，否则将被认定为“拖延谈判”的反向劫持。反之，如果许可所涉及的专利族数量较多，且实施人系刚进入该领域的初创企业、中小企业，对于该领域的专利技术并不熟悉，则其在较长的时间内进行回复也可能是合理的。但是，即使实施人回复权利人的要约或者信息交换请求需要较长时间，仍应向权利人及时解释迟延回复的原因，以免被权利人认为其在故意拖延谈判。

为了避免上述分析缺乏可操作性，有必要以划定“最终底线”的方式确立量化标准。在综合考虑前述影响因子的情况下，结合前述案例，以3个月作为底线较为适当。如果实施人在3个月乃至6个月的时间内都怠于回复，则应当被认定为“恶意拖延谈判”，可直接推定其拒绝接受许可；如果超过6个月，则应当被认定为“重大恶意拖延谈判”，可直接推定其恶意侵权，可施加惩罚性赔偿，从而督促实施人积极回复要约或者信息交换请求。例如，北京市高级人民法院就曾指出，“西电捷通公司与索尼中国公司在长达六年的时间内反复进行协商，西电捷通公司提供了专利清单及合同文本，但索尼中国公司以权利要求对照表和保密协议问题作为拖延手段，从而导致双方没有实质上进入技术谈判和商务谈判……因此，索尼中国公司在谈判过程中存在明显过错”[①]。

（二）持续给予无实质内容回复，或者在合理期限内未能提出反要约

如上所述，怠于回复权利人的要约或信息交换请求被认定为具有劫持属性已经基本形成共识。因此，一些实施人为了避免怠于回复信息而被认定为“反向劫持”，也为了避免因为提供实质性内容从而加速谈判进程，从而就专利信息、许可条件等持续给出无实质内容的回复。这从外在形式上制造了该实施人积极推进谈判的虚假表象，同时达到了其恶意拖延谈判的不当目的。对此《广高SEP指引》明确指出，实施人未能做出“实质性答复”系明显过错。但在实践中，困难之处在于如何判断“实质性”。

在实践中，权利人一般会向实施人提供专利池、专利号、同族专利、专利数量、许可费率、专利的必要性与对标性、专利资料计算方法及其支撑材料等许可条件。如果实施人回避对上述实质问题进行答复，如质疑或认可示例专利的有效性或必要性、使用或未使用拟许可专利、使用其他替代性标准等实质性答复，却不合理地、反复纠缠于自身谈判意愿的重复性表达、谈判对接人与谈判邮箱之设定或变更、谈判会晤时间与地点、谈判方式之确定等前置性议题，而在合理期限内迟迟无法进入上述许可条件内容之讨论，则应当属于“故意拖延谈判”。例如，北京市高级人民法院曾指出，“索尼中国公司在协商过程中反复提及‘不认同其现在或者计划中的产品用到了WAPI专利’、‘没有发现索尼移动需要获得西电捷通专利授权许可的理由’、‘我们还没有识别出这些专利和我们的产品是相关的’等内容，但没有提供任何进一步的解释以及推动谈判的建议，明显具有拖延谈判的故

① 参见：北京市高级人民法院（2017）京民终字第454号民事判决书。

意"[①]。2023年3月，印度德里高等法院在爱立信公司与Intex公司一案中认为，"双方在长达五年时间里（关于FRAND谈判）的通信往来中，Intex公司没有向爱立信公司分享任何自己的权利要求对照表，也没有表明其使用替代技术或者质疑爱立信公司专利的本质，也没有反驳爱立信公司的权利要求对照表，并且爱立信公司已经为其全球专利向其他第三方企业发放了大约100份许可；Intex公司在其2014年4月14日的信中表示愿意接受爱立信公司的许可，再加上其没有披露与供应商所签协议的事实，足以反映出爱立信公司专利的有效性和本质性都没有得到Intex公司的合理回应"。

此外，考虑到实施人需要更多时间评估专利许可条件，如其中涉及经济学评估与技术分析等，因此实施人可以论证许可条件的非合理性，但不得予以回避。基于这一点，此处的合理期限应当略大于前述的3个月答复时间，但也不应拖延至以年作为时间单位进行答复。在合理期限内未能提出反要约亦将被认为具有劫持属性。在都科摩公司（NTT DoCoMo）诉宏达电子公司（HTC）案件中，德国地方法院认为实施人在收到FRAND要约后1.5年内未能做出任何回应或者做出任何反要约，难言正当，故准许了权利人的临时禁令措施[②]。日本《标准必要专利授权谈判指南》认为，不以 FRAND 条件提供任何反要约的，将会加大被认定为"恶意行为"的可能性；《广高SEP指引》也认为，在收到SEP权利人的许可条件后，未在合理期限内做出实质性答复的属于明显恶意；北京市高级人民法院《专利侵权判定指南》更是明确指出，"拒绝接受专利权人提出的许可条件时未提出新的许可条件建议的"，属于明显过错。由此可见，未能在合理期限内提出反要约，将被认定为"故意拖延谈判"的劫持行为。

① 参见：北京市高级人民法院（2017）京民字第终454号民事判决书。

② 案号：7 O 66/15。

（三）无正当理由反复主张所有许可条件均违反FRAND原则

在SEP许可谈判中，权利人与实施人常常会就许可费率问题进行较长周期的谈判。一般而言，双方就SEP的费率报价/回价等会经历多次调整，这也是在知识产权许可谈判活动中常见的谈判模式，即缔约各方进行初步接触、初步洽商、讨价还价、再次洽商等动态谈判过程。由于磋商时间长、技术复杂难度高，双方（尤其是权利人方）一般会将对己方的费率要约进行多次调整，以免因双方分歧过大而使得谈判破裂。例如，2023年3月，IDC公司与联想公司在英国进行的诉讼中，IDC公司的专家证人曾表示，“在我们的初始报价和谈判过程中，双方通常会提出一系列的报价和还价，并且会披露关于实施人业务的进一步信息。在整个谈判过程中，我们继续在内部讨论出价、还价和修订后的出价，并使用预测电子表格计算出价或潜在出价的进一步变化，以及该出价可能对许可的上限产生何种影响，等等。在这一过程中，我们还考虑了自身所掌握的关于实施人、一般市场、许可范围等的信息，以及任何可能影响报价的外部因素。在整个过程中，我们继续在内部讨论并在相同的基础上评估报价和还价，包括折扣的适用性。我们的目标是达成一个双方都能接受的报价”。

由于费率报价的动态变化，尤其是讨价还价过程对于价格数额常常产生变动的效果，一方面，如果实施人仅仅依据权利人的单个要约（尤其是初始费率要约）径行主张其违反FRAND原则，这不仅忽视了许可条件，尤其是许可费率在谈判过程中的数值变化趋势，而且与许可谈判的商业惯例不符；另一方面，如果实施人缺乏正当理由，主张权利人提出的所有许可条件均违反FRAND原则，无视权利人为谈判达成所做出的妥协，则难言正当。实践中，出现了一些实施人提出的非正当理由，主张权利人的所有许可条件违反FRAND原则，如下所示。

第一，权利人与其他实施人未能达成许可协议，可见其许可条件违反FRAND原则。实际上，就不同的实施人而言，其专利实施、经营状况、交叉许可、销售范围、使用终端、应用场景、谈判能力等方面并不相同，片面、僵化地将权利人与其他实施人未能达成许可协议这一点直接推定为该次许可条件违反FRAND原则，显然缺乏正当性。

第二，由于权利人系非专利实施主体（non-practicing entities，NPE），并不实施专利技术，其运营模式势必导致其许可条件违反FRAND原则。现实中，这些NPE的主要运营模式是通过向其他权利人或非实施实体购买专利从而获得相关专利许可，或者自身研发专利，进而向其他实施人开展许可以营利[①]。对于拒绝许可谈判或者谈判失败的实施人，NPE会发起专利侵权诉讼，以获得损害赔偿。由于我国专利法中并未要求专利权人必须亲自实施专利方可提起侵权诉讼，况且一些自然人权利主体自身也并不具备实施专利技术的条件，因此实施人在缺乏法律规定的情况下，歧视性地认为NPE运营模式导致许可条件违反FRAND原则的做法，显然缺乏正当性。

第三，不论权利人提出何种许可条件，实施人均简单重复其认为该条件违反FRAND原则的意见，漠视权利人为许可协议达成所做的妥协。对于这种“机械重复”的僵化意见回复，其实质是为了进一步拉长谈判周期，从而拖延谈判。尤其是在权利人已经向实施人提供了前者与其他实施人就相同或相近专利包以相同或相近许可条件达成的许可协议等具体依据的情况下，此时实施人上述行为的主观恶意更加明显。

（四）无正当理由拒绝签订保密协议，或不合理地反复修改保密协议

在许可谈判中，可能涉及权利人和被许可人、入池权利人等签

① 胡小伟. NPE诉讼的价值审视与规制选择［J］. 知识产权，2021（1）：77.

订的许可协议中许可费计算方式、收取方式、交叉许可范围等涉及双方利益安排等商业秘密，以及涉及实施人实施专利时有关的合同、发票、账簿等相关资料。如果实施人无正当理由拒绝签订保密协议，将使权利人无法在保障商业秘密安全的前提下向其披露上述信息，存在违反与第三方之契约义务以及相关保密法律要求的风险，这将严重影响谈判的顺利开展。因此，在签订保密协议已然成为许可谈判商业惯例的情况下，无正当理由拒绝签订保密协议将被视为“反向劫持”，我国《广高SEP指引》、日本《标准必要专利授权谈判指南》等均支持这一观点。

对不合理地反复修改保密协议之劫持属性的判断则更加复杂，其难处在于如何判断“不合理”。本书认为，对此可从所修订条款的倾向性、行为表现、修订周期等方面予以综合判定。

从修订条款的倾向性来看，如果所修订的条款较为明显地偏向自身利益，而完全忽视了对权利人的保护，则难言合理。例如，在保密协议的法律适用上，如果在权利人已经要求适用非双方母国、第三地法律的情况下，实施人仍坚持适用母国法律，试图利用本地优势，则显然难谓“合理”；又如，在保密范围上，如果实施人坚持将权利人依照契约应当承担的保密内容明确排除出保密范畴，则将直接导致权利人的违约风险。通过上述倾向性的修订，实施人应当预见到权利人将再次进行修改，从而造成反复的邮件往来等沟通模式，而这实际上也变相地拉长了整个谈判周期。

从行为表现来看，不合理地反复修改保密协议表现为“拉锯战”式的邮件往复，如在遣词造句上对于某一约定俗成、广为接受的惯用语反复、多次甚至重复提出其他概念用词等。

从修订周期来看，则表现为因不合理地反复修改保密协议而非正当地拉长谈判周期，尤其是在专利许可的保密协议实际上已经具有了常规格式和商业化的谈判流程之情况下。因此，应当以自然周为单位来衡量保密协议修订周期的合理性。

（五）将技术问题全部解决作为开启谈判的前置条件

实践中，一些许可谈判涉及的专利族数量众多，如果实施人无视庞大的专利族数量以及技术复杂性，主张以提供逐个、全部权利要求对照表等方式，将所有单个专利的有效性、对标性等技术问题解决完毕方可开启后续谈判，则可能属于故意拖延谈判。权利人一旦陷入这种数量巨大、旷日持久的技术谈判之中，其大概率在未来数年内难以获得专利许可费。例如，北京市高级人民法院就认为，“索尼中国公司在2015年3月13日明确表示‘索尼移动公司在全面评估西电捷通公司主张的专利并认定该等专利具有合理价值前，不能与西电捷通公司进行任何商业谈判’，从而置双方长达六年的谈判过程于不顾，充分体现出索尼中国公司要求西电捷通公司提供权利要求对照表只是一个拖延手段”[①]。2023年3月，印度德里高等法院在爱立信公司与Intex公司案中也认为，“在逐个专利的基础上进行许可或评估FRAND费率是不切实际的，并且与行业惯例相悖”；“整个专利组合的FRAND使用费率之确定是根据对诉讼中具有代表性专利之评估而予以判断的”[②]。

此外，如果权利人向实施人提供了部分SEP的权利要求对照表，但实施人一方面未能在合理时间内就对方已发送的权利要求对照表向权利人做出实质性答复，另一方面却仍坚持要求所有SEP之专利族的权利要求对照表，则拖延谈判的恶意更加明显。

上述判定中的首要问题在于，如何判断“数量巨大与技术复杂

① 参见：北京市高级人民法院（2017）京民终字第454号民事判决书。

② 案号：2023:DHC:2243-DB。

性”的SEP专利族造成了不可能短时间内解决全部技术问题或者极大地增加了交易成本。实践中，实施人、权利人基于各自的利益立场，对于该前提性事实的理解显然不同。部分实施人甚至认为，基于商业惯例，上述因素不应予以考虑，权利人应当向实施人提交所有SEP专利池中每个专利的权利要求对照表，以便于其进行技术评估。

在上述西电捷通公司与索尼中国公司之侵害发明专利权纠纷中，北京市高级人民法院认为，西电捷通公司已经向索尼中国公司解释了WAPI相关技术，并提交了专利清单和许可合同文本，在此基础上索尼中国公司“理应能够判断出被诉侵权产品在生产制造过程中是否实施了涉案专利，而并非一定需要借助于西电捷通公司提供的权利要求对照表”[①]，并据此认定，索尼中国公司要求西电捷通公司提交权利要求对照表并不合理。与之相反，《广高SEP指引》中则明确表示，“未按商业惯例和交易习惯向实施人提供示例性专利清单、权利要求对照表等专利信息”的，视为权利人方面存在过错。对于权利要求对照表这一解决技术谈判的核心文件，上述两个高级人民法院中，一个认为不一定需要提供，另一个则认为需要提供，此种分歧明显的司法观点实际上使得对此类行为的劫持属性判断更加复杂。但两地法院在提交“全部权利要求对照表”等技术问题方面仍存在共识，即都认为无须解决“全部”技术问题即可开启后续谈判。

从域外司法经验来看，国外法院或执法机关大多与我国法院的观点相一致，也将此类行为认定为恶意劫持行为。例如，在西斯威尔公司诉海尔公司案中，德国杜塞尔多夫高等法院在二审判决中明确表示，“在此许可商谈阶段，尚不需要权利人根据所谓的权利要求对照

① 参见：北京市高级人民法院（2017）京民终字第454号民事判决书。

表来具体阐释专利侵权的构成”；“告知义务如上所述不包括细节上的具体理由，如为什么专利权利要求的各个技术特征都会被实施等”。在飞利浦公司（Philips）诉华硕公司（Asus）案中，在考察了华硕公司的谈判行为后，荷兰海牙上诉法院认为其在谈判中提出的技术问题仅仅是为了阻止谈判进程，故将其行为界定为“反向劫持”[①]。日本专利厅也认为，实施人“声明除非先提供所有SEP的必要性和有效性根据，否则不会启动谈判”的，将被视为恶意被许可人；韩国知识产权局亦持近似观点，明确将“所有标准专利的必要性和有效性确定”作为开启谈判基础的，认定实施人并非善意。

此外，对于专利池而言，此种静态环境下要求所有的权利要求对照表的做法并不符合实践中专利池的动态特征。例如，SEP可能因到期、失效或被撤销或无效，从而减少专利组合的数量；又如，专利权的受让以及转让等，都可能改变专利池之规模与质量。因此，实施人要求的所谓所有的权利要求对照表在不同时间节点可能并不一致，难以形成锚定效应，因而其要求不利于正确评估专利池价值。

（六）拒绝仲裁提议

当前，对于是否将这种拒绝仲裁行为界定为“反向劫持”的问题仍存在一定争议。部分观点认为，是否选择仲裁解决双方许可争议有赖于双方合意，如果一方拒绝仲裁，则除非法律有明确规定，否则不应实施强制仲裁。另有观点则认为，拒绝仲裁提议的行为使得双方讨论和争议迟迟无法得到实质性解决，从而导致整体谈判进程被恶意拖延，因此其应当属于“故意拖延谈判”的劫持行为。

但拒绝仲裁提议至少在中国法院曾被认为属于恶意拖延谈判的行为表现之一。在华为公司诉三星公司一案中，深圳市中级人民法

① 案号：200.221.250/01。

院认为，华为公司向三星公司明确表达了希望仲裁的意思表示，同时附上了完整的仲裁协议条款，试图将双方SEP交叉许可所涉及的争议提交给中立的仲裁机构进行仲裁解决，“但三星公司拒绝了华为公司的该仲裁提议。上述事实证明，三星公司没有解决双方许可谈判争议的意愿，存在恶意拖延谈判的主观过错，明显违反了 FRAND 原则”[①]。

但在我国其他案例和司法政策文件以及其他国家的司法判决中，大多未将拒绝仲裁行为直接认定为“劫持行为”。因此，对于此类行为的劫持属性不应通过单独分析得出结论，而应从实施人的行为整体出发，结合其他因素予以综合判定。

二、反要约未指明计算依据或明显不合理

在提出反要约时，实施人应当明确指出反要约的计算方法和具体依据，以佐证该反要约亦受到FRAND原则的拘束，从而便于权利人审核其所提出的实施条件是否公平、合理、无歧视。就具体依据而言，应当坚持前述平等适用原则，如果权利人提交了可供比较的许可协议及许可条件，那么实施人也应当提供可供比较的许可协议及许可条件。日本专利厅认为，没有解释提出反要约的授权金是如何计算，也没有说明反要约是否符合FRAND条件的，将可能被视为恶意实施人；在我国，广州知识产权法院亦在相关调研报告中认为，“双方的谈判主张应当有相应的依据……这是对‘善意谈判’的最基本的实体正义的要求”[②]。

此外，对因主张明显不合理反要约而导致许可协议无法达成属于

① 参见：深圳市中级人民法院（2016）粤03民初字第816号民事判决书。

② 广州知识产权法院. 粤港澳大湾区标准必要专利保护研究［R］. 广州：广州知识产权法院，2020.

反向劫持这一点已基本形成共识，如我国《广高SEP指引》第十四条、北京市高级人民法院《专利侵权判定指南》第一百五十三条、日本《标准必要专利授权谈判指南》等均认可上述行为的劫持属性，但在具体判断“明显不合理”方面则存在一定难度。

“明显不合理实施条件”的判断标准有两种：第一种系正向方法，即先行计算出符合FRAND原则的费率范围，然后依据FRAND费率判定该实施条件是否落入该范围，如果两者反差较大，则可能判定该实施条件达到“明显”之程度。根据国内外司法判例及相关研究成果，确定合理的基准费率，主要有三种方法，即自上而下法、可比协议法、自下而上法[①]。这种路径实际上已经超越了法律之单一学科的方法，需要从许可对象专利族的技术分析与经济分析之双重视角切入进行分析。第二种系逆向方法，即从该实施条件出发，计算出可供比较的费率范围，参照相同或近似专利族的司法裁决，或者与其他实施人的许可条件进行比较，以判断该实施条件是否属于“明显不合理”。

如前所述，此处对上述两种路径优劣不做经济学上的详细评述，仅就一般而言，逆向方法的成本低于正向方法。但在当前实践中，对于确定费率及其合理性判定已然出现了“经济学统治”之不合理现象，即经济学的范式、方法、思维主导了对上述事实的查明[②]，法学则由于其方法论无法直接适用于量化计算而被归置于虚化。虽然从具体方法来看，经济实证分析为该问题的解决提供了计量化、精确化和科学化的论证路径，但并非意味着法学的彻底退出，其应当积极评判该路径是否与法律规则、法律原则乃至法律精神相一致。从计算方法

① 北京市高级人民法院. 标准必要专利诉讼案件法律问题与对策探析：基于通信领域诉讼案件的实证研究［R］. 北京市高级人民法院，2020.

② LEONARD，GREGORY K，LOPEZ，et al. Determining RAND royalty rates for standard-essential patents［J］. Antitrust，2014（1）：89-93.

的理念来看，“经济学研究经济现象，经济现象是一种社会现象，因此研究时先要有一个立场、观点和态度问题”[①]，而经济学在上述计量方法中的立场、观点和态度应当合乎法律原则，不得与其相抵触；从计算方法的过程来看，也应当注重效果审查，即使是表面上科学严谨、推理全面的计算方法，如果其计算效果与法律原则、立法目的等不一致，也不应当盲目采信；从计算方法的验证来看，应当注重其他定性方法的交叉验证，不可过于抬高经济学方法从而造成“经济学家裁判”之不当情形。

三、反要约被拒绝后，拒绝提供适当担保

欧洲法院在华为公司诉中兴公司案中认为，如果实施人提出的反要约被权利人拒绝，其应当提出符合欧洲商业事务所认可的适当担保，如向银行存入必要的担保金，这种担保金的计算方法是对其过去使用SEP的使用数量的说明。提供适当担保，一方面是实施人愿意就其使用的SEP进行付费的善意表现，另一方面则是为了平衡和矫正实施人在未付费的情况下“在先使用”SEP这一违反专利法基本原则行为而做出的特殊安排。“实施人可以在缺乏FRAND许可的情况下使用SEP。他们可以设计、销售实施移动蜂窝标准的产品并从中获利，而无须获得任何许可。所有人都可以公开使用和实施这些标准，而无须先获得许可。”[②]德国慕尼黑第一地区法院2020年2月发布的《关于审理侵犯专利权纠纷案件时反垄断强制许可抗辩适用指南》重申了上述意见，即实施人的反要约如果未被接受，其应该披露专利使用情况并提

① 尹伯成. 经济学基础教程［M］. 上海：复旦大学出版社，2018：3.

② NOKIA COMMENTS ON THE DG GROW CALL FOR EVIDENCE FOR AN IMPACT ASSESSMENT［EB/OL］.［2022-05-21］. https://ec.europa.eu/info/law/better-regulation/have-your-say/initiatives/13109-Intellectual-property-new-framework-for-standard-essential-patents/feedback_en?p_id=28414115.

供担保。

但在美国、日本和我国，实施人未能提供适当担保时并不会被直接认定为恶意实施人。我国主流的司法政策，如《广高SEP指引》、北京市高级人民法院《专利侵权判定指南》等并未将这种情况直接列为恶意考量情节。但根据民法典合同编的相关规定，结合其他谈判事实，依然能够判断实施人在未提供担保时是否存有主观恶意。如实施人在谈判之前经营状况严重恶化，已经丧失履行许可协议下的债务清偿能力，但其仍做出财务状况健康的虚假陈述，误导权利人与其继续谈判，并对权利人造成经济损失的，应当承担缔约过失责任[①]。

四、恶意提起竞争法之诉

权利人负有根据FRAND原则进行专利许可之义务。但如前所述，FRAND原则仅为一宽泛性的原则，其概念内涵、具体适用并不清楚，无法直接适用于具体个案，而端赖于法律规则、商业惯例等规则予以补充。在此情况下，一些实施人为了少付或者不付专利许可费，故意利用FRAND的模糊性与不确定性，不正当利用竞争法制度，恶意提起反不正当竞争、反垄断诉讼，主张权利人违反FRAND原则滥用市场支配地位[②]，将其作为“进行谈判要价的工具”[③]，从而迫使权利人将许可费率压低到FRAND标准之下。如前所述，对此有学者也指出，有时实施人“干脆主动向法院起诉，指控SEP 权利人的使用费率报价违反了FRAND 原则或者滥用了市场支配地位，从而将SEP 权利人拖入诉讼的泥潭当中”，此举属于明显的反向劫持。2023年3月，印度

---

① 案号：（2020）粤03民初689号。

② 易继明，胡小伟. 标准必要专利实施中的竞争政策：“专利劫持”与“反向劫持”的司法衡量［J］. 陕西师范大学学报（哲学社会科学版），2021（2）：83.

③ 李剑. 市场支配地位认定、标准必要专利与抗衡力量［J］. 法学评论，2018（2）：64.

德里高等法院在爱立信公司与Intex公司案的判决中明确表示，反垄断与专利无效不可能同时存在，“指控滥用支配地位的一方声称专利无效是违反直觉的，因为不可能存在支配地位，更不用说存在针对无效的专利滥用支配地位的情况了”[①]。

对于恶意提起知识产权诉讼的问题，中国法院已基本形成统一的裁判观点，即要求满足以下4项要件：①一方当事人以提起知识产权诉讼的方式提出了某项请求，或者以提出某项请求相威胁；②提出请求的一方当事人具有主观上的恶意；③具有实际的损害后果；④提出请求的一方当事人提起知识产权诉讼的行为与损害后果之间具有因果关系[②]。根据上述要件，对于此类假借起诉合法形式之劫持行为的判断方式在于，通过程序性事项综合判断行为人起诉时的主观状态。

首先，在受诉机构的辖区选择上，如果实施人未选择第三方或权利人（即被告）所处的司法或仲裁机构作为确定双方费率的解决机构，而是在自己的工商登记地或实际经营地提起诉讼，则其可能存在利用本地优势的主观意图，并有悖商业道德与“原告就被告”的基本管辖规则。

其次，在起诉时间节点上，如果权利人就双方未能达成许可协议而提起侵权诉讼，实施人获知侵权诉讼后于短时间内即提起反不正当竞争或反垄断诉讼，从而形成冲突诉讼、抵消专利侵权诉讼的，则可能存在劫持恶意。

再次，在确定被告主体上，如果实施人为了“拉管辖”而将与

① 案号：2023:DHC:2243-DB。

② 参见：广东省高级人民法院（2017）粤民终字第2782号民事判决书、浙江省高级人民法院（2018）浙民终字第37号民事判决书、江苏省高级人民法院（2017）苏民终字第1874号民事判决书、上海市高级人民法院（2016）沪民终字第501号民事判决书、北京市朝阳区人民法院（2009）朝民初字第32038号民事判决书。

确定费率并无直接利害关系甚至在谈判中明确予以排除的全资子公司或控股公司等关联公司、分公司列为诉讼主体的，则可能存在劫持恶意。

最后，在起诉证据上，如果实施人未提交任何初步证据证明其所主张对方不正当竞争或者垄断之基本事实（尤其是竞争损害结果证据）的，表明其明知在完全缺乏证据支撑的情况下仍故意起诉，可能具有以诉讼的合法形式掩盖其反向劫持的非法目的。尤其是在法院要求提交相关侵权初步证据后其仍拒绝提交的，则主观恶性更为明显。总而言之，我国对于上述起诉程序性事项的判断，应当坚持综合分析的原则，而不应纠结于对某个单一因素的个别判断，以免误伤真正的竞争法诉讼。

但在2023年7月国家市场监督管理总局发布的《关于标准必要专利领域的反垄断指南（征求意见稿）》中，多数内容还是聚焦于对权利人可能实施的滥用市场支配地位之行为的分析，对实施人可能存在的市场支配地位、可能实施的反向劫持行为等的竞争法分析则显得过于薄弱，这不能不说是该项政策文件中所显示的立法结构有所失衡。

第五节　小　结

在当前的许可实践中，“实施人主张权利人专利劫持，权利人指责实施人反向劫持”的对立情形已经严重损害了SEP许可的有序开展，也对标准化工作造成了严重不利影响。但与一直以来备受关注的专利劫持不同，相关方面对反向劫持问题则有所忽视。随着各国执法、司法经验的日益丰富以及SEP许可交易的广泛开展，反向劫持的危害性正逐步受到重视，包括我国在内的一些国家和地区已开始尝试建构“善意谈判”框架，进而识别反向劫持。对此先要确立基本原则，而后对常见的反向劫持行为进行类型化归纳和分析。虽然一些行为可能在不同地区存在不同的法律评价，但上述识别体系依然能够为反向劫持的行为识别和认定提供确定性的指引，从而有利于在SEP许可中全面落实公平、合理、无歧视的基本原则，激励标准化与专利创新并行之健康发展态势。

第七章 通过交易所实施许可

随着诉讼成本的不断高企，当前对推动非诉讼纠纷解决机制向前发展的呼声不断高涨。例如，欧盟委员会于2023年4月27日发布的《关于标准必要专利和修订（EU）2017/1001号条例的决定》之提案认为，“SEP权利人的执法行动或实施人基于拒绝许可而提起诉讼的最终目标应该是缔结FRAND许可协议。本条例的主要目标是促进谈判和庭外争议解决，从而使双方受益。确保以迅速、公平和低成本的方式化解SEP许可条件争议，这对SEP权利人和实施人应该都有好处。因此，建立正常运作的庭外争端解决机制以确定FRAND许可条件，能够为当事人提供巨大的利益”。

为了回应上述呼吁，已经有学者和实务界人士提出利用交易所机制解决SEP许可纠纷。交易所系公开、透明、方便、快捷的电子化交易平台，通过大量的交易能够真正形成商品价格。同时，交易所具有的交易保证金托管和划转系统，不仅为前期实施人提交保证金提供了资金平台，而且为许可费率确定后的资金划拨提供了更加便捷的资金渠道。为此，笔者起草了关于在交易所开展标准必要专利实施许可的工作方案，以供方家指正。以下为建议稿的具体内容。

关于在交易所开展标准必要专利实施许可的工作方案（建议稿）

第一节　总则

1.【适用范围】本指引适用于标准必要专利的权利人（包括但不限于企业、科研机构、高等院校、自然人）所拥有的权属清晰、无抵押、无质押和产权纠纷的标准必要专利交易行为。

标准必要专利交易是指权利人依法采取转让、许可、作价投资、质押融资、证券化、组建专利池等方式，将标准必要专利权转让或授权给他人，以及为他人提供技术开发、咨询和服务。

2.【主体资质】参与标准必要专利交易活动的实施人应当为具有完全民事行为能力的自然人、依法注册并有效存续的法人或非法人组织。

3.【合法性纪律】标准必要专利交易活动应当遵守国家相关法律、法规和规章的规定，遵循公开、公平、公正的原则，不得侵犯其他经营者的合法权益和损害社会公共利益。

第二节　发布转让申请

4.【发布许可信息】权利人应当在交易所平台进行信息披露公告。披露的实施许可信息包括但不限于以下内容：

（1）实施许可标的情况；

（2）权利人情况；

（3）FRAND声明及其他标准化文件；

（4）实施许可条件、实施许可底价；

（5）其他需要发布的事项。

权利人应当明确转让信息披露[①]的期限。首次信息披露的期限应当不少于十个工作日，自交易所网站披露转让信息次日起计算，累计不超过三个月。

5.【如实提交材料】权利人应当对所提交材料的真实性、完整性、准确性负责。权利人委托交易服务机构代理进行交易的，受托交易服务机构应当对权利人提交材料的真实性、完整性、准确性、齐全性、合规性等进行核实。

只要权利人满足交易所提出的信息披露的类型要求，即可认为其信息披露充分。

6.【设定条件】权利人可以根据交易标的之实际情况，合理设置实施人资格条件，但不得出现违反公平竞争或有明确指向性内容。交易所认为必要时，可以要求委托方对意向实施人资格条件的判断标准提供书面解释或说明[②]。

7.【交易保证金】权利人在信息发布中提出交纳交易保证金的，实施人应当在收到资格确认通知之日起十五个工作日内将交易保证金交纳至交易所指定账户。保证金后续折算为许可费的，应当予以特别声明。实施人未全额交纳保证金的，视为放弃交易资格[③]。

① 通过信息披露机制，避免权利人恶意隐藏专利相关信息，从而对实施人获取许可后产生不利影响。

② 规定此条的目的是避免权利人借助实施专利而对市场竞争产生负面影响。审查时应以反垄断法、反不正当竞争法为主要依据。

③ 由于标准必要专利“先使用后付费”的交易结构，提交保证金有助于提前部分补偿实施人使用专利的费用，也有助于减少对实施人进行反向劫持的经济激励。

第三节 登记获得许可意向

8.【获得许可意向】实施人应当在信息披露公告期间向交易所提出合作申请，提交相关材料，并对所提交材料的真实性、完整性、准确性负责。

9.【咨询沟通】信息披露公告期间，权利人应当接受实施人的咨询，实施人可以到交易所查阅信息披露公告所涉内容的相应材料。

10.【实施联合体申请】权利人发布的交易信息中明确表示接受联合体申请的，多个意向实施人可组成联合体向交易所提交申请，参与许可交易。联合体中的各实施人应提交联合参与实施许可协议[①]，约定各成员的权利义务。

第四节 定价方式与交易模式

11.【定价方式】坚持“知识产权市场化定价和交易”的基本原则，在充分保障和尊重权利人利益和意愿的基础上，鼓励其向具备实施能力的企业转移知识产权。

（1）协议定价。交易双方就标准必要专利的价值及成交价格基于市场判断、技术发展等进行协商并达成共识，最终形成协议交易价格。

（2）评估定价。权利人委托具有知识产权评估资质的第三方机构对标准必要专利进行评估，评估值作为出价的基础或依据，也可以作为在技术交易市场挂牌的价格或拍卖起拍价的基础或依据；交易双方共同委托具有知识产权评估资质的第三方机构对标准必要专利进行评

① 通过“一揽子”实施许可协议，减少了交易次数，有助于降低交易成本、提升交易效率，同时也可为实施一方争取最大限度的费率优惠。

估，在评估过程中，就拟采用的评估方法等进行协商并对专利池的价值形成共识的，可以以评估价值作为成交价格。

（3）网络竞价。使用具有资质的第三方知识产权交易机构网络竞价系统，在规定的时间内连续竞争报价，按照“价格优先、时间优先”的原则，由网络竞价系统选择最高有效报价者为受让方。

（4）拍卖竞价。通过向实施人展示交易标的，公开叫价竞购，选择最终有效报价者为受让方。

（5）竞争性谈判。由具有资质的第三方知识产权交易机构组织权利人和多家实施人（不少于两家）对交易标的最终受让条件进行谈判，以确定最终受让方。

（6）大数据系统估价。建立基于知识产权大数据的价值评估模型，导入标准必要专利大数据及人才、研发、产业、金融等关联数据，根据不同的运用场景，通过大数据算法自动生成可供参考的标准必要专利交易价格。

12.【交易模式】

（1）协议交易。交易双方自行或委托知识产权交易运营机构，就成交价格、数量等交易要素进行协商，按照“价格优先”原则只产生一个符合条件的实施人，通过协议定价的方式进行交易。

（2）竞价交易。两个及以上符合条件的实施人，通过网络竞价、竞争性谈判等方式公开竞价，从而产生最终价格及受让方。

（3）定向交易。知识产权交易运营机构根据权利人的申请，将标准必要专利信息在知识产权交易运营机构认可的特定范围内进行信息发布和征集实施人，并确定受让方。经征集只产生一家符合条件实施人的，可以协议转让；产生两家及以上符合条件实施人的，可选择单向竞价、拍卖、招投标等竞价方式确定受让方。

（4）挂牌转让。知识产权交易运营机构根据权利人的申请，将知识产权项目信息通过交易平台、公共服务网站等渠道公开发布，公开征集实施人并确定受让方。经公开征集只产生一家符合条件实施人的，可以协议转让；产生两家及以上符合条件实施人的，可选择单向竞价、拍卖、招投标等竞价方式确定受让方。

（5）联盟交易。交易双方基于产业和技术知识产权联盟、战略合作等需要，将标准必要专利通过普通许可、交叉许可等多种方式实行共享。这是一种特殊的交易形式。

第五节　保障机制

13.【谈判历史留痕】双方在交易所内的平台上开展谈判，实时记录、反馈、留存谈判信息，完整的谈判历史存储于交易所并予以保密，除非司法或者行政机关依职权调取，否则禁止披露①。

14.【第三方评估费率机制】由双方共同选定或者摇号确定的第三方机构对存在分歧的许可报价进行独立评估，从经济合理性、专利质量、价格公允性等角度出发，辅助分析、判定该报价是否符合FRAND原则②。

15.【第三方评估技术机制】由双方共同选定或者摇号确定的第三方机构对许可标的进行抽样，以评估其专利池的必要率，避免双方因技术谈判问题而过度拖延谈判③。

---

① 谈判历史留痕便于后续判定一方是否属于善意谈判方，尤其是实施人是否通过拖延谈判实施反向劫持。

② 由第三方对费率是否符合FRAND原则进行初步评估，有助于提升谈判效率，避免双方就费率问题陷入“自说自话”的循环对话。

③ 与前述费率类似，由第三方对专利池的必要率进行初步评估，有助于提升谈判效率，避免双方因陷入技术细节而无法实质性地推进费率谈判。

16.【第三方监督实施机制】在许可协议签订后，由双方共同选定或者摇号确定的第三方机构对实施人的专利实施以及销售情况进行审计，从而为许可费的收取提供准确、全面、及时的计费信息①。

17.【建立许可费堆叠预警机制】由双方共同商定或者参照双方共同认可的商业惯例，确定本次交易的许可费堆叠上限，从而合理平衡双方的利益诉求②。

18.【协助审查义务】交易涉及主体资格审查、反垄断审查等情形，交易合同的生效须经政府相关部门批准或其他前置程序的，交易双方应当将交易合同及相关材料报相关部门批准或履行相关前置程序。交易所根据双方申请，协助出具政府相关部门审批所需的交易证明文件③。

第六节　纠纷调解④

19.【鼓励仲裁或者调解】鼓励双方通过仲裁或者调解的方式解决许可争议，尤其是与世界知识产权组织（WIPO）中国仲裁中心建立

① 许可协议达成后，对于依赖实施人的专利实施以及销售情况作为计费基础的，如果由权利人监督获取上述信息，则要承担较高的监督成本，且很有可能会面临实施人的质疑，反之亦然；如果由第三方实施监督，则容易被双方接受，且一定程度上降低了交易监督成本。

② 在学理与实践中，对于许可费堆叠是否真实存在的问题仍存在一定争议。但无论如何，如果双方能够商定或者参照商业惯例确定堆叠上限，将有助于缓解实施人顾虑，合理照顾其利益诉求。

③ 此条主要系指明交易所为协助审批而出具相应交易证明文件的义务。

④ 欧盟委员会于2023年4月27日发布的《关于标准必要专利和修订（EU）2017/1001号条例的决定》提案第6章，也建立了SEP调解制度的“欧盟版本”，并规定了SEP调解期间的诉讼时效中断等事项。

纠纷化解对接机制，无缝衔接，开展调解工作[①]。

20.【拒绝仲裁或者调解触发“红线”警报】对于实施人拒绝接受许可报价，并在合理期间内无正当理由拒绝接受权利人的仲裁或者调解请求的，将触发“红线”警报[②]，即交易所认定实施人拒绝许可并关闭许可谈判通道。

21.【反垄断专家提前介入机制】对于实施人在谈判中的“垄断”[③]指控，由双方共同选定或者摇号确定的反垄断专家组提供初步咨询意见，以大体判断反垄断事由的真实性，避免双方因“垄断”问题而迟延谈判。

22.【设置“最终期限”】交易所可根据许可专利的数量、技术复杂性、涉反垄断等因素，设定不超过十个月的交易最终期限。因双方分歧致使交易在最终期限内未能完成的，经双方同意后由交易所组织调解。争议调解的期限，一般为自受理调解申请之日起三十日内。因当事各方未就调解达成一致意见的，调解终止[④]。

---

① 由于仲裁或者调解更尊重双方意思自治，具有灵活性、独立性更强，国际性突出，保密性更好等制度优势，通过仲裁或者调解方式解决双方谈判分歧符合高效、公平且自治的商业逻辑。

② 触发此类警报的，可能在后续司法程序中被视为恶意谈判方。

③ 对于谈判中实施人以“垄断”为由拒绝谈判的，由第三方专家提供初步意见。这样，一方面便于人民法院在后续司法程序中初步判断实施人垄断抗辩的真实性、合理性与合法性；另一方面，也为实施人评估是否继续坚持“垄断”主张提供了外部参考。如果初步咨询意见为“不足以证明存在垄断”，但实施人继续坚持垄断主张的，则难言其为善意谈判方。

④ 通过设立“最终期限”，避免双方许可谈判久拖不决，尤其是避免实施人可能通过拖延谈判实施反向劫持，从而损害权利人的合法权利。

下篇 费率计算

如何确定符合FRAND原则的许可费率，是当前制约标准必要专利许可顺利开展中的重要问题。为解决该问题，在纠纷中衍生出了算法搭建之问题。最初的SEP判决与传统知识产权判决中确定损害赔偿的逻辑较为近似，酌定色彩突出。例如，深圳市中级人民法院在华为公司与IDC公司案件中，认为“根据中国法律，双方在本案中提交的证据，综合考虑IDC公司标准必要专利数量、质量、价值，业内相关许可情况以及被告之中国标准必要专利在其全部标准必要专利中所占份额等因素，原审法院认为，IDC公司之中国标准必要专利对华为公司的许可费率以相关产品实际销售价格计算，以不超过0.019%为宜”[①]。这种酌定、定性法律适用路径，虽然存在司法成本较低的算法优势，但也存在过于粗疏、可能无形中偏向一方的适法问题。因此，改进算法、提高准确性在司法实践中已势在必行。

① 参见：深圳市中级人民法院（2011）深中法知民初字第857号民事判决书。

第八章
费率算法概述与欧盟新近发展

第一节　费率算法概述

根据广东省高级人民法院之意见，“当前确定许可使用费的方法主要是该条文所列的前两项方法，即第一项所列举的‘参照具有可比性的许可协议’（理论上一般称之为‘可比较许可协议法’）与第二项所列举的‘分析涉案标准必要专利的市场价值’（理论上一般称之为‘top down approach’，即‘由上至下法’）。至于本条第三项所列举的方法‘参照具有可比性专利池中的许可信息’（理论上一般称之为‘可比较专利池法’），虽然有学者以难以找到具有可比性的专利池为由指出该方法在实务中的效果存在争议，但是我们认为其仍然不失为确定使用费的路径之一……此外，在‘可比较许可协议法’‘由上至下法’‘可比较专利池法’均无法适用的时候，也可以根据案件的具体情况寻求其他方法，以确定标准必要专利的许可使用费”。从国内外司法实践来看，“可比协议法”“自上而下法”已成为广泛适用的算法，也成为本章重点分析的内容。

当然，本书所述的任何计算FRAND 费率的方法均存在其优点与缺点，并不存在“完美的方法”。何种方法得在具体案件中予以适用受到两个因素之限制。一是双方许可之实际情况。例如，如果许可双方缺乏可供比较的在先协议，则无法适用可比协议法。二是计算方法本身之优点与缺点。上述两种方法之优劣详见下文分析。总体而言，交叉验证成为确定FRAND费率的最佳思路。例如，法院或者仲裁机构可以先行适用可比协议法，而后适用自上而下法予以交叉验证。实际上，2023年3月16日，英国相关法院在第二起确定FRAND费率的案件（首个案件为无线星球公司诉华为公司案），即IDC公司与联想公司的诉讼中，正是适用该审判思路确定许可费的[①]。但正如2021年1月欧盟专家组所认为的，“无论使用什么计算方法，都应该认识到，计算方法不可能提供一个准确的数字作为结果。鉴于算法技术中使用的各种输入参数的数据差异，结果通常是一个范围，而不是一个确切的数字”[②]。

但总体而言，主流观点认为FRAND费率不应当纳入因标准化而产生的额外收益。2021年1月，欧盟专家组认为，“如果SEP权利人的补偿超过了专利技术给被许可产品带来的增量价值，则该要约就会超出FRAND的范围；如果一项许可要约未能对SEP权利人创造的经济价值进行补偿，则也可能超出FRAND范围”[③]。2023年3月7日，欧洲汽车供应商协会（European Association of Automotive Suppliers，CLEPA）发布的政策声明《标准必要专利政策指南》也表示，“任何为公司产品中使用或被侵权的 SEP 申请 FRAND 许可证的公司都有权获得 FRAND 许可证，前提是该许可条款必须与专利技术的经济价值以及公司产品中包含的所有其他技术的经济价值有明确的关联。这一价值需要主要集中在技术本身，原则上不应包括因决定将技术纳入标准而产生的任何因素。在确定 FRAND 价值时，需要考虑的是专利技术所增加的现值，而不应考虑与专利技术无关的产品的市场成功程

① 案号：HP-2019-000032。

② Group of Experts on Licensing and Valuation of Standard Essential Patents SEPs Expert Group [EB/OL].[2022-01-23]. https://ec.europa.eu/docsroom/documents/45217.

③ 参见：https://ec.europa.eu/docsroom/documents/45217。

度。FRAND 估值应避免特许权使用费叠加，各方需要考虑该标准的合理总费率，评估该技术的整体附加值，如技术与公司产品中所纳入之所有其他技术的结合”[①]。2023年4月，新西兰商业委员会发布的《关于将竞争法适用于知识产权的指导方针》也表示，“对FRAND条款的精确解释可能视情况不同而不同，但通常补偿是与实际的专利发明相联系的，并不包括从标准化中所获市场力量之价值”[②]。

当然，我们也应始终谨慎适用以算法确定FRAND费率的做法，应认识到任何算法的局限性，尤其是通过司法程序进行的算法定价。“从表面上看，通过司法裁决的方式直接确定许可费率似乎是终局性地解决谈判双方纠纷的捷径，但在标准必要专利领域全球诉讼频发的背景下，如果各国法院都直接通过司法裁决的方式确定许可费率（特别是全球费率），将不可避免地促使谈判双方未经充分谈判即轻率地选择有利于自己的法院以直接请求确定许可费率，而这将进一步导致标准必要专利全球诉讼数量的增加，并产生大量的冲突判决，从而使当事人无所适从”；“从中国法院的现有实践来看，法院裁定许可费率似乎并没有直接解决双方的纠纷。在华为公司诉康文森公司案的一审判决做出后，法院裁定的费率并没有被双方接受，该案进一步上诉到最高人民法院，并造成了禁诉令的颁发，进一步加剧了全球的司法冲突。实际上，该案仍然是以双方达成全球和解而结束的，最终一审判决并未得到实际履行。因此，从双方纠纷发展的实际情况来看，法

① 参见：https://clepa.eu/wp-content/uploads/2021/04/Standard-Essential-Patents-Position-Paper-vf.pdf。

② COMMERCE COMMISSION. Guidelines on the Application of Competition Law to Intellectual Property Rights [EB/OL]. [2023-04-06]. https://comcom.govt.nz/news-and-media/media-releases/2023/commerce-commission-publishes-guidelines-on-the-application-of-competition-law-to-intellectual-property-rights.

院直接裁定许可费率可能并不能终局性地解决双方的许可纠纷”[①]。正如欧盟委员会于2023年4月27日发布的《关于标准必要专利和修订（EU）2017/1001号条例的决定》提案所表示的，“没有一个放之四海而皆准的解决方案，不会强制要求统一算法”结合个案实际与算法逻辑方能确定最适合之算法。

第二节 欧盟费率算法的新近发展

欧盟委员会发布的《关于标准必要专利和修订（EU）2017/1001号条例的决定》提案内容复杂，且呈现较强的公权力干预特点。在该提案发布前，欧盟委员会举行了一系列网络研讨会[②]，并专门设立了SEP许可与估值专家组，以起草该提案的文本。为了吸收各方意见，欧盟委员会于2022年2月14日发布了《征求意见》，有效期至2022年5月9日。在征求意见期间，相关主体共提交了97份答复与49份立场文件。针对中小企业的经济关切，欧盟委员会还进行了专门面向初创企业和中小企业的意见征求。嗣后，各方意见仍在不断提出。为了应对此种情形，欧盟委员会于2022年11月25日重启意见征求程序，且不设置截止日期。截至2022年底，欧盟委员会共收到39份答复。

关于立法缘由，该提案表示：虽然荷兰、法国、德国等成员国法院处理过此类纠纷的个案，且一直在慎重审视本国诉讼中的FRAND相关问题；但这些案例显示，在涉及区域或全球的FRAND费率确定等方面，虽然有类似的方法，但并不一定有类似的判决结果。这种

① 齐晓寰. FRAND争议：费率考察与行为评价［J］. 知产财经，2022（1）：56.

② 参见：https://single-market-economy.ec.europa.eu/events/webinar-series-standard-essential-patents-2020-12-02_en。

适法结果使得欧盟成员国法院很难就SEP费率案件做出内在较为统一的FRAND费率裁决。究其原因，欧盟委员会认为，一是因为缺乏透明度；二是因为涉案问题的复杂性，如专利的必要性、可比协议之适用以及善意谈判之判定等。因此，欧盟委员会试图通过建立较为统一的SEP机制方式，以提升透明度、增强确定性，从而解决不同成员国间裁判尺度不统一等问题。

从现有提案内容来看，欧盟委员会试图建立一套SEP的强制注册机制，并在诉讼前设置前置性的调解程序。欧盟的该治理思路与美国、中国、日本、英国等标准必要专利大国的思路大相径庭，具有非常鲜明的政府干预色彩，并可能对专利权形成实质限制。为消除此类顾虑，欧盟委员会解释道，尽管提案包括了对在规定时限内未注册SEP的执行能力的限制，并设置了前置性的调解程序，但“根据《欧盟宪章》，只要尊重相称性原则，就得允许对知识产权之实施予以限制。根据在先的判例法，基本权利可以受到限制——只要这些限制符合欧盟追求的普遍利益目标，并且就其所追求的目标而言，不构成不相称与不可容忍之干预侵犯了所保障的权利本质之问题”。根据上述权利限制规定，欧盟委员会表示，“该提案符合公共利益，因为该提案为欧盟内的SEP权利人、实施人和终端用户的利益提供了统一、公开和可预测的信息和结果。该提案的目的是为SEP权利人和实施人的共同利益而传播技术。此外，有关对FRAND费率调解之规则设定时间限制，其目的在于改善和简化谈判程序，且最终没有拘束力”。

该提案发布当日，支持与反对该提案的各方即纷纷表态，使得该提案仍前途未卜、充满争议。由欧洲研究和开发密集型组织组成的欧洲知识产权联盟即持反对意见，其“对欧盟委员会在未就其详细提案进行全面公众咨询的情况下，提出了一项有害且不平衡的《标准必要专利决定》”表示遗憾。该联盟委员会主席罗恩斯利（Rawnsley）进一步表示，该提案将“创建不可预测和不平衡的系统，而这将进一步推迟许可谈判和许可费支付，并且这种情况可能会持续多年”；此举“无视欧盟在世界贸易组织《TRIPS协定》和《TBT协定》以及欧盟《基本权利宪章》中捍卫专利权的承诺”，并“将标准必要专利的管理权移交给欠缺专利或标准经验的机构”[①]。

与之相反，公平标准联盟则表示，“欢迎欧盟委员会承认标准必要专利许可中出现的问题，并赞赏欧盟委员会为寻求解决其中一些问题所做的努力”；“我们同意委员会的观点，即SEP许可制度应当更加可预测和透明”。多数实施人也持较为积极的立场。例如，大众汽车集团知识产权主管莱因霍尔德（Reinhold）表示，“我们赞赏欧盟委员会努力为SEP建立一个更透明、可预测的许可制度。由于在数字化方面的高额投资，平衡的SEP许可框架对汽车产业至关重要”。赛肯通信公司（Sequans Communications）首席执行官卡拉姆（Karam）补充说：“作为唯一一家开发物联网5G芯片的欧洲制造商，我们相信，拟议中的监管（提案）将有助于公平的竞争环境，有助于在创业中创造公平竞争。”公平手机公司（Fairphone）首席执行官古文斯（Gouwens）也表示：“作为一家小公司，我们过去一直在努力获得FRAND许可，并面临着来自专利主张实体的许多要求”；“我们希望拟议的法规将为FRAND许可证搭建一个更可信和更易访问的系统。公平手机公司期待与政策制定者合作，最终确保监管为SEP许可创造更加平衡、可预测和透明的许可环境”[②]。欧洲汽车制造商协会（The European Automobile Manufacturers' Association）亦表示“对欧盟

---

① 参见：https://ipeurope.org/press-release/ip-europe-regrets-european-commission-patents-proposal-calls-on-parliament-and-council-to-support-european-ip-leadership/。

② 参见：https://fair-standards.org/2023/04/27/fair-standards-alliance-reacts-to-european-commission-proposal-for-a-regulation-on-standard-essential-patents/。

委员会改革SEP许可监管框架的提案表示赞赏”，并认为“缺乏可预测的规则将诱发法律上的不确定性并抑制创新。通常，汽车制造商必须面对禁令和过多的许可使用费，以避免耗时过长且昂贵的诉讼，甚至停产”，为此“赞扬欧盟委员努力提高透明度，并建构促进更平衡的许可谈判机制”[①]。

总体来看，虽然该提案对理想状态下的SEP许可开展进行了相应的规则设计，但是此类强干预的治理思路实际上可能需要投入过于高昂的制度成本，不利于市场调节作用的发挥，因而其制度效果仍有待进一步观察[②]。

第三节　小　结

“可比较许可协议法”“由上至下法”“可比较专利池法”是当前人们较为关注的三种费率计算方法。当然，除此之外仍有其他的费率计算方法，但任何方法都具有其算法上的优势与劣势，并不存在绝对意义上的“完美算法”。因此，交叉验证的重要性就得以彰显。

2023年4月至8月，欧盟地区对于通过构建透明度、必要性等费率算法“基础设施”的制度建构引发诸多讨论。虽然此类行政干预的制度效果有待进一步观察，但毫无疑问，建设此类行政干预机制需要较高的制度成本。换言之，此举几乎相当于“另起炉灶”，建立专利权的标准“特供版”制度。现实中，其他国家或地区尚没有跟进、建立此类制度的立法举措。

---

① 参见：https://www.acea.auto/news/new-eu-sep-licensing-rules-less-litigation-more-investment/。

② 本书对于该提案内容之具体讨论散见于各个相关议题之中。

第九章
计费基数与非歧视性

第一节 计费基数

在计算FRAND费率时，虽然有不同的计算方法，但通常需要确定计算基数进而适用该基数予以计算。从现有司法实践来看，该基数大多基于整个终端产品、中间产品（如模块）或实施专利技术的最小可销售专利实施单位（SSPPU，也称“最小可销售专利实施单元”）的销售价值。根据该思路，FRAND费率可以设定为上述计费基数的相应百分比（从而得出单台使用费）或者单位定价。这也被称为“最小可实施单元”与“市场整体价值”[①]方法。在许可实践中，许可双方亦可采用混合式的费率条款，如百分比费率不得高于每单位的使用费上限（Cap），从而更加有利于平衡双方之实际权利义务关系。例如，英国相关法院2023年3月的判决披露，IDC公司向联想的报价如下：“5G：平均售价（ASP）的0.54%，其中ASP受200美元上限和60美元下限的限制；4G：0.45%的ASP，其中ASP受200美元上限和50美元下限的限制；3G：ASP的0.36%，其中ASP受100美元上限和40美元下限的限制。”[②]

SSPPU方法“是指在针对价值较高的多组件设备计算专利许可费

① 此处的“市场整体价格”，适用于出厂价、离岸价、净售价（net selling price，NSP）、平均售价（average selling price，ASP）、零售价等不同价格。

② 案号：HP-2019-000032。

率时，应当以其中使用相关专利且体积最小的零组件价格作为收费基础（也即起算点），而专利许可费率的计算即是在这一零组件价格基础上再乘以一定的比例，具体比例由零组件对应的利润率和涉案专利在其中的贡献度等因素决定"[①]。"美国有关法院在康奈尔大学诉惠普公司（Cornell v. Hewlett Packard）案的裁决阐述中首次使用了'最小可销售专利实施单元'这一术语……该案法院认为，为了减小预知的专利权人被过度补偿的风险，在计算损害赔偿金时，应采用与涉案侵权专利有更密切联系、更精确的计算基础。"[②]该方法的逻辑体现在"标准必要专利技术的市场价值已经完全体现在其给所对应的'最小可销售专利实施单位'（SSPPU）零组件所带来的利润中，因而只要计算出SSPPU零组件所对应的利润，便可得出这些技术的市场价值上限，进而可以在不同的标准必要专利之间进行分配"[③]。但这样并不能证明该方法的天然优越性。实际上，在美国之外的其他司法辖区，该方法的优先性亦受到相应的挑战。例如，在荷兰就有法院裁决明确指出，"最小可销售专利实施单元概念是存在争议的，且不能仅仅因为许可费率没有采用最小可销售专利实施单元作为计算基础，即认定该项许可要约不符合 FRAND 原则"[④]；印度德里法院2023年3月做出的判决也认为，"SSPPU法不能接受，以终端设备的价格计算专利费的

---

① 龙小宁. 标准必要专利定价方法的新进展（二）：SSPPU、成本比例法和消费者支付意愿估计法［J］. 知产财经，2022（2）.

② TSILIKAS H，胡盛涛. 最小可销售专利实施单元概念及其在FRAND判定中的局限性［J］. 中国发明与专利，2020（12）：15.

③ 龙小宁. 标准必要专利定价方法的新进展（二）：SSPPU、成本比例法和消费者支付意愿估计法［J］. 知产财经，2022（2）.

④ TSILIKAS H，胡盛涛. 最小可销售专利实施单元概念及其在FRAND判定中的局限性［J］. 中国发明与专利，2020（12）：16.

做法是非歧视性的"[①]。

同时，SSPPU方法由于所得费率偏低，导致对权利人补偿不足，因而遭到权利人的广泛批评。该方法在实际适用中面临如下问题：在技术层面上，如何判断"最小"存在技术争议？在划分过程中，割裂此技术单元与其他技术单元之间的技术联系是否降低SEP之技术价值？在经济层面上，"当终端产品属于复杂多元器件产品时，对消费者而言，各元器件之间互动所产生的价值远远超出任何单一元器件本身可能独立产生的价值"[②]；在法律层面上，该方法的优先性乃至强制性缺乏法律依据。虽然国家发改委曾在对高通公司（Qualcomm）的行政处罚决定书中认定，其"在坚持较高许可费率的同时，以超出当事人持有的无线标准必要专利覆盖范围的整机批发净售价作为计费基础，显失公平，导致专利许可费过高"。但该认定并未直接否定整机收费的合法性，而是否定了在较高许可费率时对被搭售非SEP之专利、按照"整机批发净售价"收费的合法性。因此，该处罚决定书亦不可理解为在确定SEP费率时仅能采用SSPPU方法。

实际上，就SSPPU方法与整体价值方法之具体取舍而言，"答案取决于手头案件的具体情况，而不能加以抽象地回答。例如，一项可以改善电池寿命的专利技术是通过调节移动设备屏幕进入睡眠模式的时间而实现的。现代智能手机和平板电脑中通常安装了接近传感器，可以知道设备何时靠近用户的身体（如当手机处于通话模式并靠近头部时），其他传感器则在手机被竖起来时被触发。这些传感器与设备处理器之间进行通信，或使屏幕变亮或变暗，或调整无线电传输功率，等等。对于这类技术，设备的任何一个部件都无法体现出其全部

① 案号：2023:DHC:2243-DB

② TSILIKAS H，胡盛涛. 最小可销售专利实施单元概念及其在FRAND判定中的局限性［J］. 中国发明与专利，2020（12）：18.

功能。该技术之于设备制造商的价值与对终端用户的价值是相称的，因为这决定了设备制造商可以提高多少终端用户设备的价格”[①]。

因此，当前主流看法认为，计费基数不应当因为“整体”或者“最小可销售单元”此类计费层级的不同而造成实际费率负担的较大差异。为此，2022年9月，中国汽车技术研究中心、中国信息通信研究院联合发布的《汽车标准必要专利许可指引》表示，“针对标准必要专利许可费计算基数，应以标准必要专利技术对汽车产品中起到实际贡献的产品单元作为许可费计算基数，同时应避免将与标准必要专利技术无关的其他产品单元纳入许可费计算基数。不论是以汽车产品中的零部件还是整车作为许可费计算基数，都应考虑标准必要专利技术对该汽车产品的实际价值贡献度；此外，无论许可层级如何，就同一汽车产品计算得到的标准必要专利许可费应大致相同，不应由于许可层级的不同而造成许可费的显著差异”[②]。

第二节　非歧视性

在欧盟地区，由于受到欧盟运作条约（TFEU）第102（c）条之约束，FRAND原则要求权利人应当以“类似情况、类似处理”的方式进行许可，以避免居于市场支配地位的企业假借SEP许可实施反竞争的歧视行为。但非歧视性并非意味着要求权利人必须向所有实施人提供绝对相同的许可条件，实际上这种做法涉嫌在缺乏法律依据的情况下，以反垄断之行政规制权凌驾于企业的经营自主权与专利权之

① FARRAR L，ANNE. The patent damages gap: an economist’s review of U.S statutory patent damages apportionment rules［J］. TEX.INTELL.PROP.L.J. 2018，31：42–46.

② 中国汽车技术研究中心，中国信通院. 汽车标准必要专利许可指引［EB/OL］.［2022-09-16］. https://www.samr.gov.cn/jzxts/zcyj/202209/t20220916_350090.html.

上。因此，从尊重专利权与企业经营自主权出发，SEP权利人有权给不同的实施人以不同的许可条款从而符合不同的市场实际。

2023年7月，国家市场监督管理总局发布的《关于标准必要专利领域的反垄断指南（征求意见稿）》列定了对歧视性的判定要件，即标准必要专利权人没有正当理由而对条件相同的标准实施方实行差别待遇，排除、限制竞争的，对其行为进行具体分析时可以考虑以下因素：①许可双方是否根据该指南第七条进行了善意的许可谈判？②标准实施方的条件是否相同？③涉及标准必要专利的许可条件是否相同？④存在差异性的标准必要专利许可内容是否因许可双方达成的其他许可条件而造成？⑤该差别待遇是否对标准实施方参与市场竞争产生了显著不利影响？

当然，对上述要件仍存在一些争议。例如，现实中很难有完全相同的实施方主体条件与许可条件，且由于各种实际因素的存在，并不能苛求最终达成的所有许可条件完全相同，因此"相同"要求的提出似过于严苛。又如，所谓的"差别待遇"，通常只有在涉及的标准必要专利较为类似或近似的前提下方可进行比较，且其差别应当达到"明显差异"的程度，才可以进行必要的反垄断审查，同时应当给予"正当理由"以豁免。再如，只要满足"正当理由"之要件，则该差别待遇当属正常市场行为，对实施方的经济影响亦属于正常市场活动之自然结果，因而不应将其纳入差别待遇之反垄断分析范畴。

对于类似的实施者，则应当结合终端产品的销售量、经营地理范围等因素来判定是否存在歧视性。但应当注意，上述歧视性判定属于事后之反垄断法的经济分析，其与可比协议中"可比性"之判断，系两个不同的法律问题。前者属于事后判断，后者则是缔约过程中之实体判断；前者解决是否"滥用市场支配地位"之竞争法问题，后者解决确定FRAND费率之合同条款问题，切不可相互混淆。

同时，对于向在先实施人给予的折扣是否也应当向在后类似实施人提供的问题，仍存在一定争议。但从经营自主权与专利权的角度来看，这种情况下应当避免过度的行政、司法干预，而由权利人自行确定。这类情况一般属于数量折扣，即超过一定单位的数量就享受优惠费率。这样，一方面可激励实施人选择实施SEP以通过增加销量来营利，另一方面权利人亦可通过实施人增加销量而收取更多许可费，从而实现双赢。例如，英国有关法院2023年3月之判决披露，IDC公司向联想公司的报价中折扣如下：“数量折扣：每卖出2 000万个单位，逐步适用10%的折扣，在一个日历年内销售超过1.4亿个单位，最高可获得70%的折扣。”[①]此外，此类折扣亦具有一次性固定折扣、年度使用费折扣、长期折扣、续约折扣等形式。例如，在上述IDC公司与联想公司案中，IDC公司实施了下列折扣：“期限折扣：如果实施人同意3年或更长时间的许可，将有资格获得期限折扣，折扣从3年的3%增加到10年的最高10%”，“续期折扣：这种折扣在5%到20%之间”，“固定费用折扣：如果实施人签订了一次性付款或固定费用许可，则有资格获得固定费用（FF）折扣”。但应当注意，只有此类折扣被权利人有选择地实施，且明显造成“排除限制竞争之后果”的时候，方可对其进行竞争法审查。否则，该类折扣行为将由专利法、公司法等法律予以调整。

在实操层面，要确定是否存在歧视性，则应当审查可比较的协议。但许可谈判过程中缺乏诸如司法程序中之保密程序，如何在确保歧视性审查顺利推进的同时保护在先合同缔约方之合法权益至关重要。2021年1月，欧盟专家组内部已经有观点提出，“建立一个现有SEP许可协议的保密库，可以由法院、竞争委员会、公共仲裁委员会

① 案号：HP–2019–000032。

或受信任的人使用”；同时亦有更加激进的协议观点表示，应要求权利人“最好对所有潜在的实施人使用公开的、标准的许可提议，公布被许可的专利清单或公开披露现有的实施人信息”[①]。但后一观点显然对权利人附加了现有法律框架中尚不存在的信息披露义务，同时可能对已有许可协议的实施人之信息安全与信息隐私造成负面影响，故而仍有进一步讨论的空间。

在具体判断是否存在歧视的方法上，前述欧盟专家组认为，“判断一个具体的许可要约是否符合SEP权利人的FRAND承诺，通常至少需要两个步骤：首先，如果实施人的主体情况类似，则将许可要约与SEP权利人签订的其他许可协议的许可条款和条件或要约进行比较。其次，在要约条款可能不同的情况下，分析这种差异之理由并评估其总体影响”。但应当注意，此类主体情况判断应当居于次要地位，而非主要地位。

对于条款的比对，应当坚持将具体条款的比较与协议整体的比较相结合。“必须基于许可协议的全部条款和条件，而不是通过比较协议中的某一孤立条款和另一协议中的对应条款。因此，在大多数情况下，评估一份许可协议或要约是否满足FRAND原则，是针对具体事实和情况的分析。SEP许可包括各种条款和条件，在达成协议之前，每个条款和条件都可能要经过大量的谈判。许可费率或其他形式的货币补偿只是许可协议的一个方面。从整体上看，最终协议包含的条款涉及各方的商业需求，以及各方为授予或获得许可权而愿意妥协的程度。这些条款中的每一条，如果单独进行比较，则可能对不同的被许可人有着不同的影响。但是，许可协议作为一个整体，不可能是歧视性的。当然，实践中的困难在于如何进行这种评估，以及要考虑哪些

① 参见：https://ec.europa.eu/docsroom/documents/45217。

因素。”[①]

应当注意，差异化定价，即向主体情况类似的被许可人收取不同的使用费，并不一定违反SEP权利人的FRAND承诺。除非此类差异化定价与其他条款相结合，并对实施人的竞争能力造成负面影响，抑或对整个市场秩序造成负面影响。“例如，如果非统一定价与许可协议的其他条款和条件一起，对被许可人的竞争能力产生不利影响，或者有可能对被许可人的竞争对手造成竞争损害，那么非统一定价可能被认为是违反了FRAND义务。至少有两个问题与这一判断有关：①条款和条件的差异是否影响了被许可人的竞争能力？②这些差异是否可以由不同的情况来证明？这两点是相互关联的，对于是否存在以及存在哪些对被许可人竞争能力影响较大的差别待遇等问题，需要有更多情况下的实质性差异来证明。”[②]

第三节 小 结

一直以来，对于到底是将整个终端产品、中间产品（如模块）作为计费基础，还是立足实施专利技术的最小可销售专利实施单位（SSPU）作为计费基数这一点，存在较大争议。甚至在实践中已经出现某种计费基数“绝对正确”、其他计费基数均存在歧视性的错误观点。

实际上，对此还是应当回归到案件事实本身，从技术特征、技术功能、技术贡献等各方面来判定适当的计费基数。同时，对于“非歧视性”，也应避免绝对化倾向。换言之，不一样的费率并非必然意味着歧视性。同时，应当关注反垄断法与专利法下“歧视性”内涵之制度差异，以避免将两者等量齐观，从而出现以反垄断法分析取代专利法分析、导致法律适用的错误。

---

① 参见：https://ec.europa.eu/docsroom/documents/45217。

② 参见：https://ec.europa.eu/docsroom/documents/45217。

第十章

“自上而下”算法分析及其批判

实践中，根据经济逻辑而发展出了“自上而下”的算法，但当前对该算法的法律分析稍显不足。通过分析，该算法存在以下六个方面的法律问题：逻辑前提“许可费堆叠”的争议较大、核心算法与“激励创新”的知识产权政策不兼容、利益逻辑主导下的计数标准分歧、行业累计费率审查过度依赖权利人的单方声明、地区强度指数容易“折上折”、“经济学家裁判事实”日益突出等。对此，本书建议合理限制该方法的司法适用，以避免单一使用该方法来计算SEP费率。

第一节 “自上而下”算法概述

当前，确定符合公平、合理、非歧视原则（FRAND原则）的许可费率是标准必要专利许可谈判中的关键议题。由于该议题关涉实施人支付多少许可费这一最为核心的利益分配，专利权人与实施人会耗费大量的交易成本就许可费率问题进行商谈。实践中，一些权利人与实施人就许可报价是否符合FRAND原则分歧严重，从而导致SEP许可谈判走入“死胡同”。为了破解许可僵局，一些权利人开始沿着传统的专利维权思路，起诉实施人构成专利侵权；一些实施人则主动寻求中立第三方，如法院、仲裁、调解[①]等机构介入专利许可，要求确定许可费率。这种互诉甚至造成了多起国际平行诉讼，并增加了解决双方许可争议的难度[②]。

为此，一些争议解决机构开始尝试使用经济学实证方法来确定SEP许可费率。2018年4月26日发布的《广高SEP指引》是我国法院较早出具的、尝试系统性建构并确定SEP费率的司法意见。《广高SEP指引》第十八条建立了确定SEP使用费的四种算法：参照具有可比性的许可协议，即“可比较许可协议法”；分析涉案标准必要专利的市场价值，即“自上而下法”；参照具有可比性专利池中的许可信息，即“可比较专利池法”；根据案件的具体情况使用“其他方法”以确定SEP许可使用费。其中，自上而下法和“可比较许可协议法在国内外多个SEP使用费纠纷中已被多次适用。从适用趋势来看，“自上而下的分析对法院更有吸引力，并且越来越多地被法院使用，因为它是一种实用的解决方案，可以因数学而变得简单并使人觉

① 欧盟委员会于2023年4月27日发布的《关于标准必要专利和修订（EU）2017/1001号条例的决定》提案中建立了强制调解程序，要求在发起司法诉讼之前，SEP许可的当事人应当经过强制性的调解程序。秉承客观立场的调解人将帮助许可双方达成彼此都能接受的许可条件，以防止专利劫持与反向劫持，“在调解过程结束时，如果双方未能达成许可协议，调解人将发布一份不具法律拘束力的报告，就FRAND费率提出独立建议（包括保密和非保密部分）”；并表示“起诉前的强制性调解可能将SEP争议解决成本降低到大约1/8，因为调解人将协助双方达成协议”；只有“承诺遵守FRAND裁定结果的一方，而另一方拒绝如此，方有权在FRAND调解之前向国家管辖法院提起诉讼”。但此类强制性调解程序的法律效果仍有待实践检验。

② 例如，自2021年6月28日起，诺基亚公司在英国、德国、印度、法国、西班牙、印度尼西亚、俄罗斯等全球多个司法辖区，就5G标准必要专利和非标准必要专利许可问题起诉欧珀公司（OPPO），并申请针对欧珀公司的5G终端产品颁发临时禁令。欧珀公司已在中国和欧洲分别对诺基亚公司发起多起专利侵权诉讼，涉及诺基亚公司的5G基站产品。TCL公司与爱立信公司之间也发生多起跨国平行诉讼。

得公平”[①]。

一般认为，“自上而下法需要先对特定标准相关的所有必要专利的总许可费进行确定，然后将这一总累积费率在不同的专利持有人之间进行合理分配。由于自上而下法先确定了全部标准必要专利权人能从一部终端设备中获得的最高收益，因此限定了各个专利权人只能在这个范围之内进行分配，从而使不同专利权人的许可费总和不会超过一个合理的上限。可见，该方法至少为FRAND费率提供了一个最高的限度，使用该累积费率事实上符合费率确定的公平原则，能够反映专利权人对自己的技术贡献以及产品许可价值的预计，且可以预防在相关标准被采纳后遭遇增加不公平费率的专利劫持行为”[②]。

但当前研究大多从计量经济学出发，将自上而下法作为解决计算SEP费率这一经济问题的实证方法，重视其经济面向与计量逻辑，却忽视了该问题的法律属性。自上而下法作为判定SEP费率的重要方法，其与“鉴定方法”存在相似之处。正所谓举轻以明重，如果人民法院对于待证事实的鉴定方法、原理都需要进行审查，那么对直接确定双方许可法律关系中费率这一核心权利义务的自上而下算法则更应当进行审查，并应着重对其进行合法性与正当性审查，以避免出现“经济学家判决费率”之极端情形。

第二节　研究前提：“许可费堆叠”理论的重大分歧

自上而下法是指为一个标准中包含的所有标准必要专利确定一个

---

① MALLINSON K. SEP sampling in top-down FRAND-rate setting［EB/OL］.［2022-03-11］. https://www.iplytics.com/wp-content/uploads/2021/11/MALLINSON-SEP-Sampling-in-top-down-FRAND.pdf.

② 参见：江苏省南京市中级人民法院（2018）苏01民初字第232、233、234号民事判决书。

公平合理的总使用费，然后基于特定专利权人持有的标准必要专利组合相对价值在所有标准必要专利总价值中所占的比例，向该专利权人分配许可费①。该方法的计算公式可以简化为：

许可费率=（许可人持有的未过期标准必要专利数量÷某一标准中标准必要专利总数）×行业累计费率

在其他一些案件中，法院还对许可费率乘以相应的地区强度指数。例如，在爱立信公司与TCL公司的专利纠纷中，美国加州中区法院认为爱立信公司的专利强度在美国最高，因此认为在计算美国之外地区的许可费时应当予以打折②。

自上而下法之起源，实则为解决“许可费堆叠”问题③。“专利许可使用费堆叠是指标准使用者为一个标准面向许多标准必要专利权人支付许可使用费，从而导致负担过重的现象。”④根据该理论，以智能手机作为终端产品的ICT产业的专利数量不断增加，而这些专利又被多个专利权人所享有，如果这些权利人单独向法院寻求侵权救济，但法院未能从产品的专利群整体上评估专利价值，而仅仅关注单个专利的损害救济时，很容易诱发许可费堆叠问题，从而使实施人支付不合理的高额许可费。在极端情况下，这些累加的许可费甚至可能超过实施人的整体利润⑤。美国联邦上诉法院2014年曾表示，“当一项标准涉及大量专利时，可能会出现专利叠加，即使不是数千，也可能是数

---

① IMT-2020（5G）推进组. 5G+产业标准必要专利发展趋势［EB/OL］.［2023-02-21］. http://www.ccsa.org.cn/detail/4051?title=5G%20.

② 但实践中亦有观点认为，地区强度指数自由裁量空间过大，并且将导致“折上折”，从而不合理地降低了权利人可以收取的合理费用。具体分析见后文。

③ 高山. 自上而下法的源起及关键要素［J］. 知产财经，2021（4）：35.

④ 北京市高级人民法院. 标准必要专利诉讼案件法律问题与对策探析”研究报告［EB/OL］.［2022-10-12］. https://www.ipeconomy.cn/index.php/index/news/magazine_details/id/1634.html.

⑤ 宋建宝. 标准必要专利的司法规制原则研究［N］. 人民法院报，2019-09-26（18）.

百。如果实施人被迫向所有标准必要专利权利人支付许可使用费，则这些使用费将‘叠加’在一起，合计起来可能会变得过高”[①]。为了平衡权利人与实施人的双方利益，行业累计费率一般会设定具体的数额标准，以确保所有SEP权利人所收取的总许可费用不超过终端产品的一定比例，从而既能持续激励创新，保障权利人的合法权益，又确保实施人成本可控，避免涸泽而渔，以推动下游产业的健康有序发展。

但关于许可费堆叠现象是否普遍、客观存在的问题，当前尚未形成共识，即使在经济学界也存在一定程度的不同认识。例如，从经济学经验证据来看，过往有观点认为，集成诸多专利的移动电话等智能设备上将出现许可费叠加。但从经济数据来看，相关实证研究的显示恰与许可费堆叠理论的预测相反，1994年至2013年期间，移动设备的非质量调整平均售价每年下降8.1%，平均销售的设备数量增长了62倍（或每年增长20.1%）；设备制造业的数量从1994年的1个增长到2003年的43个；自2001年以来，集中度持续下降，SEP权利人的平均毛利率保持不变[②]。但另一项经济学实证研究表明，许可费堆叠不仅确实存在，而且已经呈现“超堆叠问题”。例如，在MIMO（多输入多输出）的必要专利方面，已经有634项美国专利申请，同时美国专利商标局（USPTO）已授权了255项专利；在其中1起已生效裁判中，符号科技公司（Symbol Tech）仅就其中单一专利就获

---

① Ericsson Inc. v. D-Link Sys., 773 F.3d 1201，1209（Fed. Cir. 2014）.

② GALETOVIC A，GUPTA K. Royalty stacking and standard essential patents，theory and evidence from the world mobile wireless，industry［EB/OL］.［2022-07-17］. http://hooverip2.org/wp-content/uploads/ip2-wp15012-paper.pdf. 除此之外，格丁（Geradin et al，2008）也曾指出，“当出现评估标准内特许权使用费堆叠的情况时……发现证据支持充其量也很薄弱”。参见：GERADIN D，FARRAR L，ANNE，PADILLA A . The complements problem within standard setting：assessing the evidence on royalty stacking［J］. Boston University Journal of Science & Technology Law，2008，14（2）：144。

赔6%销售额的许可费率[①]。也有学者试图调和两者之间的矛盾，提出“确定某项专利技术之增量价值的一个相关因素必须是同一产品中包含的其他专利技术的数量……不太相关的是，被指控的侵权者随后是否向其他专利持有者支付了使用费，以及金额多少？”[②]

一些观点认为，专利费堆叠的“根源在于集成产品的相关专利数量过多，而要找到这些专利十分困难”；“如果一家公司的产品集成了数以万计的专利，如此庞大的专利数量将使公司难以识别相关专利，需要开展大量工作来证明或反证侵权行为，而与技术和标准相关的成本缺乏透明度将导致上述情况进一步恶化”[③]。基于上述分析，微软公司曾提出，“建议欧盟建立一个确定许可费总额的机制……例如，5G中SEP的集中程度令人生畏，超过10万项专利被声称为标准必要专利；同时，专利权人要求的专利许可费比判决要高得多；缺乏准确的许可费率信息，市场的新进入者无法可靠地确定自己的成本”[④]。但同时一些学者认为，在理论上，专利劫持和“许可费堆叠”理论最大的错误在于，将专利技术的研发、技术标准的制定及终端产品的制造行为视为三个独立的环节并割裂进行分析，认为只有这三个环节相互独立，SEP持有人才可能在制造商已经注入投资并开始生产时利用SEP挟持制造商，专利劫持和许可费堆叠理论也才能成立。但事实上，技术开发公司和制造商处于同时竞争和合作的关系，这种合作发

① MARK A L, CARL S. Patent holdup and royalty stacking [J]. Texas law review, 2007, 85 (7): 2028.

② CONTRERAS, J L. Standards, royalty stacking and collective action [J]. CPI antitrust chronicle, 2015 (2): 1–8.

③ OLIVER E, RICHARDSON K, F MALM H. Unpacking the royalty stack Intellectual Asset Management [EB/OL]. [2022–10–11]. https://www.iam–media.com/article/unpacking–the–royalty–stack.

④ 仲春. 欧盟SEP新框架意见征集结束，多方提交意见反馈 [J]. 知产财经，2022 (3): 25.

生在他们共同投票决定标准之标准决定会议（SDO）上。因此，这三个环节是不可分割的[①]。

随着研究的深入，许可费堆叠问题被认为可能会变得更加复杂，而并非之前所认为的“不证自明”的客观事实，亦非一种强假设。对此，一些经济学家开始深入研究“可费堆叠并认为其形成必须满足三个必要条件：①创新必须是累积的，使专利具有互补性；②终端产品必须有诸多专利；③这些专利权必须由数量较多的权利人持有。但即使满足上述三项条件，也只是满足了必要条件而非充分条件，交叉许可或者自愿参与专利池等其他市场机制亦会降低叠加的风险。因此，所谓的“许可费之堆叠更多是神话而非现实”[②]。亦有经济学家认为，对许可费堆叠背后过度补偿的担忧反而加剧了补偿不足的问题。实际上，许可费堆叠并没有导致许可费率超过最优费率，而是更有可能产生处于或低于最优费率的SEP许可费[③]。日本专利厅也认为，“对于许可费堆叠一事本身，亦有正反两方的意见，一方认为其为实际已发生之事，另一方则认为并无其实际发生的具体证据”。

鉴于许可费堆叠问题本身的复杂性与争议性，尤其是构成适用自上而下法的前置性问题，我国法院在使用该方法确定SEP费率时，不应依据2019年修正的《最高人民法院关于民事诉讼证据的若干规定》（以下简称《民诉证据规定》）第十条之规定，将许可费堆叠直接作为“众所周知”或者由法律推定的事实，从而免除当事人的举证

① GALETOVIC A，HABER S H. SEP royalties:what theory of value and distribution should courts apply?［J］. HooverI，2019.（1）：31.

② DAMIEN G，FARRAR L，ANNE，et al. Royalty stacking in high tech industries: separating myth from reality［EB/OL］.［2022-11-21］. https://ssrn.com/abstract=1132228.

③ ELHAUGE，EINER R. Do patent holdup and royalty stacking lead to systematically excessive royalties?［EB/OL］.［2023-03-21］. https://ssrn.com/abstract=1139133 or http://dx.doi.org/10.2139/ssrn.1139133.

责任；而是应当依据《民诉证据规定》第三十六条“鉴定所依据的原理、方法”之规定，对许可费堆叠事项的真实性进行审查。在爱立信公司与TCL公司专利纠纷的一审判决书[①]中，“许可费堆叠”是法院决定采取自行构建“自上而下”计算方式的主要理由，但法院并没有充足证据证明该案中存在许可费堆叠。随后当事人上诉，认为该院自行建构的“叠加理论”完全建立在揣测的基础之上，缺乏坚实的事实基础。提供证据证明许可费堆叠实际上是回归证据法的基本要求与诉讼规律，在其他SEP诉讼高发国家也出现过此类呼声[②]。

同时也应当看到，由于SEP数量众多，由单个当事人来证明整个标准项下存在许可费堆叠存在一定难度，且可能会不公平地增加其举证成本。因此，为了避免矫枉过正，合理平衡当事人的举证成本，有必要适度降低证明标准。只要主张适用自上而下法的当事人提供的证据达到了较高的证明标准，即疏明标准，即可认定其对许可费堆叠之主张初步成立，从而完成其证明责任。从现有研究来看，“（通过）自动化专利布局以帮助解决专利使用费堆叠问题”[③]，提供了未来可能的举证思路。

第三节 基本思路：均等化专利价值

由于自上而下法几乎总是基于固定专利使用费率或上限的概念，

---

① 案号：SACV14-341JVS。

② CONTRERAS J L. Standards, Royalty stacking and collective action［J］. CPI antitrust Chronicle, 2015（2）：3.

③ OLIVER E, RICHARDSON K. Hannes Forssberg Malm：unpacking the royalty stack intellectual asset management［EB/OL］.［2022-12-19］. https://www.iam-media.com/article/unpacking-the-royalty-stack.

以及基于专利数量而非专利价值确定许可费率[①]，因此几乎所有的研究都认可“自上而下法”的缺陷在于没有适当且正确地评估SEP的实际商业价值，而是“透过纯粹数字化的比例进行计算，错误地假设所有专利都具有同等价值”[②]。但这一缺陷是否仅为算法上可以忽视的技术瑕疵，抑或是违反法律原则的根本性问题？对这一问题的回答，直接影响了该方法的可适用性。

在华为公司与康文森公司案件[③]中，审理法院非常清楚自上而下法的均等化逻辑，进而表示“自上而下法的隐含逻辑是，平均看待每一个标准必要专利的价值，而这个逻辑在可比协议法中也是成立的，因为在大样本的情况下我们很难去量化每个专利对产品的贡献度或者价值。因此通过数量比，或者说在数量比的基础上进行调整的计算方法是完全可取且可行的”。显然，对于审理法院而言，均等化专利价值是在面对数量较多的SEP时的“权宜之计”，是可以接受的。但就技术实际、法律政策而言，该方法的基本算法逻辑可能与之并不相容。因此，均等化专利价值并非属于经济学方法上的“技术瑕疵”，而是法律视角下的“原则问题”。

首先，就实际技术而言，一般情况下，单个权利人之所有SEP的技术贡献并非以一种绝对均等的态势分布。因此，事实上，在绝大多数情况下，均等化专利价值的算法逻辑与技术实际并不一致[④]。例如，

---

① MALLINSON K，Critique of top-down rate setting in TCL v. Ericsson［R］. WiseHarbor，2018-04-30.

② 王亚岚. 5G技术的价值及价值分配［J］. 知产财经，2021（2）：58.

③ 参见：江苏省南京市中级人民法院（2018）苏01民初232、233、234号民事判决书。

④ 例如，有学者通过数据库中的被引证次数、同族数量、专利价值等信息筛选了全球钛合金激光增材制造技术专利，得出了钛合金激光增材制造技术重点专利，其中北京航空航天大学有1件专利入选。但实际上，该校有6件专利，可见其他5件为非重点专利，但5件专利之间是否存在技术贡献差异？该研究尚未提及。参见：鲍芳芳，宗骁，冯新，等. 基于专利数据的钛合金激光增材制造技术态势分析［J］. 中国新技术新产品，2022（1）：70-71.

英国有关法院就曾指出，“不同实体所持有的专利组合对某一代技术的成功实施的实际贡献必然存在差异，且这种差异在最‘有’价值和最‘无’价值的专利组合之间可能更加显著。因此，这种假设的结果是，对高价值的专利组合赋予较低的价值，而对标准成功实施的贡献可能更微不足道的专利组合赋予较高的价值”[①]。

其次，该算法逻辑也与我国当前“提升专利质量”的知识产权政策并不兼容。中共中央、国务院印发的《知识产权强国建设纲要（2021—2035年）》明确要求，“完善以企业为主体、市场为导向的高质量创造机制。以质量和价值为标准，改革完善知识产权考核评价机制”。《国务院关于新形势下加快知识产权强国建设的若干意见》也规定，“实施专利质量提升工程，培育一批核心专利”。过往我国存在“部分引导政策和考核评价工作重数量轻质量的倾向”[②]和“大而不强、多而不优”[③]等问题，现在则已经开始从单纯强调专利数量走向提升专利等科技成果质量，促进科技成果转化。但均等化专利价值仅着眼于专利数量维度的考量，忽视了对质量维度的实质评价，造成高质量、低质量专利的技术贡献被同等化赋值，这种好坏一个样、“大锅饭”式的价值评价方式不利于激励创新，显然与我国当前强调“提升专利质量”的知识产权政策相冲突。

最后，可能加剧“过度声明”情形之恶化。在实践中，专利权人向标准化组织做出了声明，声称此专利为标准必要专利，但由于标准化组织对此并不加以审查，一旦标准制定过程中出现标准内容的修改

---

① 案号：HP-2019-000032。

② 国家知识产权局. 国家知识产权局关于进一步提升专利申请质量的若干意见［EB/OL］.［2022-12-18］. https://www.cnipa.gov.cn/art/2013/12/18/art_564_146103.html.

③ 国家知识产权局.《关于提升高等学校专利质量促进转化运用的若干意见》10问10答［EB/OL］.［2023-02-13］. https://www.cnipa.gov.cn/art/2020/2/24/art_66_11459.html.

和/或专利审查过程中出现权利要求范围的改变，或者专利权人出于自身利益而进行了虚假披露，就会导致声明的授权专利本质上并不是标准必要专利，从而诱发过度声明[①]。当前，对于过度声明问题是否被夸大这一点仍存在争议。一些研究认为，实际谈判中，由于谈判各方“在进行技术讨论环节时，通常会使用权利要求对照表来确认标准必要专利组合的相关性和价值。因此，‘过度声明’并不会造成什么问题”[②]。但另一些研究也指出，由于一些标准化组织并不会对声明进行审查，因此会诱发权利人违规多声明专利，从而增加专利许可费的道德风险[③]。但整体上而言，主流看法还是认可“过度声明”的问题确实存在。如果均等化专利价值，则可能诱发部分企业在声明中“注水”以增加数量，将非必要专利、无效专利甚至垃圾专利也声明为SEP，从而加剧“过度声明”情形之恶化。

实际上，有一些研究已经意识到仅从“数量”维度出发确实难以很好地解决SEP费率计算问题。但鉴于该方法的计算成本较低、应用广泛等算法优势，故而提出了自上而下法的“修订版本”，主要有以下两种修订思路。

第一种思路是，定性地提出自上而下法也应当囊括“技术贡献”因素。《广高SEP指引》就沿着这一路径，认为除审查“数量占比”外，还要审查“贡献程度情况”。但该思路尚未获得共识。例如，在

① 王亮亮，王军雷. 标准必要专利披露与过度声明现象研究［J］. 汽车文摘，2020（6）：23.

② 王亚岚. 标准必要专利的过度声明现象是否会妨碍尖端标准化技术的获得与使用？［J］. 中国知识产权，2021（7）.

③ 中汽研（天津）汽车信息咨询有限公司. 标准必要专利（SEP）及汽车行业风险应对策略研究［EB/OL］.［2022-11-17］. http://zscq.scjgj.tjdl.gov.cn/upload/file/industrialAlliance/%E9%99%84%E4%BB%B62-%E6%B1%BD%E8%BD%A6%E8%A1%8C%E4%B8%9A%E9%A2%84%E8%AD%A6%E6%8A%A5%E5%91%8A1%E7%AE%80%E5%8C%96%E7%89%88.pdf.

前述华为公司与康文森公司案件中，南京市中级人民法院以“在大样本的情况下我们很难去量化每个专利对产品的贡献度或者价值”为由，仍坚持了数量占比为主的算法。在华为公司与三星公司案件[①]中，法院对华为公司使用了自上而下法，并由此认定华为公司在全球3G、4G中 SEP总量的相应比例，并乘以累计许可费率。其实正如南京市中级人民法院的裁判思路那样，计算“数量占比”是大样本下的“不得已而为之”，是为了节省事实查明成本，从宏观视角大体上测算SEP费率。引入“技术贡献”，则需要对个体专利进行研究，是从微观视角对单个专利的价值评价，这势必增加事实查明成本，从某种程度上消解了自上而下法的低成本优势。

第二种思路则相对复杂，“先依据某些专利特征对个体专利价值进行分类，之后再对每一类专利分别使用平均分配的自上而下法进行定价”[②]。这种修订方法更为精细，可能是今后自上而下法的发展趋势，但重点问题在于“分类依据为何”。对此有学者已经提出，可以根据权利人的类型协助评价专利价值，也就是将SEP权利人分为专利实施实体（practicing entities，PE）与非专利实施实体（non-practicing entities, NPE）[③]，然后根据专利的被引用次数、独立权利要求数、权利要求数和专利发明人个数等因素，得出NPE权利人的质量显著低于PE所持有的专利，但NPE却更多地参与诉讼之结论[④]。

在该分类中需要检讨的是，此类主体区分是否会对NPE造成算

① 参见：广东省深圳市中级人民法院（2016）粤03民初816号民事裁定书。

② 龙小宁. 标准必要专利定价方法的新进展（一）：自上而下法的理论依据与经验修正［J］. 知产财经，2021（2）：53.

③ NPE一般是指拥有专利的个人或者公司或机构，本身并不直接实施其拥有的专利技术来生产产品或提供服务，但进行专利运营。

④ 龙小宁. 标准必要专利定价方法的新进展（一）：自上而下法的理论依据与经验修正［J］. 知产财经，2021（2）：54.

法歧视？回归法律讨论可知，如果NPE所依据的都是合法有效的专利权，且起诉或禁令对象都包括实施人在当地公司涉嫌专利侵权产品的特定使用者，属于涉嫌专利侵权人的范围，目的是维护自身专利权，而非专以不正当损害其他经营者合法权益为目的，那么，不论是自我研发抑或受让其他权利人，均属于正当行使权利的范围。在真实维权的情况下，即使在维权时机等方面进行选择，我国法院大多时候仍将其视为行使权利的自由，认为仅以NPE身份不足以认定专利权人的行为具有不正当性[①]，尤其是我国法律法规当前并未将NPE运营模式本身界定为非法。此外，如果将中小企业与华为公司等科技大企业进行同类比较，一般情况下，亦可能得出两者之间的专利质量差异。因此，对于任何仅依据主体身份不同而做出的分类，均应对其进行非歧视审查，以免造成对其他主体的歧视性待遇。这不仅是我国民法典、反不正当竞争法、反垄断法等法律平等保护的本质要求，而且是FRAND非歧视性原则的应有之义。

第四节　利益逻辑主导下的专利“计数游戏”

多数法院所认可的确定某SEP权利人专利组合占比的计算方式为：

份额占比=许可人持有的未过期标准必要专利数量/某一标准中的标准必要专利总数

在此公式下，该份额占比越大，权利人可得使用费越多，对权利人越有利；反之，实施人所付许可费越少，则对实施人越有利。因此，作为自上而下法“核心组件”的单个专利权人SEP的占比公式

① 参见：最高人民法院（2015）民申字第191号民事裁定书、上海市高级人民法院（2005）沪高民三（知）终字第92号民事判决书。

演变成了“数字游戏”。权利人竭力证明分子（自身持有的未过期SEP数量）大，而分母（某一标准中的标准必要专利总数）小；实施人则相反，努力证明分子小、分母大。受到该利益逻辑的主导性影响，许可双方的计数标准分歧明显。

虽然有观点认为，自上而下“测算方法的分子、分母采取了不同细致程度的工作，都是在各自场景下最优化的做法。因为分母数量巨大，没有办法按照分子的需求程度一件件地分析；而分子因为规模的有限性，因此可以进行有效性的分析，这也是对事实的尊重”①，但这恰恰诱发了“计数游戏”，从而模糊化了事实，而非查明事实。

考虑到前述“过度声明”的问题，法院在判断某一标准所包含的SEP数量时，必须分析有多少个专利实际上对该标准是必要的，这就进入了“必要性”审查环节。在判定分母（某一标准中的标准必要专利总数）的数量时，许可双方的分歧往往较大，“由于数据采集范围、评估方式的不同，会造成评估的结果不同”②。在前述华为公司与康文森公司案件中，华为公司“在庭审中认为标准必要专利的总数不是一个完全固定且精确的值，这主要体现在不断有新的标准必要专利加入、老的标准必要专利过期以及统计结果自身的误差性上”。但除这一客观原因外，双方有策略性地选择计数方法对数值的影响更为巨大。

在TCL公司与爱立信公司在美国加州的诉讼中，TCL公司所聘请的专家团队Concur IP公司审查了数以千计的专利族，但每个专利平均仅耗时几十分钟。显然，从常理而言，在几十分钟内无法有效审查单一专利。因此，如果以极短的时间审查某一专利的必要性，则分母计算部分显然存在很大的不可靠性。事实上，在商业实践中，确定一

① 参见：南京市中级人民法院（2018）苏01民初字232号、233号、234号民事判决书。

② 毕春丽. 标准专利许可费“Top Down”和可比许可协议方法的比较［J］. 知产财经，2021（2）：54.

个专利的权利要求可能需要耗费数日。与上述评估方式不同，在无线星球公司诉华为公司案件中，英国审理法院认定少于30分钟的专利审查将会被认定为基于“明显原因”而进行证据排除，而该案是由同一专家团队（Concur IP公司）以及同一位专家对近乎同一事项进行研究的。在该案中，Concur IP 公司在每个专利家族平均耗时5至6个小时，该英国法院比较后最终发现了更低的专利总数。对此一些庭审专家也表示“这一点也不令人惊讶，如果进行更为深入的研究会发现，实际标准必要专利的数量远比Concur IP公司所得出的要少”。除了审查时间过短问题，爱立信公司认为TCL公司计数方法的漏洞在于其没有结合专利说明书查验专利的必要性，认为TCL公司“忽略了说明书记载的放弃专利权的免责声明或其他文件。另外，当权利要求中包含‘方法+功能’（means-plus-function）技术特征的时候，TCL公司没有根据说明书中记载的相应结构、材料及其等同替代物来判断专利的必要性”[①]。

在无线星球公司诉华为公司案中，华为公司认定4G的真实SEP总数为1 812族，而无线星球公司认为是355族，相差悬殊，双方之认定多少带有“利益逻辑决定具体数值”的色彩。为此，该英国法院的主审法官将华为公司的数值缩减了一半，同时把无线星球公司数值扩大了两倍，然后取中间值，即认定800族是较为合适的数值。2022年11月，专注于诉讼、监管、金融和管理咨询的全球性咨询公司Charles River Associates（CRA）在对5G专利（分母）进行检索时，发现已有数据差异较大。在分析其原因时，该公司表示，“从我们审查的研究中所采用的方法可以看出，这种判断是复杂的，涉及相当多的判断，因此，即使是高度熟练的技术专家也会就某一特定专利得出

① 郭禾，吕凌锐. 确定标准必要专利许可费率的Top-down方法研究：以TCL案为例［J］. 知识产权，2019（2）：63.

不同的结论。此外，这些研究中突出地提到了其专利审查员的技术专长，以及专家们审查每项专利所花费的时间，这反映出确定本质性是具有挑战性的，不可避免地需要一些判断。例如，在2021年11月和2月的IPlytics（德国的一家专利数据库公司）报告中，1名技术专家和1名法律专家分别审查了每项专利。技术专家平均花了6个小时将专利与5G标准中的规格进行映射，而法律专家平均花了3个小时进行这一映射工作。当技术专家和法律专家出现分歧时，他们会进行商议以得出明确的结论。在CDH[①]的研究中，至少有两名审查员每人平均花费7个小时来审查每项专利。如果他们对某项专利是否为必要专利存在分歧，则由第三位专家审查该专利”[②]。但即使采取上述相对严谨的计数方法与步骤，两者的结果仍存在较大分歧。

为了杜绝权利人与实施人采用利益导向的“机会主义”计数方式，法院开始有意平衡两者的计数基础。2020年10月，德国慕尼黑地区法院在康文森公司诉戴姆勒公司案[③]中明确指出，“将所有向欧洲电信标准协会做出声明其为标准必要专利的专利总数以此，作为确定康文森公司所持有的与LTE[④]相关的标准必要专利所占份额的基础，这种做法并不符合FRAND原则。考虑到并非所有被声明为标准必要专利的专利实际上都确实属于标准必要专利（即‘过度声明’），使用被声明的专利总数作为计算基础将有利于戴姆勒公司；如果采用的是

---

① CDH是指由三位学者发表的《移动蜂窝5G必要率调查》（*Survey of Mobile Cellular 5G Essentiality Rate*）一文（Cooper, Dwyer and Haimovich，2021），见于当年3月的《许可管理人员协会杂志》（*Les Nouvelles-Journal of the Licensing Executives Society*）。

② HAYES J，ZIMRING A. A critical review of 5G SEP studies［EB/OL］.［2022-11-08］. https://www.crai.com/insights-events/publications/a-critical-review-of-5g-sep-studies.

③ 案号：21 O 11384/19。

④ TE是“Long-Term Evolution”的缩写,这是一种无线通信技术标准,应用于移动通信网络中的数据传输。

真正属于LTE标准必要专利的（较低）专利数量作为计算的基础，则康文森公司所持有的标准专利数量就其本身而言会变得更多”[①]。

有一些观点认为，对于此类必要性的审查应当予以简化，以避免此类审查走向实质性而造成昂贵的成本，但对此尚未形成普遍共识。例如，2022年5月，诺基亚公司曾提出“建议SEP必要性评估的‘decision-only’model：该评估系统由专利权人自行选择公开的SEP，并提交权利要求表进行评估，此种方式最适合来自外部的重要性审查。评估员基于可靠的标准进行评估，并发布一个该专利是否为标准的简单结论。整个过程没有第三方干预，无上诉机会，这将限制成本并使得该模式更可行”[②]。

另一些观点案则倾向于独立第三方之审查[③]。2023年4月披露的《欧洲议会和理事会的条例：关于标准必要专利（与欧洲经济区有关的文本）（草案）》中认为，“应该由独立评估人员随机进行必要性检查。标准将由委员会确定。同一专利族中只有1个SEP应被检查是否具有必要性。这些必要性检查应根据委员会制定的方法从SEP组合中抽样进行，以确保抽样产生统计学上的有效结果。抽样必要性检查的结果应确定每个SEP所有者注册的SEP中的真实SEP的比例”；或者“SEP所有者也可以指定最多100个注册的SEP进行本质性检查。这将允许SEP所有人对其在许可谈判中使用的或由专利池评估的

① 该案秉承德国法院在确定SEP费率上的谨慎态度，并未计算费率的具体数值，而是仅进行了概括性的分析，并据此认定戴姆勒公司所提出的许可费明显过低。

② 仲春.欧盟SEP新框架意见征集结束，多方提交意见反馈［J］.知产财经，2022（3）：26.

③ 第三方审查的成本可能也相对昂贵。欧盟委员会于2023年4月27日发布《关于标准必要专利和修订（EU）2017/1001号条例的决定》的提案，该提案中的《欧盟SEP影响评估》表示，“对于几乎所有的标准，都需要专家的第三方分析，以此获得对真实SEP数量的合理可靠的估计。实施人评估单个专利重要性的成本可能很大。根据评估的严谨性不同，每个SEP的平均成本从355欧元到7 860欧元不等”。

SEP的本质性适用欧盟本质性检查机制。如果预选的SEP被确认为是必要的，那么SEP所有人可以在谈判中使用这一信息，并在法庭上作为证据，从而不损害专利权人的权利”。在2023年4月27日公布的正式提案文本《关于标准必要专利和修订（EU）2017/1001号条例的决定》中，欧盟委员会表示，根据该提案设立的SEP中心，“将在登记册和数据库中公布必要性检查的结果，不论是正面或是负面”，但“必要性检查的结果将不具有法律约束力”，“任何与必要有关的后续争议都必须在受诉法院解决”；“成员国受诉法院在该必要性结果公布后的6个月内对已注册的SEP的必要性做出最终决定”。这种制度设计实际上使得上述必要性结果仍可能被对方当事人所挑战，即法院仍可能被说服接受该结果或径直参照该结果。但考虑到建立SEP登记册、实施必要性检查的巨大的制度成本，其制度成果之实际效果相对偏弱，且可能仍需要法院二次查明，从而令“成本-收益”的结构有所失衡。

同时，在确定分子（自身持有的未过期SEP数量）时，亦存在与分母相类似的算法分歧。例如，在TCL公司与爱立信案件中，诉讼当事人同意爱立信公司拥有12个2G专利家族，但对爱立信公司拥有的3G及4G专利数量存在较大分歧，其中TCL公司同意爱立信公司拥有19.65个3G专利家族、69.88个4G专利家族；爱立信公司则主张自己拥有24.65个3G专利家族、111.51个4G专利家族[①]。

第五节　行业累计费率过于偏重在先声明

某一标准的行业累计费率，“可以理解为，一部通信设备所能承载的该标准相关技术专利的最大价值占该通信设备价格的比例。在新

① CONTRERAS, J L. TCL v. Ericsson: the first major u.s. top-down frand royalty decision (December 27, 2017) [EB/OL]. [2022-11-27]. https://ssrn.com/abstract=3100976.

的通信标准推出之前，主要相关技术企业会对其在未来标准必要专利上所能收取之许可费率的上限做出承诺”①。由于多数权利人实际收取许可费率保密这一信息不对称问题，故而法院在实践中多采用权利人的单方声明以确定行业累计费率。《广高SEP指引》也明确“全部相关标准必要专利的许可使用费的确定，可以参考相关产业参与者声明的累计许可费情况”。

例如，在华为公司与康文森公司案件中，南京中院认为，“在新的通信标准推出之前，主要相关技术企业会对其在未来标准必要专利上所能收取之许可费率的上限做出承诺。这些行业声明所宣布的行业累计费率通常会被作为测算专利许可费的基础”，“业界对于LTE的总标准必要专利许可费负担应为‘个位数百分比’有共识，且行业中其他重要的技术标准贡献者和标准必要专利持有者还对该数值提出了具体的建议，如爱立信公司提议6%至8%，苹果公司与诺基亚公司也在公开渠道认可了这一数值。该数值既符合行业的认知，也在不同国家和地区为司法裁判所确认”。

在TCL公司与爱立信公司案中，美国加州中区法院采取了类似的做法，该法院将SEP权利人的公开声明或者新闻报道作为确定行业累计费率的依据，“至少从2002年开始，爱立信公司就致力于许可费用总额上限的计算。在多次与产业内其他公司发表的联合声明中，爱立信公司向市场传递了以下信息：行业的领头羊都科莫、爱立信、诺基亚和西门子公司目前已达成关于许可协议的共同谅解协议，即W-CDMA标准的必要专利许可费必须按照每家公司拥有的必要专利的数量占比进行收取。此举给所有W-CDMA技术的专利权人制定公平合理的许可费率提供了一个基准值。全球大约110家运营商选择的

① 参见：南京市中级人民法院（2018）苏01民初字第232、233、234号民事判决书。

W-CDMA标准的绝大多数知识产权目前都由这些公司共同持有。这使得W-CDMA的累计许可费率达到一个较小的个位数水平”。

当然，上述方法虽然具有查明成本较低的优势，但从法律角度来看，对于该声明的法律效力可能缺乏更进一步的实质审查。

首先，从概念溯源来看，“累计费率”之概念的产生实际上源于3G、4G标准形成的早期，主要由几家SEP标准相关的高新技术公司所作公开声明的未来预期。例如，爱立信公司曾在2008年的新闻声明中表示，对于LTE的所有SEP而言，合理最高累计许可费率水平应为6%~8%。随后，华为公司在2009年的新闻声明中表示，华为公司“预计并统一销售价格的较低的个位数百分比作为可适用于终端用户设备的合理最高累计许可费率”。根据上述类似声明之陈述，该“累计费率”仅适用于行业内SEP权利人的许可费率累计不超过终端设备销售价格的一定比例。换言之，该比例适用于全球范围，并未区分不同国家或地区，故其内涵应当仅指向行业累计费率。

其次，将个别SEP权利人声明“固定”为行业累计费的做法率存在竞争法上的合法性质疑。对于声明是否属于“当事人承诺”，尤其是在权利人明确反对将该声明作为行业累计费率的唯一或者重要依据时，其显然并不属于权利人承诺进而以“自认”方式而认定的在案事实。但如果将该声明内容推定为行业累计费率，将个别权利人的限价意见“固定”为行业整体性限价，尤其当声明权利人明确表达反对该推定，且未经其他权利人的明示同意以及以其他专业方式予以查明时，该声明是否与我国价格法关于市场调节定价、反垄断法关于固定价格等相关规定相一致？对于这一点仍有讨论的空间。同时，考虑到《民诉证据规定》第十条之规定，“已为人民法院发生法律效力的裁判所确认的基本事实”，当事人无须举证证明，一旦“累计费率”被确认，作为前案的基本事实，行业累计费率的“固定”效应就会根据《民诉证据规定》第十条之规定传导到后案，并在一定时期内形成“强权威”的累计费率数额标准，从而极大增加了变更该费率的举证成本，固定费率效应将更加明显。

再次，该方法未能深入该声明内部，查明其声明的内容与计算累计费率之间的逻辑关系。这种直接将权利人声明作为累计费率的方法被认为存在诸多分析缺陷。例如，SEP权利人声明“往往只针对最新专利技术的许可费率，而手机产品通常涵盖前几代技术，因此声明的整体费率会比产品实际体现的偏低”[①]。也就是说，该方法混淆了累计单模费率与多模费率之间的区别。又如，由于一些民事主体既是SEP权利人又是实施人，存在交叉许可的情形，即类似“以物易物”的方式相互许可对方使用自己的SEP，而这部分交易可能未被纳入公开的累计费率计算，可能由此造成公开的行业累计费率偏低。此外，一些确定累计费率的方法较为简单、粗疏。例如，在缺乏数据支持的情况下，主张直接参照适用前一代际的计数标准，“从技术层面来讲，5G技术是4G的拓展，并且是对传统产业进行数字化和智能化改造的关键，是大数据、物联网和人工智能等新一代信息技术高质量发展的技术基础与前提。因此，就整体而言，5G技术SEP许可费率基础应与4G的行业累计费率（6%~8%）大致相同或略高”[②]。

最后，该方法未能经过中立第三方类似鉴定程序的审查[③]。我国民事诉讼法第七十九条规定，“当事人可以就查明事实的专门性问题向人民法院申请鉴定”。然而对于累计费率，当前并无此类鉴定机构，

---

① 仲春，陈梦豪. 自上而下法和可比协议法的比较分析［J］. 知产财经，2021（2）：42.

② 姚兵兵. 论标准必要专利许可谈判良性生态系统改进和完善［J］. 知产财经，2022（3）：44.

③ PICHT P G. FRAND determination in TCL v. Ericsson and Unwired Planet v. Huawei: Same Same But Different?［EB/OL］.［2022-11-13］. http://hdl.handle.net/21.11116/0000-0001-94B0-0.

因而出现权利人方面专家不认可此方法、实施人方面专家却坚持此方法的适法困局。可见，单方依赖权利人公开声明的做法可能过于粗疏。为此，人民法院必要时应当参照技术调查官制度，邀请相关经济专家参与庭审，作为陪审员或者技术调查官以解决该法律难题。实际上，欧盟委员会也于2020年提出，"应该仔细考虑建立第三方必要性检查能够在多大程度上为SEP许可带来好处，以及是否有可能通过其他方式实现委员会最终之合理而善意的目标"[①]。

第六节 地区强度指数易被误用

地区强度指数作为变量有其相对合理性。一般认为，根据专利保护程度的差异性，较强保护水平国家的许可费率应当高于专利保护水平较弱国家的许可费率[②]。但亦有观点提出不同意见：鉴于所有SEP权利人的专利组合都会在一些国家弱于其他国家，在此情况下是否有必要在个案中继续引入地区强度指数？如果引入该指数，是否可能导致SEP的许可费"折上折"，从而对专利权人的合法权益产生实质性的减损？

但地区强度指数理论已经在司法实践中获得应用。在TCL公司与爱立信公司案中，美国加州中区法院首次应用了该理论，其认为爱立信公司的专利强度在美国最高，因此在美国以外地区的FRAND许可费率应该与美国费率有所差异，因为不考虑各国专利强度差异现实的全球费率，将使得SEP权利人在许多缺乏专利保护或专利强度较低的国家反而获得与专利强度较高的国家相同的许可费率。为此，该

① 欧盟委员会公布有关标准必要专利的计划［EB/OL］.［2022-12-31］. http://chinawto.mofcom.gov.cn/article/ap/o/202012/20201203027928.shtml.

② RICHARD VARY. Dissecting TCL v. Ericsson-issecting TCL v Er［EB/OL］.［2023-01-17］. https://www.twobirds.com/en/insights/2019/global/dissecting-tcl-v-ericsson-what-went-wrong.

院将许可区域分成三个地区，即美国、欧洲及世界其他地区，并且规定非美国地区适用相对应标准的折扣，例如，法院认为爱立信公司在2G领域中世界其他地区的SEP价值是美国地区价值的54.9%。

结合“地区强度指数”的上述理论逻辑，其适用应当注意以下约束性条件。

首先，“地区强度指数”仅适用于计算全球费率，而非单一国家费率。在计算特定国家费率时，如果引入“地区强度指数”，实际上违反了前述地区强度指数的适用逻辑，即根据专利保护强度不同，在不同国家差异化地安排费率；而是将差异化费率安排降低至一国国内的不同区域，从而形成同一专利池在同一国家的不同区域中存在不同费率的现象，在缺乏约定或者法定理由的情况下，这违反了我国民法典第一百十一三条关于财产权利受法律平等保护之规定。因此，在计算特定国家费率时，如果适用“地区强度指数”再次对该国费率进行打折，将导致“折上折”，从而不正当地降低权利人可以收取的合理费用。一旦采纳该计算方法，将导致该国SEP的整体许可费低于合理水平，从而严重贬损相关专利的价值，并可能对未来逐渐转型为专利权人的中国企业产生负面影响。

其次，法院应对地区分类的合法性、合理性进行审查。当前并未形成统一的地区分类方法。例如，在前述TCL公司与爱立信公司案件中，美国加州中区法院将许可区域区分为美国、欧洲及世界其他地区三类；而在无线星球公司诉华为公司案件中，英国审理法院则将其区分为主要市场与中国市场。当然，对是否有必要建立统一的地区分类体系这一点仍有讨论空间，在个案中应结合权利人专利布局及专利实力、实施人市场布局、双方当事人住所地、国别营收规模、谈判历史等多种因素予以综合判断；但法院应当对这种分类的原理、方法、逻辑的合法性与合理性进行审查，以避免区域划分实质性影响当事人的合法权益。

再次，对各地区之间比例赋值的方法、原理亦应当进行审查。在TCL公司与爱立信公司案中，审理法院将世界各地划分为3个强度系数，并以美国的专利实力作为全球保护强度的上限。由于TCL公司的制造基地主要设在中国，故以中国的专利实力作为全球保护比率的下限，从而得出美国的专利强度系数为1，欧洲为0.722，其他地区为0.549。但上述赋值可能存在诱发补偿不足的问题。如果专利强度最高的地区仅能赋值为1，那么根据前述乘积算法，这就意味着权利人在专利组合最强地区仅能免于权益克减，而不能因强度高而对其赋值有所加分，这显然不利于激励创新。同时，爱立信公司的总部所在地——欧洲，也将因为赋值小于1，而在适用乘法之后使权利人在欧洲的实际权益被变相克减，由此引发补偿不足的法律风险。

复次，“研究能够被重复，以检验其有效性”[①]。从科学方法论的角度，如果要引入“地区强度指数”来测算全球费率，则应当采用统一的尺度和量化方法，以保障该方法的稳定性、客观性与可重复性，不能因为经济学家主观判断过多而影响不同区域专利的价值评估。从法律原则来看，“相同情况相同处理、类似情况类似处理”的平等原则以及FRAND原则也要求公平适用“地区强度指数”，合理控制法官的自由裁量空间。

最后，避免以地区强度指数理论直接推定单一全球许可费率缺乏合理性。在商业实践中，鉴于单个国家或者地区许可逐个商谈可能极大地增加交易成本，从而造成SEP许可的困难，因此，一些许可协议中常常会确定相关专利池的单一全球许可费率，或者按照技术类型的不同而采用统一的全球许可费率。有观点认为，“如果简单地采用

---

① 赫文，多纳．社会科学研究：从思维开始［M］．李涤非，潘磊，译．10版．重庆：重庆大学出版社，2013：28.

全球专利费率，那么标准必要专利权人会从许多地区中收取到超额的许可费，而专利权人可能并未在这些地区进行专利布局”[①]。这种说法可能是对SEP许可谈判实践有所误解。在谈判实践中，一般情况下，如果实施人就特定国家或者地区要求较低费率，则其他地区的费率可能会有所上浮，但即使如此，权利人也无法对无专利布局的地区收费，从而使单一全球费率保持相对稳定。可见，地区强度指数理论基于不同地区适用不同费率的主张，是单一全球许可费率的“升级版本”或“细化版本”，但考虑到单一全球费率具有节约交易成本、应用广泛等方法优势，不应以地区强度指数理论直接推定单一全球许可费率缺乏合理性。当然，在此过程中，对于缔结单一全球费率过程中搭售、强制交易等违反公平竞争之规定的情节，已超出自上而下法本身讨论的范畴，属于竞争法之调整范畴[②]。

第七节　过度依赖经济学家意见

为了弥补当事人在SEP费率如何计算这一专门性问题上之诉讼能力的不足，帮助当事人在诉讼过程中针对案件审理时涉及的专业问题提出意见，经济学家大量使用了经济学的概念术语、研究范式、分析路径等，尤其是通过模型构建等计量经济学方法，以证明并主张本方SEP费率计算的科学性与严谨性，同时指摘对方计算方式之谬误。这种复杂量化、跨学科的事实查明方式，客观上给法庭场域中以法学知识为主导、习惯于传统证据类型的诉讼参与人搭建起了“迷之幕

① 胡凌，李慧. 浅议确定标准必要专利许可费率的自上而下法［EB/OL］.［2022-07-11］. http://www.nipso.cn/onews.asp?id=47372.

② 王立达，郑卉晴. 智慧财产权人扩张权利金收取标的之研究：以美国竞争规范之区别处理为中心［J］. 公平交易季刊，2011，19（3）：33-80.

帐”，也或多或少引起了“经济学内战”，反观法律人却在该问题上整体处于“失语”状态。

例如，在华为公司与康文森公司案中，南京市中级人民法院认定“龚炯报告通过价格特征模型的测算，得出3G 手机在中国市场的价值占比是 12.52%，3G 在国际主要发达国家手机市场的价值占比是 28.82%。2013—2017年，利用国际公认的3G 行业累计费率5%进行折算，可得出中国市场上 3G 手机的行业累计费率为2.17%……综上，本院采纳原告证据龚炯报告”，进而按照该报告计算出“中国 4G/3G/2G 行业累计费率为：中国 4G 标准行业累计费率区间为3.93%~5.24%”。又如，在TCL公司与爱立信公司案中，TCL公司专家确定其注册地在美国的SEP族中，2G SEP为413个、3G SEP为1 076个、4G SEP为1 673个[①]，美国加州中区法院最终考虑到Concur IP公司没有审阅历史文件记录，导致将一些非SEP纳入SEP，因此对总数进行了调整，但总体认为TCL公司计算的总数调整是合适的，最终认定2G SEP总族数为365个、3G为953个，4G为1 481个。显然，不论在算法搭建还是数据获取方面，法院都有赖于经济学家意见，甚至直接认可部分专家意见的可靠性，进而以此计算双方之间的SEP费率。

但回归法律后来看，上述专家意见的可靠性可能被过度放大了，在对其进行法律审查的过程中要避免“以科学性为名”使当事人获得不当利益。

第一，要厘清经济学家意见的法律属性与“当事人立场”的本质。《最高人民法院关于适用〈中华人民共和国民事诉讼法〉的解释》（以下简称《民诉法解释》）第一百二十二条第二款规定，具有专门

① CONTRERAS J L. TCL v. Ericsson: the first major u.s. top-down frand royalty decision (December 27, 2017) [EB/OL]. [2022-11-25]. https://ssrn.com/abstract=3100976.

知识的人在法庭上就专业问题提出的意见，视为当事人的陈述。因此，在SEP使用费纠纷中，经济学家都受聘于一方当事人作为诉讼辅助人参与诉讼，其居于当事人立场发表意见。这是经济学家意见的本质，也是理解和适用意见的立足点。

第二，由于缺乏鉴定机构等中立第三方的验证，诱发经济学家意见的“当事人立场”显得更加突出。在当前我国民事诉讼构造中，以诉讼辅助人与鉴定制度相结合形成的“双层专家证据”制度，能够有效克服英美法系中“专家证人”和欧陆法系“鉴定人”制度的不足。一方面，这种双层机制通过发挥鉴定人在专业问题上的中立立场，能够有效消除受聘于当事人一方的诉讼辅助人中的“党派性”因素[①]；另一方面，诉讼辅助人能够为当事人提供鉴定制度之外的专业性知识，制约鉴定人的过度介入或者恣意判断，从而通过“相互制约”的方式，便于法官做出更加客观的判断[②]。但在SEP使用费纠纷中，由于缺乏鉴定机构这一中立第三方的验证，前述制衡结构被打破，导致部分经济学家意见基于“党派性”因素之特点突出，双方专家意见的分歧较大。

第三，过于依赖经济学家意见，将推高争议解决成本。面对过于依赖经济学家意见的诉讼现实，权利人与实施人都不得不聘请经济学家，以争取对己有利的SEP费率。如果一方聘请，而另一方未能聘请，则后者可能面临不利的诉讼状况，因而其也不得不聘请。这种“军备竞赛”式的诉讼策略，推高了SEP费率的争议解决成本，增加了该类纠纷的解决难度。

第四，对质程序功能发挥尚不明显。我国《民诉法解释》

---

① 张永泉. 论民事鉴定制度［J］. 法学研究，2000（5）：119.

② 沈德咏. 最高人民法院民事诉讼法司法解释理解与适用：上［M］. 北京：人民法院出版社，2015：129.

第一百二十三条第一款规定，人民法院可以对出庭的具有专门知识的人进行询问。经法庭准许，当事人可以对出庭的具有专门知识的人进行询问，当事人各自申请的具有专门知识的人可以就案件中的有关问题进行对质。但在实践中，部分法院认为无须对质，由法官询问即可；部分法院准许对质，但受到各种因素影响，多通过书面对质，但一些接受对质的专家或以“问题并不明确”为由避重就轻、回避不利答复，或仅做简单答复；或者因法院仅安排了一轮对质，而对于后续问题无法再行对质。

第五，法院审查经济学家意见的方式亟待健全。我国民事诉讼法第155条规定，判决书中应当写明判决结果和做出该判决的理由。《最高人民法院关于加强和规范裁判文书释法说理的指导意见》也要求裁判文书释法说理，要阐明事理，说明裁判所认定的案件事实及其根据和理由，展示案件事实认定的客观性、公正性和准确性；要释明法理，说明裁判所依据的法律规范以及适用法律规范的理由；等等。上述规范亦适用于对经济学家意见的认定，即如果要采纳其意见，则应当说明采纳的理由；如果拒绝采纳，亦应当说明理由。考虑到现阶段缺乏鉴定等中立第三方的制约，且所谓的专家意见多为当事人单方陈述，法院应当秉持严格审慎的态度来审查和认定相关意见内容，宁可严，不可松。

在华为公司与康文森公司案中，南京市中级人民法院对专家报告的部分数据进行了审查，如全球累计许可费率的赋值，并通过中美其他案件的对比认定其具有合理性；但对于中国标准必要专利族数，该院认为“被告虽对此数据提出了质疑，但没有提供其认为正确的数据或足以推翻以上数据的相反证据”，加之原告所聘请专家主张误差为9.5%，故而采用原告算法及数据。这种审查方式可能存在一定的问题。例如，一方未提供数据，并不可以此反证另一方所提供的数据是正确的；对于“被告的质疑”为何“不足以推翻”相关数据，法院未做充分说理，可能存在事实查明之缺失；“足以”或者“不足以”的标准何在——是单纯的算法缺陷或者歧视，抑或数据来源不可靠或者统计方式不透明？对此亦不明确。此外，在该案中，法院曾明确表态“采信专家报告”，但对为何采信并未进行详细说理。

反观TCL公司与爱立信公司案，虽然美国加州中区法院总体认为TCL公司计算的总数调整是合适的，但其仍自行构建了法院版本的自上而下法，而非对TCL公司自上而下法的照搬照抄，并对修改理由进行了详细的解释。例如，法院认为“在确定贡献度分数时，TCL公司忽略了决定标准必要专利贡献度如何影响标准必要专利价值的重要法律和事实问题，TCL公司聘请K博士[①]的做法引发了爱立信公司主张之‘涟漪效应’，这是因为K博士没有分析替代方案是否与此前的方案相互矛盾，其在性能方面是否回避了标准表现差，是否能够建立一个可行的功能性标准，或者是否需要爱立信公司持有其他专利，而这恰恰破坏了分析的重点”。该院最终认为，“在TCL公司自上而下的算法中发现了一些重要的缺陷”，因此对TCL公司相关算法和数据进行了调整。实际上，该法院最终确定费率的计算来自双方的计算方法及其对两者的评估，而非单一的“自上而下”经济学分析方法。

根据上述分析，人民法院下一阶段完善审查的工作应包括以下几方面：①完善对质程序，构建多轮对质流程，建立符合程序正义的对质要求，如鼓励专家当庭对质，由法院、对方专家就相关报告内容进行询问，降低书面对质的可信度；②邀请相关领域的权威经济学家担任陪审员或技术调查官，必要时准许国内外产业组织通过制度化渠道向法院提交相关意见，以最大限度过滤诉讼辅助人意见的“当事人立

① K博士为TCL公司在加州诉讼阶段的专家证人。

场"色彩，从而使法院审理更加客观中立；③以公开促公信。对于被法院采信的经济学家意见，应当在剔除商业保密信息的情况下将其附于裁判文书之后，予以公开。实际上，有关各方对于算法本身之公开可能并无太大异议；对于数据部分，可在剔除相关保密信息后予以公开，从而最大限度地提升SEP使用费判决的司法公信力。

第八节 小 结

在计量技术上，已经有观点指出"在采用自上而下法时不可避免地会出现一些'中间点猜测'，并且会对专利侵权诉讼中FRAND许可费率计算的关键部分产生影响"[①]，从而存在技术缺陷，因此建议尽可能限制其适用[②]。甚至有观点认为"自上而下分析法得出的任何表面上看起来精确的数字，都是虚假的"[③]，这种论断显然过于极端。

对自上而下法，法律批判的目的并非沿着上述计量批判的思路以全盘否定这种分析方法，而是要走出计量研究的主导性视角，回归"以事实为依据，以法律为准绳"的纠纷解决原则。为此，应当用法律视角分析该算法的基本原理与计算方法，揭示该算法在逻辑前提、核心算法、计数标准、经济学家意见等方面存在的法律问题。经过前述整体分析，就合法性而言，自上而下法存在着较大的法律缺陷，即

① 王亚岚. 从欧美案例分析判定FRAND许可费率的最佳方法［J］. 知识产权与市场竞争研究，2021（1）：294.

② COOPER，EDWARD D. Evaluating standards essential patents in mobile cellular［J］. Journal of the licensing executives society，2019（4）：281.

③ KEITH MALLINSON. TCL诉爱立信案FRAND费率确定方法评析［EB/OL］.［2022-02-05］. https://www.ipeconomy.cn/index.php/index/news/magazine_details/id/2423.html.

使确有必要在案件中适用，也不应将其作为唯一或主导型算法[①]，而是仅应当作为交叉验证或者次一级的算法来发挥辅助作用，以合理满足计算SEP费率这一问题“法律+计量”和“合法性+科学性”的双重需求。

实际上，在TCL与爱立信在美国加州进行的诉讼中，加州法院也并未接受任何当事人一方所提出的“自上而下”计算方式。在该判决中，加州法院明确表示，“基于事实或法律依据，拒绝了TCL‘自上而下’法中的第4至第6步和第9步，这意味着本院决定不接受L博士的计算结果”。同时，该院明确指出这种“自上而下”的方法“无法解决法院在解释定义时可能会出现的歧义等问题，也不必然得以代替以市场为基础的可比许可协议分析法”。

该院最终认为，“在‘自上而下’的方法中发现了一些重要的缺陷，因此本院不接受L博士提出的计算结果”。同时，该院认为“鉴于TCL和爱立信的计算方法和法院在进行自身评估时所提供的范围非常相似，因而法院确认其最终认定的费率符合FRAND原则”。也就是说，实际上该院最终确定的对费率之计算来自双方的计算方法及法院对这两种计算方法的评估，而非单一的“自上而下”之经济学分析方法。

---

① 广东省高级人民法院在对《广高SEP指引》的说明中指出，“在个案中，若标准必要专利权人或实施者提交的证据同时满足一项以上方法的适用条件，可用不同的方法相互检验、印证，从而对许可使用费的数额做出修正，使其更加合理”。

第十一章 可比协议法中的“可比性”研究

可比协议法是确定标准必要专利许可费率的核心方法，其具有“偏市场化”的算法优势。判断在先许可协议是否具有“可比性”是适用该方法的核心步骤。但在司法实践中，对“可比性”的判断存在三方面问题：①就比较因子之范围存在一定分歧；②因子之间的权重关系不明确；③可比步骤有待进一步细化。为此，有必要回归FRAND原则的政策目标与我国当前立法特点，建立更为精细的分级分类、分步骤的比较体系，以计算每个待选协议的可比系数，进而量化待选协议的可比强度，最终选择“强可比”的可比协议，以满足许可需求。此外，本书对较为常见、争议颇大的八类可比因子进行具体分析，以便为“可比性”接下来的实践操作提供微观指引。

第一节 可比协议法概述

随着移动通信领域产业发展和技术扩散速度的不断加快，技术标准化、标准专利化、标准国际化的趋势越发明显，标准必要专利由此应运而生。如前所述，标准必要专利是指为实施某一技术标准而必须使用的专利。标准作为普遍适用的技术规范，具有公共产品的非排他属性；而专利作为法律赋予的财产权，具有明显的私权属性。因此，为了协调平衡SEP之公共利益与个人私权的内在冲突，尤其是避免权利人挟标准以滥用专利权、获取不当利益，一些标准化组织专门制定了“公平、合理和无歧视”知识产权政策以协调上述利益冲突。

但在标准实施过程中，由于权利人和实施人都试图在确定SEP许可费时实现利益最大化，前者力争高许可费，后者竭力少支付许可费甚至不付费，这种利益分歧导致SEP使用费纠纷在全球范围内频发。由此可知，如何遵循FRAND原则确定许可费率是当前实务界和理论界亟待解决的问题，各国法院对此进行了有益的探索，并形成了可比协议法、自上而下法、最小可销售专利实施单位计算法、成本比例法、消费者支付意愿评估法等诸多方法，其中可比协议法得到较为广泛的认同与适用①，对此德国杜塞尔多夫地区法院明确表示，“在确定某项费率报价是否符合FRAND的问题上，可比协议法应当优先于其他方法而得到适用”②。

一般认为，“可比协议法是以企业间过往通过商业手段达成的许可费授权协议作为参照，来对比目前涉案的专利许可情况，进而计算出涉案专利的许可费率。这种方法下所使用的协议是一种有意愿的许可方和有意愿的被许可方在公平、独立的条件下通过谈判所达成的协议”③。对于可比协议法的适用，主要包括选定、拆解④可比协议这

① 姚兵兵. 标准必要专利保护司法实践新进展（二）[EB/OL]. [222-08-01]. http://www.justra.org.cn/ShowInfo.asp?guid=A265693EE55E48ED9B561B0D158FF015.

② 案号：4c O 81/17。

③ 参见：江苏省南京市中级人民法院（2018）苏01民初字第232号、233号、234号民事判决书。

④ 亦有观点认为拆解过程的复杂性制约该方法的可适用性。例如，南京市中级人民法院曾认为，“这种方法的难点在于：企业之间许可协议中的专利范围、专利数量、专利价值、许可时间、许可范围和条件等各方面的情况不尽相同，很难直接进行比较。出于对商业秘密的保护，协议双方通常基于保密义务而不公布协议的具体内容，虽然有的达成协议的双方会就达成的协议发表声明，但是在公开领域获得相关许可条款的信息也非常困难。即使获得了第三方经自由协商达成的许可协议条款，这些许可通常也需要经过‘拆解’才能确保与争议许可具有可比性，而这种拆解的过程本身就具有很大难度。具体而言，当涉及一次性预付款许可、交叉许可、涉及优惠条款的许可时，都需要一步步仔细地将其从协议中拆解”。参见：江苏省南京市中级人民法院（2018）苏01民初字第232号、233号、234号民事判决书。但笔者认为此种理解夸大了拆解的复杂程度以及保密信息的获取难度，后者可以通过签订保密协议予以解决，而就前者而言也已经具有相对成熟的经济学方法。因此，南京市中级人民法院对该算法可能存在一定的误解。

两个基本步骤。由于所选定的可比协议将实质性地影响后续的拆解结果，司法实践中的权利人、实施人大多会有选择地提交对己有利的可比协议，并指出对方可比协议之不可比性，由此形成“选择适当的可比参照对象是可比协议法的关键”之局面①。

由此，如何判定在先协议的可比性已经成为国内外法院审理SEP使用费纠纷所面临的重要司法命题。在我国，《广高SEP指引》建议，“许可协议是否具有可比性，可综合考虑许可交易的主体、许可标的之间的关联性、许可费包含的交易对象及许可谈判双方真实意思表示等因素”。美国加州联邦中区地方法院在爱立信公司与TCL公司一案中，亦分析了6组可比协议，并在拆解过程中考虑了交叉许可、一次性付款、许可方式等因素②。但在判断“可比性”的司法实践中，何种因子应当被纳入可比性分析？被纳入比较的因子，其可比权重是否完全均等化，抑或具有不同的权重影响？如何确定待选可比协议的强弱？等等。对这些问题尚未形成共识，严重影响了该方法的司法适用性。因此，有必要回归FRAND原则本身，从微观上深入要件内部，逐一分析其适用规则；宏观上则应摒弃罗列式定性分析，通过量化待比协议的可比系数，重构可比性的FRAND判定体系。

第二节　FRAND 原则的政策目标

为了平衡许可双方的利益，尤其为避免权利人滥用SEP侵害实施人的利益，标准化组织在其知识产权政策文件中确立了FRAND原则，由此所衍生的FRAND费率之确定，尤其是可比性分析应当回归

① 刘影. 从爱立信案看确定可比协议中的“不确定性”[J]. 知产财经，2022（4）.

② 案号：SACV14-341。在华为公司与无线星球公司案件中，英国法院亦适用可比协议法判定费率。

FRAND原则的宗旨本身来进行。

一、平衡双方利益

ETSI在诠释其《知识产权政策》之目标时，表示“旨在降低ETSI、ETSI成员以及实施ETSI标准和技术规格的其他人员所面临的风险，防止其因无法获得某项标准或技术规范的必要知识产权而导致其在标准制定、采纳和适用等方面的投资付诸东流。为实现这一目标，ETSI知识产权政策力求在电信领域公用技术标准化需求与知识产权权利人利益之间取得平衡”。为了落实该平衡目标，尤其是避免权利人滥用SEP之情形，ETSI在其《知识产权政策》第6.1条中引入了FRAND原则，要求权利人以“公平、合理和无歧视的条件”授予其SEP许可。同时明确，此种利益平衡，并非意味着毫无理由的“免费许可”或者“折扣许可”。为此，ETSI之《知识产权政策》明确了FRAND原则适用的前置条件，即在寻求技术许可的实施人同意按照FRAND原则予以支付报酬的前提下方可适用，以避免该原则演变为恶意拒绝付费的借口。

TIA在其知识产权政策中，也认为“这些规则植根于对进程中所有参与者的知识产权的尊重，承认创新的重要性，奖励反映在进程中的技能和创造力等技术贡献，同时帮助确保所有实施者在合理和无歧视的基础上获得实施TIA标准所需的知识产权（FRAND）”。IEEE在《IEEE SA标准委员会章程》中亦指出，“IEEE SA标准委员会审查的目的是确保IEEE标准代表了那些受到这些标准实质性影响的人的利益共识，并且在这些标准的制定过程中遵循了适当的程序”。

标准化组织之上述平衡理念遂被各国司法机构或者执法机构所承袭。如前所述，2021年9月29日，美国司法部反垄断司经济执行主任怀尔德曾在IAM主办的会议上明确表示，“反垄断部门的目标是提供平衡的政策指导，以促进标准生态系统中所有参与者的合理竞争。当个别专利权人或实施人投机取巧或恶意行事时，该生态系统的参与者都会受到影响”[①]。又如，2023年3月，在IDC公司与联想公司案件中，英国审理法院也认为，设定FRAND承诺制度，“对一般专利法的合同修改旨在实现SEP权利人和实施人利益的公平、平衡，让实施人获得受SEP保护的技术，并通过使用其垄断权利的许可给予和SEP相关的所有人以公平的回报”[②]。如果利益失衡，如出现权利人经济补偿不足等问题，SEP之“技术对正在开发的标准越是关键，其弃权就越有吸引力（在经济激励不足的情况下，权利人放弃纳入标准对其更为有利），同时对标准化组织、其成员以及符合该标准的产品的所有消费者而言就越有害”；“当标准不能吸引最好的技术时，这些标准的所有用户都将受到影响”[③]。因此，对立基于标准必要专利组织之上之FRAND承诺的理解，需要遵循上述平衡原则，既要避免过度干预权利人行使权利，又要保障标准化需求。所以“平衡”才是理解FRAND承诺及其解决程序的内在核心，这已经成为国际社会认可的规制惯例与产业共识。

二、保障“充分且公平”的经济回报

对于前述利益平衡，并不意味着鼓励未经许可的侵权实施。如

① JEFFREY WILDER. Leveling the Playing Field in the Standards Ecosystem: Principles for A Balanced Antitrust Enforcement Approach to Standards-Essential Patents［EB/OL］.［2022-09-29］. https://www.justice.gov/opa/speech/antitrust-division-economics-director-enforcement-jeffrey-wilder-iam-and-gcr-connect-sep.

② 案号：HP-2019-000032。

③ FARRAR L，ANNE，STARK，et al. License to all or access to all? a law and economics assessment of standard development organizations' licensing rules（September 10，2020）.［EB/OL］.［2022-07-05］. https://ssrn.com/abstract=3612954 or http://dx.doi.org/10.2139/ssrn.3612954.

果那样，实施人则会得到很大的激励来实施反向劫持，拖延付费或者拒不付费，甚至利用 FRAND原则采取拖延谈判、提起虚假诉讼或使用竞争规则等手段来应对专利权人提出的要求支付专利许可使用费的请求①。为此，ETSI在其知识产权政策中规定，“若其他人在实施标准与技术规范时使用了某项知识产权，则该知识产权权利人（无论是否为ETSI成员及其分支成员或者第三方）应获得充分且公平的报酬”。

首先，这种“充分且公平”的报酬，缘于落实各国专利法的创新激励功能，从而使那些具有实用价值和经济意义、被依法授予专利权的发明创造，成为专利权人的财产权利，专利权人可以据此在经济上得到利益，这对于鼓励发明创造，调动人们发明创造的积极性，吸引更多的资金、人力等资源投入发明创造活动，会产生重要的作用②。“由此，FRAND原则从不意味着在SEP许可谈判中使标准实施者的利润最大化；相反，激励SEP权利人获得充分合理的回报以接续创新投资、促进更大范围内的技术合作与进步，或许才是其更为重要的政策目标。若一味追求降低SEP许可费率并以此为‘公平合理’之体现，则无疑背离了FRAND原则的本旨；一些标准实施者企图通过避免支付或恶意拖延支付合理的许可费用以获得不公平的反竞争优势，更是进一步恶化了FRAND谈判框架的整体运行。”③

其次，从标准化来看，通过该报酬机制，确保创新者获得激励以持续为产业标准化供给最优秀的技术标准。反之，如果创新者无法通过标准化获得“充分且公平”的报酬，其将缺乏供给优秀技术的经济

① 王雅芬，王颖. 论标准必要专利反向劫持规制［J］. 科技管理研究，2021（20）：160.

② 全国人大常委会法制工作委员会经济法室.《中华人民共和国专利法》释解及实用指南［M］. 北京：中国民主法制出版社，2012：21.

③ 李雪. FRAND：以“合”为贵［J］. 知产财经，2022（1）：34.

意愿，或者仅会提供过时技术，而这将变相走向“低质标准化”，从而不断降低产品和服务质量，阻碍科学技术进步。“如果政策制定者真的想增加对标准制定过程的参与，他们必须承认这样一个事实：开发下一代移动网络需要大量投资。在这种情况下，FRAND许可对为研究和开发工作提供足够的投资回报而言至关重要。如果所采用的政策有可能助长对SEP执行的不平衡做法，将导致像诺基亚这样的公司对移动标准发展的投资和参与逐渐减少”①，从而对标准化造成负面影响。因此，从“充分”报酬的角度来看，创新者的许可费计算应当在减除技术研发、技术推广、诉讼维权等合理成本开支后进行，而非单纯叠加计算的“毛利润”，且其参加标准化所获之实际报酬不应低于不参与技术标准化所获的实际报酬，否则也将打击创新者供给标准之意愿。

最后，是对技术研发实践的风险补偿。欧盟委员会于2023年4月27日发布《关于标准必要专利和修订（EU）2017/1001号条例的决定》的提案，该提案中的《欧盟SEP影响评估》表示，“为了参与标准制定，潜在的SEP权利人必须在技术研发活动中投入大量资源和时间，先行开发新技术，而后在全球范围内申请专利……智能手机使用的标准每年的研发费用在20亿至90亿美元之间。所有这些努力都无法保证：①发明者之专利将被标准采纳；②该标准将被市场接受。此外，即使被采纳为标准，该技术仍需要数年时间才能被广泛使用，而一项发明要想获得专利多则需要20年。因此，SEP持有人通过专利使用费为其研发投资产生回报的时间有限”。无此补偿，企

① NOKIA COMMENTS ON THE DG GROW CALL FOR EVIDENCE FOR AN IMPACT ASSESSMENT［EB/OL］.［2022-05-17］. https://ec.europa.eu/info/law/better-regulation/have-your-say/initiatives/13109-Intellectual-property-new-framework-for-standard-essential-patents/feedback_en?p_id=28414115.

业显然缺乏实施此类风险极高的技术研发活动之动力。

三、不得违背民法典基本原则

虽然ETSI在其《附录A：知识产权许可表》中明确规定，“本知识产权许可声明之构成、效力和履行均适用法国法律的规定”，但在法律实践中，各国法院大多积极适用本国法解决此类纠纷[①]。因此，就我国而言，对FRAND原则之解释不得违背或者超越我国民事基本法律，即民法典的基本原则与相关规定，亦不得变相加重权利人或者实施人之法定义务。

根据惯常理解，公平原则是指民事主体从事民事活动时要秉持公平理念，公正、平允、合理地确定各方的权利和义务，并依法承担相应的民事责任。公平原则的基本要求是：①民事主体享有均等的机会参与民事活动，实现自己的利益；②民事主体的权利和义务对等，既不能只享有权利而不承担义务，也不能只承担义务而不享有权利；③当出现不可抗力、紧急避险、显失公平或者无法运用具体的法律规则来评判的情形时，可以根据社会公认的公平观念来合理确定各方的权利义务[②]。

将上述理解适用于FRAND原则，有助于厘清相应的判定规则。例如，对于FRAND费用是否属于单一费率还是仍属于价格区间，曾存在一定争议。在商业领域中，许可谈判属于动态的讨价还价过程，

---

① 在TCL公司与爱立信公司案中，一审法院美国联邦中区地区法院对法国法适用问题进行了分析，但仍适用美国法律做出裁决，其他国家法院的多数判决并未援引法国法律。我国《广高SEP指引》中更是明确规定，“在审理标准必要专利纠纷案件中，关于公平、合理、无歧视原则的解释、确定相关标准必要专利的权利范围及行使、对相关行为性质进行定性等问题，一般需要考虑适用被请求保护地法或法院地法”，从而直接排除了对法国法律的适用。

② 参见：宝坻区人民检察院. 民法典中的公平原则是什么［EB/OL］.［2022-05-06］. https://m.thepaper.cn/baijiahao_17597569。

不同的谈判时间、谈判地点、交易成本等因素都会影响最终的谈判价格，经济学承认交易过程中的异质性因素对交易达成具有重要影响[①]。因此，从经济学角度来看，商业交易规律决定了最终的FRAND费率不可能是单一费率。如果司法强制性地按照单一费率进行定价，可能诱发一方主张对方报价不符合FRAND原则而提起竞争法诉讼。由于司法定价属于事后之明，一方的报价或者反报价则属于在先报价，以在后的司法定价要求在先报价符合FRAND原则并施加竞争法上之评判，属于“强人所难”。如果任何一次报价将面临事后定价的反垄断法评价，则将变相增加权利人或者实施人对未来未知费率的合规义务，也将削弱市场许可的积极性，增加许可的交易成本，从而妨碍标准技术的快速扩散及其迭代更新，而这与FRAND所设定的目的相悖。这一点亦被我国法院所认可，如广东省高级人民法院在IDC公司诉华为公司的二审裁判书中指出，“由于被许可对象情况千差万别、许可条款各异，FRAND并不意味着费率及许可条件的完全一致”。

第三节　可比协议法及其“市场偏好”之算法优势

可比协议法是指以可比协议约定的标准必要专利许可费为参照，确定公平、合理、无歧视的许可费的方法[②]。该方法的底层逻辑在于，行为人是自己行为所获利益的最佳判断者，对理性的被许可人而言，其接受许可协议一定是因为其认为使用专利所获得的价值高于其为使用该专利而支付探索费用的许可费[③]。因此，在FRAND解决SEP使用费

① 所谓异质性，就是对经济变化的性质之科学化、规律化研究。参见：李宪徐. 作为异质性的经济学［J］. 江汉论坛，2006（7）：38。

② 郭禾，吕凌锐. 确定标准必要专利许可费率的可比协议法研究［J］. 中国物价，2020（1）：52.

③ 赵启杉. 标准必要专利合理许可费的司法确定问题研究［J］. 知识产权，2017（7）：13.

的计算问题中，“比起纠结于使用何种经济学计算方法作为路径，努力使每个步骤均符合抽象的公平合理无歧视原则，更有效率的选择是直接借鉴经营者博弈的商业谈判结果”[①]。从方法论的角度来看，可比协议法能够较为准确地反映市场竞争条件下的均衡价格，故而在算法上具有市场化的优势。例如，2023年3月，印度德里高等法院在爱立信公司与Intex公司一案中认为，“爱立信公司提出的上诉是有道理的，因为电信业中的绝大多数实施人都接受了爱立信公司的标准必要专利许可，这一事实不应被忽视。事实上，爱立信公司已经在全球范围内为相同技术颁发了100多份许可，类似的实施者正在按照爱立信建议的条款支付使用费”，“为了确保与其他实施者的平等，Intex公司必须为其过去对标准必要专利的使用支付相应费用”[②]。

一、在定价机制上，还原动态的价格形成过程以及均衡价格

均衡价格是指消费者为购买一定商品量所愿意支付的需求价格，与生产者为提供一定商品量所愿意接受的供给价格相一致时的价格[③]。“均衡价格的意义是使价格成为资源配置的正确信号，以达到利用均衡价格来实现帕累托资源最优配置，从而大幅度提高经济效率。”[④]在许可实践中，许可价格属于动态的价格发现过程，在此期间，许可各方根据谈判中不断更新的信息而不断讨价还价。从博弈学习理论[⑤]来看，在权利人与实施人讨价还价的博弈过程中，各方彼

---

① 罗孟昕.公平合理的标准必要专利许可费计算方法探析［J］.竞争政策研究，2021（6）：77.

② 案号：2023:DHC:2243-DB。

③ 丁冰，方兴.当代西方经济学原理［M］.北京：首都经济贸易大学出版社，2019：30.

④ 高尚全，迟福林.关键的一步：中国金融体制改革的目标［M］.海口：海南出版社，1993：19.

⑤ 博弈学习是指在多智能主体的环境下，为了实现问题求解的最优化，多智能主体之间通过“协作”“竞争”和“谈判”的过程进行互相学习从而优化下一步求解策略空间的学习行为。参见：张文宇，李栋.物联网智能技术［M］.北京：中国铁道出版社，2012：251.

此披露SEP相关的技术信息与商业信息，并相互学习，从而不断修正自己对价格信息的市场预期。在多次的讨价还价过程中，最终形成双方均能接受的市场定价，从而达成双方都认为符合FRAND原则的许可协议。“以市场为导向，以促进行业持续健康发展为基本原则。市场形成的价格之所以‘最优’，本质就在于这一价格是双方均能接受的价格。谈判是彼此试探和靠近的过程，交易双方的商业判断力是市场主体的灵魂，价格最终不是算出来的，而是谈出来的，是彼此妥协的结果，诚信谈判的双方当事人有能力判断怎样的费率才是彼此能够接受的费率。因而需要充分尊重和激发市场机制解决费率问题的能力，坚持以市场定价为根本，以市场调节为优先选项，充分考虑相关市场中的竞争状况、相关技术态势、产业现状和交易惯例，促进费率问题最大化地在市场机制内得到解决。”[①]这种市场化、多次讨价还价的过程不仅在SEP许可中存在，而且是市场交易的基本模型，由此形成了该交易条件下的均衡价格。这使权利人获得充分的经济回报，对其的创新激励也才不至于落空；实施人支付该水平的许可成本并从后续的市场中获得一定的经济回报，从而符合前述FRAND原则的政策目标。

二、在价格信息上，反映了 SEP 的合理市场定价

当前SEP纠纷主要聚焦于无线通信技术市场，该领域技术发展较快，一些SEP可能很快就会被替代。由于SEP许可谈判复杂性较高，因而持续时间较长，有的甚至长达数年。因此，当达成许可时，许可价格应该是最新市场条件下前述均衡状态中双方均认可的价格定位，而非过时的价格信息。随着技术的发展，市场对SEP之专利族的价值判断必然发生变化，而较新的可比协议能够客观反

① 姚兵兵. 论标准必要专利许可谈判良性生态系统改进和完善［J］. 知产财经，2022（8）：44.

映SEP较近的价格信息，其可比的效力也就更强。例如，在IDC公司与联想公司一案中，英国审理法院就曾表示，“虽然最初的15份可比协议签订日期的范围很广，但有一些是旧的或者过期的（如NEC 2010，Quanta 2010，Acer 2012，Wistron 2012，Quanta 2012，RIM 2012，Panasonic 2013等）……IDC公司不时地改变其许可计划”，进而认定上述部分协议不可比。

三、在许可机制上，多人多次谈判博弈有助于防范恶意定价

考虑到SEP权利人与实施人并非完全垄断了整个许可市场，双方群体通过多次的许可谈判，可逐渐形成对专利技术的价值评估。从多人多次重复博弈理论来看，如果某权利人或者实施人在某次标准谈判中实施恶意报价或者反报价，其在下一次博弈中则面临被制裁的可能，为了避免单次作弊而对后续博弈造成不利影响，就不得不开展合作以推进许可商谈。因此，“当策略群体是按各种策略的得分进行淘汰和进化时，群体将以一种不可逆转的方式向合作的方向进化，即群体的合作性将随进化过程而越来越大”①，从而推动双方善意谈判，并满足FRAND原则。

从整体来看，可比协议法“尊重理性标准必要专利持有人与理性被许可人就专利许可达成的共识，从而最大限度地减少了其他因素对这一共识形成过程的干扰”②，其注重参照在先交易所呈现的许可信息，较大程度上避免了公权力机关在裁判SEP使用费中的主观臆断与偏好选择；其通过算法方法论的应用显示对市场化的偏好，从而更

① 谷小娜. 从“囚徒困境”到多人多次重复博弈的人性假设［J］. 中国集体经济（下半月），2007（11）：32.

② 马一德. 技术标准之许可定价规则的“非国家化”：以可比许可法为中心［J］. 法学研究，2022（3）：110.

为接近现实商业世界的定价逻辑。

第四节　当前“可比性”的相关理论与适用缺陷

为了增强可比协议法的可适用性，学界与实务界就“可比性”问题提出了诸多理论和方法。但从整体来看，目前对“可比性”理论的分歧较大，尚未形成统一的分析框架和可比因子范围，不同的理论也存在相应的缺陷。

一、有关“可比性”的研究综述

选择具有可比性的协议，是适用可比协议法的核心问题①。现有研究多强调综合考虑许可交易的环境、许可主体、许可费包含的交易内容和条件等，并把许可谈判双方真实意思表示等作为选择时考虑的因素②。在TCL公司与爱立信公司案中，美国一审法院在确定可比性时，则重点从相似公司入手，认为公司的地理范围、公司需要的许可和合理的销售量也应当被纳入分析，并进一步区分为区域性企业与全球性公司，认定苹果公司、三星公司与TCL公司相似，原因在于：其一，TCL公司是全球第七大手机销量商，苹果公司、三星公司分列第一、第二位；其二，该两家企业都是全球企业，爱立信公司要求其都支付全球混合费率；其三，其他要素与认定费率无关。但该法院认定酷派公司与TCL公司并不相同，因为前者被认为明显属于区域性企业。

也有一些经济学家提出，在实务案件中，应当从以下因子出发来判断可比性：许可协议覆盖的专利范围是否与实施人许可谈判的专

① 仲春，陈梦豪. 自上而下法和可比协议法的比较分析［J］. 知产财经，2021（2）.

② 毕春丽. 标准专利案件中可比许可协议的选取方法分析［J］. 信息通信技术与政策，2019（3）：1–4.

利包范围一致？许可协议签订的时间日期；所许可的专利技术的用途（用户移动终端设备，如智能手机、电视或者平板电脑等）；许可协议覆盖的地理范围是否与当前许可协议一致？许可协议是否有其他影响价格的因素（如存在交叉许可等）？许可费的支付方式；等等。

《广高SEP指引》第二十条列出了许可交易的主体、许可标的之间的关联性、许可费包含的交易对象及许可谈判双方真实意思表示等4项原则性可比因子。日本专利厅在《标准必要专利许可谈判指南》（2018）中则罗列了更为详尽的潜在可比因子，具体包括：①许可是否与同一或类似专利有关？②许可是否包含无关联性的技术或其他产品？③许可是否具有相似支付方式，如一次性或浮动式支付许可金？④许可的本质即排他性是否相同？⑤许可是否可适用于类似区域（如为区域性许可或是全球性许可）？⑥许可条件是否被广泛地接受？⑦许可的成立是经由诉讼后达成和解还是经由一般谈判？⑧最近的许可情况为何？⑨被许可者是否具有足以维持对等谈判的谈判能力？

美国法院过往在专利侵权纠纷计算赔偿金额时所适用的假想双边谈判（Georgia-Pacific）法[①]亦对可比因子之选择与确定具有一定借鉴意义。该方法充分考虑了可能影响合理许可费的15个要素，法院可以根据案件情况，有针对性地对这些要素进行增删或者修订，以建构符合案件事实的规则框架[②]。这15个要素具体包括：①针对涉案专利，以专利权人曾经收取过的许可费，来证明或倾向于证明待定的许可费；②被许可人曾向与涉案专利可比的其他专利支付的许可费率；

① 该方法作为通过假象谈判确定合理许可费的指导原则，也被称为“双方自愿许可法”。该方法试图确定，如果在侵权开始之前，当事人通过成功谈判达成一致的许可费，该假象谈判尽可能重建事前的许可谈判情景和描述所达成的协议，并被其后的案件所援引。参见：Georgia-Pacific Corp. v. U.S. Plywood Corp., 318 F.Supp. 1116（S.D.N.Y. 1970）。

② 李扬，刘影. FRAND标准必要专利许可使用费的计算：以中美相关案件比较为视角［J］. 科技与法律，2014（5）：870-872.

③许可的性质和使用范围；④专利权人为维护其专利垄断性而制定的政策和市场营销计划，其手段可以是不许可他人使用该项发明或通过在维护其专利垄断地位的特殊条件下授予许可；⑤专利权人与被许可人之间的商业关系，如是否为同一地域同一行业的竞争对手，或者是否为发明者与推广者之间的关系；⑥销售专利产品对被许可人其他产品产生的促销效果，该发明对发明人的现有价值，如是否促进了发明人非专利项目销售的增加；⑦专利权期限和许可期限；⑧专利产品的既定获利、商业上的成就、受欢迎的程度；⑨专利产品相对于已有产品的效用和优点；⑩专利发明的性质，如专利权人拥有和生产该发明的商业实施的特征如何，以及给使用该发明的用户带来了哪些好处；⑪侵权者使用该发明的情况以及任何关于使用价值的证据；⑫在某一产业或其他类似产业中，使用该发明或类似发明通常可以获得的那部分利润或售价；⑬该发明所贡献的部分可获得的利润，其应与非专利要素部分，制造过程，商业风险或侵权者添加、改进的重要特征区分开；⑭适合且有资格的专家证人的证词和观点；⑮专利权人和被许可人在合理且自愿的情况下尝试达成协议时所商定的许可费。

二、当前“可比性”理论的适用缺陷

前述理论与相关规定虽然整体上有助于可比性与否的判断，但从可操作性层面来看，多数仍存在过于强调定性排列而忽视定量适用，未能建立可比性的体系性判断规则等问题。具体的适用缺陷如下。

（一）在因子选择上，比较因子之范围仍存在一定分歧

部分因子是否应被纳入可比性判断框架？现在对这个问题仍存在一定分歧。例如，品牌认知度、设备操作系统、是否有零售商店等以及费率是否应当被纳入比较范围？对这些方面仍有一定争议，在TCL

公司与爱立信公司案中，TCL公司的上述主张即未获得法院支持。又如，在SEP许可场景下，Georgia-Pacific方法的上述因子无法得到全部适用，因子④、因子⑤与权利人之FRAND承诺并不兼容，后者应当以公平、合理、无歧视的方式向所有实施人开展许可。

（二）在权重分配上，具体因子之间的权重关系不明确

前述理论仅做了定性罗列，未能进行更加差异化的分析，由此产生了一个重要问题：各个因子之间是应当均等化对待，还是根据不同因子之于可比协议法适用时所发挥的作用而有所差异？另外，在诸多可比较的因子中，何种因子应当作为首个比较因素？对此仍存在一定分歧。有观点认为，"先要考虑的是许可环境的不同"①；但亦有观点认为，应当先进行的是许可标的之间的比较。

（三）在体系建构上，可比步骤有待进一步细化

各个因子之间是否需要分级分类分步骤进行比较，抑或在避免遗漏因子的情况下仅按照任意顺序即可进行可比性分析？目前对此仍不明确。此外，在逐个比较因子完毕后，如何判断最终比较结果的方法尚不清晰？是否某些权重较大的因子具有"一锤定音"式的适用效果，抑或简单加总所有因子的结论以多数者决定？对此亦存在争议。

第五节　可比协议可比系数的量化方法

可比性问题属于对比较对象（更为具体地说，即可比因子）的选择和确立问题。比较对象之间必须具有某种共同的基础与联系，这就

① 毕春丽. 标准专利许可费"TOP Down"和可比许可协议方法的比较［J］. 知产财经，2021（2）：47.

是对象之间的可比性[①]。因此，只有将这种共同基础体系化、要件化，才能更加具体地分析待比协议可比性之强弱。但应当认识到，现实中不存在“完美”的可比协议，实际上“很少有满足所有这些因素的许可协议。但是，并不是所有这些因子都需要得到满足时许可协议才能被认为是可比的”[②]。当然，可比协议法之适用中应当具有在先的协议，因此“应努力要求 SEP 权利人披露其所谈判的使用费条款范围。如果可比较的许可协议池有足够的透明度，并且有足够多可供比较的许可协议样本，那么确定价格是可能的”[③]。

一、可比系数的体系建构与计算步骤

具体到可比协议可比性问题中，单纯的罗列比较已经无法回应实践的需要。2021年1月，欧盟专家组就曾提出，定性地“使用这些因素来选择可比协议并说明这些协议之间的差异，容易产生任意性。为了解决这一问题，该专家组建议使用规范的经验分析，其中可能包括回归分析和匹配技术”[④]。因此，有必要着眼于体系重构，建立起更为精细的分级、分类、分步骤的比较体系，以计算出每个待选可比协议的可比系数。

（一）单个协议可比系数的量化过程

第一步，根据可比性因子的重要性，按照由强到弱的层次，将其依次划分为许可标的、许可履行要素、外部环境要素等三大类别，并在每个类别中区分设置“核心因子”与“辅助因子”。

分类的首要目的在于：回归可比协议的市场偏好本身，从市场规

---

① 林铭钧，曾祥云. 名辩学新探［M］. 广州：中山大学出版社，2000：30.

② 参见：https://ec.europa.eu/docsroom/documents/45217。

③ 参见：https://ec.europa.eu/docsroom/documents/45217。

④ 参见：https://ec.europa.eu/docsroom/documents/45217。

律出发，承认并非所有的可比因子均处于同等可比较地位。这一点与日常交易常识也较为类似，如在一般情况下，消费者买梨时，其交易重点在于梨本身，货比三家时，也只是梨与梨进行比较，而非将梨与苹果进行比较，也并非仅仅因为卖家门口放了风扇纳凉而决定与之交易。虽然SEP许可更为复杂，但也遵循较为类似的交易原理。这一点可从常见的许可分歧系许可标的之技术谈判、许可费率之计算等而得到证明。因此，分类时先要将重要的因子予以突出并重点分析，将许可标的作为第一类别进行重点分析，而将外部环境要素作为第三类别进行次要分析。同时，同一类别内部也包含多个因子，不同因子的比较权重亦不相同。例如，在外部环境要素类别中，通过自由平等协商而达成的许可且不存在诉讼或仲裁的压力这一因子的可比较权重就高于品牌因素。因此，有必要进一步区分“核心因子”与“辅助因子”。

第二步，根据因子权重之强弱，完善每个类别项下的因子体系，列明“核心因子”与“辅助因子”之内容。具体因子体系内容如表11-1所示。

表11-1　可比系数体系

<table>
<tr><th>强度</th><th>类别要素</th><th>核心因子</th><th>辅助因子</th></tr>
<tr><td rowspan="6">强
↓
弱</td><td rowspan="6">许可标的</td><td>专利池的同一性或近似程度</td><td>类似专利池的许可协议</td></tr>
<tr><td>专利的数量、质量以及保护期</td><td rowspan="2">参与专利池的公司类型及其研发能力</td></tr>
<tr><td>权利人公示的许可费率结构、计算方法及示范许可条款</td></tr>
<tr><td>是否存在交叉许可</td><td rowspan="2">替代性标准的许可协议</td></tr>
<tr><td>是否同时许可非SEP之专利</td></tr>
<tr><td>专利价值分布，尤其是对标准的技术贡献以及终端用户的使用价值</td><td>获得该专利池许可的被许可人数量</td></tr>
</table>

续表

强度	类别要素	核心因子	辅助因子
强 ↓ 弱	许可履行要素	许可前，是否先行支付保证金	权利人最近的许可情况为何
		许可的性质、期限和使用范围	
		可比协议的签订时间	许可条件是否遇到实施人之广泛的挑战
		许可费计算方法的近似性	产品类型是否系同类，如手机、平板电脑等
		支付方式是否相似，如固定费率或者根据产品数量设定的浮动费率	
		实施后可识别归属于发明的利润金额	可比协议中实施企业的平均利润区间
		是否对许可进行合意限制	
	外部环境要素	实施人是否具有足以维持对等谈判的谈判能力	使用专利的产品的盈利、商业受认可等情况
		谈判历史，尤其是许可之达成是经由一方诉讼或禁令[①]，还是经由商业谈判	专利产品相对于竞争产品的优势
		企业的经营规模、地域市场、产品销量等	专利产品的品牌影响力以及定位
		专利堆叠风险的契约控制	商业直接价值以及附带价值的未来预测

第三步，根据许可实际情况，赋值可比因子的权重系数。此处赋值并无定法，而应当根据许可情况，尊重双方合意之选择。例如，双方为节约谈判成本，避免交易成本高企、简化赋值过程，可选择对纳入可比范畴的核心因子、辅助因子统一赋值为1，0.5，而未纳入可比范畴的因子均归零；抑或根据交易需要，在许可标的、许可履行、外部环境类别下，对不同因子进行更为精细的赋值。当然，赋值应当遵循

① 既包括权利人提起专利侵权之诉，也包括实施人提起竞争法之诉。

前述因子权重的基本规律，即许可标的因子总和大于许可履行与外部环境要素的因子总和；核心因子应当大于辅助因子；纳入可比范畴的因子应当大于未纳入的因子。

第四步，分别加总三个类别项下的赋值，而后再对该类别进行权重分配，在此基础上确定在先协议的可比系数。根据统计方法要求，一般来说，权重分配主要有两种方式：一种为主观法，这种方法主要采用专家访谈的方式以获取某项具体客体的权重数值，是专家主观经验判断的体现；另一种是客观法，即根据一系列有严格标准的客观数据计算得出权重数值[①]。许可双方可根据上述方法自主确定权重分配。例如，许可标的、许可履行、外部环境类别之权重分别分配为0.6，0.3，0.1，随后乘以第三步所得各类别项下因子系数之和，即可得出在先协议的可比系数。

（二）多个协议的可比安排

实践中可能存在多份在先许可协议，在计算每份许可协议的可比系数后，如何确定彼此之间的可比强度并进而选择“强可比”的可比协议满足许可需求？对此仍有进一步分析的必要。

第一步，应当确立可比的基本规则。即可比系数高的在先协议优于系数低的协议；如无充足理由，应当按照系数高低顺序进行拆解，并对系数高的协议进行重点拆解、分析。当然，如果双方达成合意，亦可调整可比协议的相关规则。

第二步，设置最低可比门槛[②]。对此有必要根据前述单个协议的

① 王雅荔. 法治高校评估指标体系研究［M］. 西安：陕西师范大学出版社，2020：113.

② 参见：The Sedona Conference（2020）：The Sedona Conference Framework for Analysis of Standard–Essential Patent（SEP）and Fair，Reasonable，and Non–Discriminatory（FRAND）Licensing and Royalty Issues，Phoenix:Sedona。

可比系数之高低，区分“强可比”和“弱可比”，并设定最低可比门槛，避免可比范围过于泛化。需要注意的是，设定门槛不宜过高，以免使可比协议数量寥寥无几；但也不宜过低，以免使其过滤功能无法实现。

第三步，确定“优先可比协议群”。一般而言，可比系数最高的在先协议适宜作为最佳可比协议，在后续拆解中具有优先性并给予其更多拆解分析。如果专利池的同一性或者近似程度较高，亦可将其作为优先可比协议，从而与拆解程序有序衔接。在部分案件中，法院为了降低事实查明成本，可能会限制优先可比协议的数量。

关于可以拆解协议的数量，亦应当根据个案予以判断，且实践中不同判断之间存在争议。例如，在2023年的IDC公司与联想公司案件中，“由于拆解的不确定性，IDC公司提出，最好是尽可能广泛地寻找可比协议，而非专注于一小部分‘最佳’可比协议……这样做可以减小任何特定的、单一的可比协议许可所固有的不确定性，使分析产生偏差”。IDC公司的专家证人贝赞特（Bezant）认为“最好是依靠更多而不是更少的可比数据……这就降低了根据少数比较数据得出不正确结论的概率”，并基于该认知提交了高达27份可比协议。

二、可比因子的具体分析

如前所述，实践中的可比因子更为复杂与繁多，面面俱到殊无必要。以下将对许可实践中较为常见、争议颇大的8个因子进行具体分析，以便为个案中可比系数的体系建构提供微观指引。

（一）专利池的同一性或者近似程度

在许可实践中，可比协议所覆盖的专利应当与当前许可所涉及的专利内容相同、被包含或者相类似，这是评估可比性最为重要的因子。对于数量较少的专利池，可以通过逐一分析同一性或者近似程度的方式，以较低的交易成本判定可比性之高低。但当许可的专利池中的SEP数量较多时，在判定专利池的同一性或者近似程度方面则有较大争议。

为解决该问题，可通过上述专利相比替代技术之优势与经济价值[①]、专利的内容判断等来综合评定。对于经济价值与技术优势，一种方法是选择“代表性”专利进行评估。由于最有价值专利之相近性，因而会在很大程度上造成两个专利池的价值较为接近。例如，面对数百件甚至更多数量的SEP时，由权利人、实施人分别选择数量较少的最有价值专利进行评估。但“最有价值”这一维度过于单一，为此实践中已经出现了更加细化的评估方法，即将专利池中的专利按照技术贡献与价值由高到低分为不同层次，或者按照其所解决的不同技术问题而形成不同的领域，而后双方选择各个层次或者领域最有价值的专利，以此判断同一性或者近似程度。但基于双方的利益分歧，权利人可能会夸大专利质量，实施人可能会贬低专利贡献。为了避免选择差异过大，双方有必要进一步解释选择专利之理由，从而避免选择权利的滥用。在西斯威尔公司诉海尔公司案中，德国审理法院要求专利权人从专利池的400 件专利中，选择10件到15件专利作为杰出清单（Proud List），并有义务解释选择这些专利的理由[②]。另一种方法则是由法院、仲裁部门等第三方通过随机取样的方式来判断专利池的同一性或者近似程度。

对于专利的内容判断，则主要有赖于技术性审查。当然，从事实

① HEBERDEN T. Intellectual property valuation and royalty determination [M]//A LIBERMAN, CHROCZIEL and R LEVINE. International licensing and technology transfer: practice and the law .New York:Wolters Kluwer Law & Business，2011.

② 案号：4a O 93/14。

查明的成本角度考虑，这种技术性审查无须达到实质审查之限度，当然至少也得从字面上初步判断同一性或者近似程度。例如，将发明创造内容明显相同或者实质上由不同发明创造特征、要素等简单组合变化而形成的专利认定为具有同一性或者较高近似程度，当然整体上对该部分的分析仍有赖于专利代理人等技术专家的协助。

（二）可比协议的签订时间

从专利池的许可实践来看，距离审理、商谈时间越近的在先协议的可比性越强；越远的，可比性也就越弱。一般而言，权利人与实施人的许可谈判持续时间较长，实践中甚至长达8年者亦有之。但谈判期间，市场需求可能出现动态变化，新兴技术也可能发展迅速。与此同时，专利池的一些专利也可能因过期而被剔除，或者因技术发展而有新专利进入专利池。

因此，实践中常常出现从谈判之初到双方达成协议时，许可标的及其技术价值已经发生重大变化，因而较早签订的许可协议已经无法反映当前市场的专利评估信息，也就丧失了可比协议法的市场偏好优势，从而不具有可比性或者可比性较弱。但对于签订时间的可比性判断不应划定统一标准，而应当在兼顾可比协议的可得性、专利池的同一性或者近似程度等因素后，做出个案判断。此外，可比协议的签订时间亦可大体反映宏观经济环境。例如，2019年签订的许可协议反映了“前疫情”时代经济背景下的市场估计环境，而2021年签订之许可协议则更加体现了常态化防疫下的宏观市场定价信息，后者显然与当下经济环境具有更强的可比性。

（三）可比协议是否在禁令或者诉讼威胁下签订

此前有观点认为，只有在缺乏禁令或者在诉讼威胁情况下所形成的在先协议才具有可比性[①]，其背后的逻辑在于，禁令或者诉讼威胁将迫使实施人接受不公平的定价，从而实质性地扭曲市场定价机制，使权利人不当获益。例如，2023年3月，英国审理法院在IDC公司与联想公司案件中表示，"在本院看来，ITC程序作为权利人提起的诉讼被三星（实施人）视为一个重要的威胁，因为梅里特（Merritt）先生强烈暗示，这将导致对三星公司手机产品的禁令"[②]。但上述观点缺乏法律依据，且其风险被过度夸大，可能会对权利人之法律所赋予的禁令申请权形成反向歧视，从而削弱权利人申请禁令或者提起诉讼等依法维权的主观意愿。因此，2023年3月，印度德里高等法院在爱立信公司与Intex公司一案中的观点更加平衡："在寻求临时救济的阶段，法院必须从表面证据的角度考虑案件中所寻求的禁令救济。这意味着，法院必须评估表面证据是否侵犯了专利。法院还必须从表面上评估实施人是否系恶意和权利人寻求的使用费是否符合FRAND原则，即全球或当地的类似实施人是否按照权利人要约条款支付许可费。"[③]

所谓禁令威胁扭曲自由谈判，是指其将权利人与实施人之间的许可商谈完全置于"真空"之中，似乎双方的权利义务关系需要通过在先谈判方可予以固定。如果真是如此，则上述观点确实应当被支持，以实现"平等谈判"。但这忽视了在先的法定分配机制，即专利法通过在先的授权确权制度，将专利权授予权利人，而实施人负有不得侵权之义务。对此德国慕尼黑第一法院曾明确指出，"禁令救济是独占性权利（如专利）的基本特征，也是专利权人最锋利的武器。倘若专利权人失去了借助国家垄断权力、通过普通法院诉讼等形式来保护其

---

① 例如，在LaserDynamics v.Quanta案中，美国联邦巡回法院认为在诉讼中达成的许可不宜认定为具有可比性。

② 案号：HP-2019-000032。

③ 案号：2023:DHC:2243-DB。

独占性权利的可能，那么专利权便在事实上失去了价值”[①]。虽然SEP具有一定的特殊性，但当前我国的专利法以及世界主要法治国家仍未对SEP权利人的救济权利设置明确限制，在此情况下，SEP权利人应当与非SEP权利人享有同等之权利。因此，上述观点削弱了权利人申请禁令或者提起诉讼所达成协议的可比性，缺乏法律依据，且具有歧视性。

同时，过度强调该观点可能诱发反向劫持。标准必要专利的特性决定了专利实施者可以先实施专利再开始与专利权人协商专利许可，而这种“后置性”的许可谈判模式令权利人天然地处于劣势地位。“作为一个实际问题，专利许可是不需要的。”[②]同时，SEP权利人救济途径又较为单一，因此只能选择进行专利侵权诉讼作为唯一且最后的救济途径。现实中，“由标准必要专利实施者提出的反垄断诉讼也成为被许可人用以进行谈判要价的工具，从而限制了标准必要专利持有人可能获得的价格条件”[③]。相较于“专利劫持”现象，这种“反向劫持”现象发生得更为频繁，后果也更严重[④]。2023年4月，美国乔治梅森大学法学院莫索夫（Mossoff）教授曾表示，“移动电信市场没有市场失灵……诸多研究已经表明，移动设备制造商为移动设备支付的总许可费率为个位数。这一事实与预测的‘专利劫持’理论并不

---

① 谭梦溪，骆任佳，胡迪菲.【译文版】慕尼黑第一法院针对小米“禁诉令”做出“反禁诉令”裁决［EB/OL］.［2022-12-04］. https://www.ipeconomy.cn/index.php/index/news/magazine_details/id/3085.html.

② FARRAR L，ANNE，STARK，et al. License to all or access to all? a law and economics assessment of standard development organizations’ licensing rules（September 10，2020）.［EB/OL］.［2022-07-05］. https://ssrn.com/abstract=3612954 or http://dx.doi.org/10.2139/ssrn.3612954.

③ 李剑. 市场支配地位认定、标准必要专利与抗衡力量［J］. 法学论坛，2018（2）：64.

④ 李扬. FRAND劫持及其法律对策［J］. 武汉大学学报（哲学社会科学版），2018（1）：118.

相符，后者认为每台设备的总许可费率高达30%或者更高”[①]。但如果SEP权利人申请禁令或者提起诉讼，可能面临已达成的可比性协议在后续的诉讼中不被承认之不利后果，势必增加其维权顾虑，影响维权效果。因此，从整体来看，不应对诉讼或者禁令后所形成的在先协议进行歧视对待乃至完全否认其可比性，而应在全面审查诉讼或者禁令的影响后，综合判断该可比因子的权重。

（四）是否存在交叉许可

一般而言，潜在可比协议与诉争许可都属于单向许可或交叉许可时，其可比性将较强。但如果涉案许可系单向许可，而潜在可比协议系交叉许可抑或相反之情形，则需要对交叉许可的价值部分进行分析、评估、剔除或者补偿，而后方能获得较为可比的协议内容。

但专利池的许可问题较为特殊。多数专利池管理人签订的许可协议主要是单向许可，但一些管理人为了遵循防止垄断、促进竞争的合规要求，并不限制成员与实施人之间的单独许可。因此，实践中出现这样的情况，当管理人与实施人商谈许可时，该实施人事先已经与专利池中的某一或者某些成员就部分专利达成了许可协议。在此情况下，为避免实施人重复付费这种不公平情况的发生，有必要对在先许可协议所涉专利族之合理市场价值进行剔除，而后才能形成可比性更强的协议内容。

（五）支付方式是否近似

在当前的许可实践中，支付方式主要以固定费率与浮动费率为

---

① MOSSOFF A. New EU regulatory regime for seps will upend mobile telecommunications sector [EB/OL]. [2023-04-21]. https://ipwatchdog.com/2023/04/12/new-eu-regulatory-regime-seps-will-upend-mobile-telecommunications-sector/id=159387/.

主，同时亦有费用折扣[①]、“旧+新”等其他方法。其中，固定费率是以产品整体价格和零件价格之商作为计算标准。当价格因市场情况而波动，且权利人无法实际掌握实施人的内部成本价格信息时，实践中亦出现以计费单位固定许可费金额的方法。这种方法简便易行、交易成本较低。但随着市场变化、技术发展，相对该专利的实际价值而言，固定许可费金额，可能存在过高或者过低的不公平情形。例如，在市场连续下跌后，专利产品在低迷的市场状态下难以获得正的收益率，则实施人在未能取得理想利润的情况下，可能会质疑SEP的价值贡献，更不愿意在实际回报率为负的情况下支付FRAND许可费率。

为了避免因信息不对称而诱发少付许可费，或者因支出监控成本而推高双方交易成本等问题，双方试图通过预测专利产品的未来销售情况来设定许可费总额，从而合理控制双方的费率预期。同时，亦出现浮动费率的支付方式，即根据技术实际使用情况计算许可费率，以体现“使用收费、多用多收、少用少收、不用不收”的效果。但由于浮动费率有赖于双方信息的透明共享，实施人存在一定的瞒报或者少报使用情况的动力，权利人为监控实施情况亦会增加相应成本。美国联邦法院曾总结过两种支付方式之优劣[②]：浮动费率对于权利人而言存在一定风险，因为许可费率将受制于实施人之销售；固定费率虽然不需要监控销售，且销售额易于计算，但无法准确反映专利对产品之价值。

整体而言，双方自愿达成的许可费率并不一定限定于某种支付方式，换言之，在先许可的可比性并不受其支付方式之制约。但这并

① 例如，一些权利人提供“早鸟价”优惠，即在早期达成许可，实施人将享受一定幅度的费率折扣。

② 参见：Lucent v. Gateway 580 F.3d 1301（Fed. Cir. 2009）。

非否定该因子的可比性，而是要深入该因子的背后逻辑，即双方对于未来风险整体评估的比较。例如，关于监控之风险与成本预估的差异，将直接影响在先协议中的支付方式系固定费率抑或浮动费率的可比性。

（六）企业的经营规模、地域市场、产品销量等

在以往的司法实践中，该因子一直是分析的重点。在爱立信公司与 TCL 公司案件中，美国加州中区法院表示，“为比较许可协议之目的，应当分析所有世界市场上具有合理稳固地位的公司”，该法院甚至指出地域市场是“决定一家公司能否与 TCL 公司相似最为重要的因素”。该院将潜在比较的对象区分为本土企业和全球企业，前者大部分或所有产品都在单一国家销售，后者范围则遍及全球。依照该区分理论，该院认为酷派公司 2014 年中近 93% 的收入来自中国用户，这与 TCL 公司的经营范围截然相反，后者超过 90% 的销量来自中国以外，基于此认识，最终认定酷派公司与 TCL 公司并不具有可比性。2023 年 3 月，英国审理法院在 IDC 公司与联想公司案中也认为，“每个可比协议中实施人的业务规模都比联想公司（实施人）的小得多，大部分至少是一个数量级甚至两个数量级”；“在许多情况下，（可比协议中）实施人的业务主要或完全局限于一个国家或地区——松下、夏普、NEC（日本电气股份有限公司）和富士通等企业在日本，Fairphone 公司在西欧，Blu（一家美国手机厂商）在南美，等等。在日本市场上与‘地头蛇’商定的费率不可能成为全球许可的可靠指南”[①]。

如果企业的经营规模、地域市场、产品销量等因子相似，确实会对许可协议之达成具有参照意义，但如果按照上述TCL公司、联想公司等案件之处理思路，则该因子有被过度夸大之嫌。

① 案号：HP-2019-000032。

首先，根据可比协议法的内在逻辑，其核心在于通过参照在先市场定价从而为待决许可合理定价，而非根据市场主体的相似度定价。从日常生活经验来看，买梨时，可把先前梨的价格作为参照根据价格，而非根据交易双方之身份来定价。这一点已获得部分司法辖区之司法意见的支持。前述英国法院即认为不应当夸大该因子，"不同的被许可人会有不同程度的议价能力"，"例如，如果新进入市场的小微企业比成熟的大实体支付了更高的SEP使用费，这就有违FRAND原则"；但有英国法官表示，"根据我的判断，FRAND费率应该是普遍而非歧视性的，因为其主要参照被许可的SEP的价值而得以决定，其结果是所有需要同类许可的被许可人都将被收取同类的费率"。

虽然SEP与之稍有不同[①]，但考虑到各国对于SEP相关的专利产品（如手机、平板电视等）设定了较高的市场准入门槛，加之马太效应等效果[②]，可知下游生产厂商实力大都比较雄厚，由此一定程度上便呈现为"巨头们的游戏"。加之技术与标准的迭代发展所呈现的"重复博弈"特征以及实施人的竞争法诉讼威胁，从而使SEP仍较多呈现普通许可的共性特征。在此背景下，过于强调主体身份之相似性的比较缺乏合理性。

其次，主体相似性系通过其他因子间接发挥影响。一般而言，商业定价决策的影响因素主要包括产品成本、市场需求、市场竞争、政府或者行业组织的干预、消费者心理和习惯、企业或者产品的形象等[③]。企业主体之间的相似性是通过上述因子间接发挥作用的，因此

① 反对观点认为，梨可能被视为种类物，而SEP可能被视为无可替代的专利，从而引发前述有关梨的案例不可适用性的讨论。

② Small Tech News. China's smartphone market imbalance: Huawei's one-size-a-half OV Xiaomi Apple collective loss [EB/OL]. [2022-07-21]. https://www.smalltechnews.com/archives/3817.

③ 王艳. 市场营销管理：理论与应用[M]. 武汉：华中科技大学出版社，2020：160.

不应过度放大其影响。

最后，过于强调经营规模、市场销量等可能对中小企业造成反向歧视，从而违反FRAND原则。根据现有相关案例，法院大多注重强调销量或者经营规模达到合理程度即可，并非要求绝对一致或以上述差别实质性地影响可比性。在无线星球公司的案件中，英国审理法院也多次提及，FRAND费率需要类似许可协议的所有被许可人适用类似的许可费率，如果新进入市场的初创企业反而要比较早进入市场的领先企业适用更高的许可费率，这显然与FRAND的政策目的相背离。实践中，一些当事人以销售量为由否认相关许可协议的可比性，甚至认为全球排名靠前的同行业厂商才具有可比性，这显然对中小企业存在歧视性。

（七）实施人是否具有足以维持对等谈判的能力

有观点认为，“专利进入标准很可能减少相关技术市场的竞争，这是因为选择特定的技术而不选择其他竞争的技术作为标准，会使那些拥有特定技术者自动获得市场上的支配力量”[①]，从而使实施人无法维持对等谈判的能力，进而造成不公平的许可结果。从可比角度审视，如果在在先许可与待决许可中实施人的谈判能力存在显著差异，则可比性将大为削弱。但实际上该因子的重要性被人为夸大了，实际上实施人甚至可能具有强于权利人的谈判能力。

首先，从权利特征来看，SEP与其他专利均属于无形权利，权利人无法阻止实施人先行使用SEP技术。实施人使用SEP技术并不以获得SEP权利人的许可为前提，通常是实施人实施了专利技术较长时间以后，方才进行专利许可谈判。由于这一“后置性”许可模式，SEP权利人缺乏事实上的手段和途径来约束实施人先获得许可再使用技

① 王先林. 涉及专利的标准制定和实施中的反垄断问题［J］. 法学家，2015（4）：66:.

术。实践中，虽然有少数权利人以芯片销售作为专利许可谈判的不合理对价，但随着其中一些权利人（如高通公司）因此类行为而遭受行政处罚[①]，该做法遭到了否定性评价。

其次，从许可实践来看，反向劫持、交叉许可、重复博弈使实施人具有较强的谈判能力。实施人可能通过拖延谈判、恶意提起竞争法之诉等方式提起反向劫持，从而意图拖延付费、少付费甚至拒不付费，由此具有了较强的对等谈判能力。同时，部分实施人本身亦属SEP权利人，其可以通过交叉许可，抵消或缓解权利人所谓的专利优势。此外，由于标准制定迭代强加不利条款，则在下一轮标准制定中，权利人之技术可能面临实施人的联合抵制，甚至难以被纳入标准。

最后，从救济渠道来看，实施人比权利人具有更优势地位。实施人认为其权利受损的，可以通过以下手段和方法寻求救济：就SEP向专利管理部门提出无效申请，从而挑战SEP的有效性；提出FRAND诉讼和反垄断诉讼；向反垄断执法部门提出反垄断行政投诉。例如，2020年8月，联想公司在美国专利审判和上诉委员会提起审查程序，挑战IDC公司在专利侵权诉讼中所主张的8项SEP的有效性。反观权利人的救济途径则较为单一，只能选择进行专利侵权诉讼作为唯一且最后的救济途径。但如果从相关司法解释、行政执法指南[②]以及司法实践的视角加以审视，则权利人申请禁令将承担被实施人起诉滥用市场支配地位的诉讼风险，以及面临行政执法部门反垄断执法的合规风

---

① 参见：《中华人民共和国国家发展和改革委员会行政处罚决定书》（发改办价监处罚〔2015〕1号）。

② 2022年6月27日，市场监督管理总局发布的《禁止滥用知识产权排除、限制竞争行为规定（征求意见稿）》中新增1条，“在标准必要专利许可过程中，违背公平、合理、无歧视许可的承诺，未经善意谈判程序，不正当地请求法院或者相关部门做出或者颁发禁止使用相关知识产权的判决、裁定或者决定，迫使被许可方接受其不公平的高价或者其他不合理的限制条件”。

险。可见从整体来看，实施人并不会仅仅因为SEP本身而丧失维持对等谈判的谈判能力，反而可能处于优势地位。因此，该因子的可比性权重应当较低，尤其是在一方无明显压迫另一方的情形时，要更为审慎地适用该比较因子。

（八）是否先行汇入保证金

欧洲法院在华为公司诉中兴公司一案中认为，当实施人在先使用SEP且其在商谈过程中发出的反要约被权利人拒绝时，其应当提供符合欧洲商业惯例的适当担保，如设立担保账户并汇入必要的保证金，而“对这种担保的计算必须包括过去使用 SEP的行为的数量，且被指控的侵权者必须能够就这些使用行为作出说明”。该保证金制度的逻辑在于平衡权利人与实施人之间的利益格局，避免出现一些实施人为规避反向劫持之指控，口头表达获取许可之意愿却在长期未支付任何费用的情况下使用专利之情形。该制度在后续的欧洲法院司法实践中予以遵循，如德国杜塞尔多夫法院就曾在判决中表示“实施人有义务根据其反要约的内容就其使用行为开立担保账户，并有义务根据反要约的内容为可能产生的潜在许可费提交保证金”[①]。2023年3月，英国受诉法院在IDC公司与联想公司案中也表示，“一个有意愿的实施人会留出资金，不论是名义上的还是其他方面的，用于支付实施某一特定标准所需的许可，即使所需的金额很可能是不确定的。此外，在达成协议或确定应当实际支付的FRAND费用之前，有意愿的实施人很可能会支付一定的费用以表明其获得许可的意愿。如果实施人被剥夺了必要的信息，则这些费用额度很可能比较小”[②]。欧盟委员会于2023年4月27日发布的《关于标准必要专利和修订（EU）

① 案号：4a O 93/14。

② 案号：HP-2019-000032。

2017/1001号条例的决定》之提案也沿袭上述规则，规定“任何一方都有权向受诉法院申请财务性质的临时禁令。在权利人已经做出FRAND承诺的情况下，适度、合理的财务性质的临时禁令能够为权利人（同意以FRAND条件许可其SEP）提供必要的司法保护”；“一方可要求确定FRAND费率，以证明其要约/反要约属于FRAND，或者在其真诚地参与谈判时为之提供担保”。

虽然在中国、日本、美国等国家，实施人不提供担保也不一定被直接视为存在恶意，但提供担保金将使实施人通过现金保证体现更大的谈判善意从而更有利于其获取许可，同时可使权利人的许可费率得到底线保障，促使其亦进行善意谈判。但如果权利人要求实施人提供保证金，实施人直接拒绝或者其在明显缺乏履行担保义务之能力的情况下仍做出虚假陈述，则实施人非善意的主观意图可能更大。在可比的过程中，是否先行汇入保证金，并不会直接影响其可比与否，但将直接影响实施人的善意程度高低。如果先行汇入保证金，证明双方具有较高的谈判善意，在此情况下，更能反映出可比协议法的“市场偏好”算法优势，即其应当具有优先可比性。

第六节 小 结

可比协议法并非毫无瑕疵。一般认为，该方法具有以下缺陷。

首先，其对新兴市场或者新型技术许可的作用有限。可比协议法之适用有赖于在先具有一些可供参照的协议。但对于新兴市场或者新型技术而言，其缺乏可供参照的在先协议，自然难以具有更强的实用性。

其次，权利人与实施人都可能选择提交对己有利的在先协议，从而削弱了可比的特征。

最后，可比协议可能并非以市场自愿之方式而自由签订的[①]。但如前所述，也要避免该风险被过度夸大。

综上，可比协议之选择将实质性地影响可比协议法的适用结果。因此，“可比性”问题是该方法适用的核心与关键。但在实践中，该问题并未得到相应的重视与研究，尤其是并未结合FRAND承诺与我国当前立法而提出具有可操作性的可比方法，即整体来看目前仍处于较为粗疏的适用阶段。这严重影响了可比协议法“偏市场化”之算法优势的发挥，也制约了后续拆解协议的科学性与合理性。为此，有必要从FRAND原则与合法性原则出发，建立更为精细的分级、分类、分步骤的比较体系，从而量化待选协议的可比系数，以此选择“强可比”的可比协议并满足确定费率之需求。同时，可比因子之赋值与对其的理解息息相关。因此，有必要对部分实践中争议较大的可比因子进行具体分析，从FRAND原则、合法性以及产业实践等多维视角，深入剖析其可比逻辑，从而为可比因子之适用提供更为有效的实践指引。

① 参见：https://ec.europa.eu/docsroom/documents/45217。

第十二章
不公平价格的 FRAND 规制

在当前的标准必要专利许可中，对不公平价格行为主要适用竞争法予以规制。但随着标准必要专利使用费纠纷法律性质的明确，以竞争法规则判定此类案件中的不公平价格行为存在适用困境，故有必要构建独立的分析框架。对此，应根据许可谈判中的外部谈判过程与价格形成内部机制，以我国民法典之合同编为基础，构建"议价行为+价格形成"的FRAND判定框架。前者以缔约过失责任为核心，以判定双方议价中的不公平价格行为；后者注重计费基础、NPE专利联营、计算方法的综合分析，以避免仅仅因为与中立第三方所确定的FRAND费率不同，就被直接认定为"不公平"，从而将FRAND内涵具体化为侵权法视角下具有可操作性、兼顾多方利益的判断规则。

确定FRAND许可费率是当前标准必要专利许可谈判中的核心议题。由于关涉实施人支付多少许可费这一最为核心的利益分配，专利权人与实施人往往会耗费大量的交易成本就许可费率进行商谈。实践中，一些权利人与实施人就许可报价是否符合FRAND原则分歧严重，从而导致SEP许可谈判走入"死胡同"。为了破解许可僵局，一些实施人主动寻求中立第三方介入专利许可谈判，在通过"司法定价"以确定FRAND许可费率的同时，要求确认权利人许可中的费率要约属于不公平高价，从而违反了FRAND原则[①]。

但当前，对SEP之不公平价格行为的研究大多适用的是竞争法的分析路径，以判断其行为是否构成滥用市场支配地位。例如，有学者认为，"在我国，与通过合同法规、专利法规等制定的标准必要专利定价行为相比，通过反垄断法对其进行规制具有特殊的优势"[②]；有学者甚至认为，FRAND"原则本身并无明确和统一的界定，以至于被视为'空洞的承诺'或者'空洞的词汇堆砌'。因此，这个问题最终要回到反垄断法本身来分析、判断，也就是运用反垄断法中的'合理原则'来进行分析"[③]。

2020年12月，最高人民法院修订了《民事案件案由规定》，在第三级案由"专利权权属、侵权纠纷"项下增加了"标准必要专利使用费纠纷"，从而明确了此类纠纷属于专利侵权项下[④]。由此，作为专利侵权案件的标准必要专利使用费纠纷，"不公平价格"在其与反垄断纠纷中的认定前提、标准与方向已不相同，就连前者是否能够参照后者的判定思路也已存疑。从认定前提来看，反垄断纠纷需要先判断

---

① 例如，深圳市中级人民法院在（2020）粤03民初689号裁定书中明确认定，欧珀公司起诉夏普公司（SHARP）"过高定价"违反FRAND原则具有可诉性；最高人民法院在（2020）最高法知民辖终392号裁定书中认定，欧珀公司起诉西斯威尔公司的"不合理定价"行为违反FRAND原则；爱立信公司在美国得州东区法院起诉三星公司案件中，首项诉求也是确认三星公司违反FRAND原则。

② 孟雁北，姜姿含. 标准必要专利定价行为的反垄断法规制研究［J］. 价格理论与实践，2015（2）：31.

③ 王先林. 涉及专利的标准制定和实施中的反垄断问题［J］.法学家，2015（4）：67.

④ 我国法院在此前的判决中多认定此类费率案件兼具合同与侵权的属性，并以此确定管辖。例如，深圳中级人民法院在（2020）粤03民初689号、北京知识产权法院在（2019）京73民初1348号、最高人民法院在（2020）最高法知民辖终462号、（2019）最高法知民辖民终157号等管辖权裁定中均认为SEP费率纠纷"既非典型的合同纠纷，又非典型的侵权纠纷"。

权利人是否具有市场支配地位[①]，而SEP使用费纠纷仅要求其拥有合法的专利权并进行许可。从认定重点来看，反垄断法重点关注SEP权利人过高定价本身的后果是否导致了“排除、限制竞争”的效果；而SEP使用费纠纷中的“不公平定价”注重遵循专利侵权乃至民法典的相关规定，不仅审查权利人的定价行为，而且关注实施人的反报价及其依据是否符合FRAND原则。

因此，同一“不公平”的定价行为可能违背了FRAND原则甚至民法典相关规定[②]，但并不必然构成滥用市场支配地位；不仅权利人可能构成“不公平高价”，而且实施人也可能实施“不公平低价”。由此，在标准必要专利使用费纠纷中，建构有别于反垄断法的“不公平定价”之FRAND判断规则殊为必要。

第一节　比价法判断不公平价格的适用缺陷

当前关于不公平价格的判定受到竞争法路径的影响较深，强调比价方法的应用，“在判断超高定价时，可以优先采取价格比较法，通过比较市场形成的许可费率进行分析判断”[③]。但在实践中，多数研究主要关注的是权利人给予其他实施人的许可费率、同一标准中其他SEP的许可费率、类似专利池的许可费率等作为“标准”的研究。虽然有学者主张先计算FRAND费率而后予以判断，但也有学者认为反

① 对此实际上已经形成初步共识，不能因为持有SEP就直接推定其具有市场支配地位。参见：《国务院反垄断委员会关于知识产权领域的反垄断指南》第2条、《区域全面经济伙伴关系协定》（RCEP）第十一章第四条等。

② 虽然ETSI规定“FRAND声明的创建、效力和履行均适用法国法律”，但实际上各国法院均依照本国法审理FRAND费率纠纷。

③ 朱理.法标准必要专利禁令救济问题的反垄断分析［J］.中国知识产权，2016（3）：48-50.

垄断法下“无法也不需要计算合理的许可费的具体数额”[①]。然而上述研究对选定何种价格信息作为“标准对象”均有所忽视。在许可SEP过程中，并不仅仅存在一种价格信息，因此先要判断应当以何种价格数额作为标准对象。

一、“价”的分类

“价”应区分费率要约/反要约、合意费率以及实际支付的费率金额。SEP许可是一个动态、弹性、不断调整的价格议定过程，双方基于市场、技术、法律等信息进行“讨价还价”。其间，双方就SEP的费率报价/回价要经历多次调整，而这也是知识产权许可谈判活动中常见的谈判模式，即缔约各方进行初步接触、初步洽商、讨价还价、再次洽商的动态往复行为过程。由于磋商时间长、技术复杂且难度高，双方尤其是权利人一般会对己方的费率价格进行再调整，以免因双方分歧过大而造成谈判破裂。经过多轮谈判，双方最终达成共同认可的许可协议。这种合意定价机制，体现了双方就被许可专利市场价值的评价。在此价格下，权利人因为技术创新而获得合法的“超额利润”，实施人则支付其认可的合理对价，从而合法使用专利技术，避免因侵权风险而影响其经营发展。

因此，根据上述许可实践，在将许可协议是否实际达成、许可费是否实际给付作为判断标准时，许可中的价格信息应当分为许可谈判中的费率要约/反要约、在许可协议中约定的合意费率条款、实际支付的费率金额。这种区分亦获得我国民法典的支持，如就“价款”这一法律概念，我国民法典第四百八十八条、第四百七十条、第五百十一十条中，分别具有要约内容、合同条款以及合同履行三种

① 孟雁北. 论我国规制标准必要专利定价行为的法律路径：以华为公司诉IDC公司案为研究样本［J］. 竞争政策研究，2015（2）：80.

不同含义。在无线星球公司与华为在英国的诉讼中，英国高等法院专利法庭也曾指出，“价格可以分为三种：已经商定或支付的价格，供应商以拒绝供应为筹码而要求支付的价格以及谈判时提出的价格”[①]。在我国的司法实践中，多以过往某次报价进行比对。例如，深圳市中级人民法院以单次报价要约判断是否符合FRAND原则，“关于IDC公司第×次要约。IDC公司×年×月×日向华为公司发出要约的主要内容为……原审法院认为……IDC公司报价过高。在该次报价中，IDC公司对终端设备、基础设备许可费一次性付费报价仍分别高达×美元、×美元”[②]。

2023年7月国家市场监督管理总局发布的《关于标准必要专利领域的反垄断指南（征求意见稿）》认为，对以不公平的高价许可标准必要专利或者销售包含标准必要专利的产品，排除、限制竞争等行为进行具体分析时，可以考虑以下因素：①许可双方是否根据本指南第七条进行善意的许可谈判？②许可费是否明显高于研发成本？③许可费是否明显高于可以比照的历史许可费或者许可费标准？④许可费是否超出标准必要专利的地域范围或者覆盖的商品范围？⑤标准必要专利权人是否就过期、无效的标准必要专利或者非标准必要专利收取许可费？⑥标准必要专利权人是否根据标准必要专利之数量和质量所发生的变化合理调整许可费用？⑦标准必要专利权人是否通过非专利实施实体进行重复收费？

但各方就上述部分条款亦存在一定争议，如就单独比较许可费和研发成本的分歧就比较大。首先，此举可能与研发实践并不相符。很多时候，针对标准必要专利的研发成本是难以完全计算清楚的，且研发属于高风险活动，大量宣告失败的研发活动亦应计入成本。此外，

① 案号：HP-2014-000005。

② 参见：深圳市中级人民法院（2011）深中法知民初字第857号民事判决书。

专利的申请、维护、维权的成本也比较高，许可谈判周期长、难度高，在此过程中发生的各种成本也都需要被考虑进来。其次，获取高于研发成本的超额利益属于专利激励制度的应有之义。对此，全国人民代表大会常务委员会法制工作委员会组织编写的《中华人民共和国专利法释义》曾明确表示，“使他们（即权利人）通过自己的使用或者通过允许他人有偿使用，收回发明费用并可以获得超额价值”。因此，将许可费与研发成本费用进行比较以判断是否存在过高定价的做法，似与专利激励机制不符。最后，即使将许可费与研发成本进行对比，也不应视其为权利人的研发成本，而应视其为行业的平均研发成本，否则将在事实上造成对具有高效研发能力企业的“惩罚”，从而导致对创新活动的逆向激励。

二、费率要约 / 反要约的判定误区

有一种观点认为，应当以合意费率条款而非费率要约/反要约中的价格信息判断公平与否。例如，在无线星球公司与华为公司在英国的诉讼中，英国高等法院专利法庭支持上述理解，认为“ETSI FRAND义务将被解释为主要适用于最终商定的条款而非初始报价”；在三星公司与苹果公司的337调查中，美国国际贸易委员会表示，“产生自FRAND声明的义务是否得到履行并不是通过一个特定要约来衡量的，不论是初始要约还是在反复谈判中提出的要约”[①]。但更为主流的观点是，合意费率条款与费率要约/反要约中的价格信息均应接受公平性的审查。

由于许可协议已经达成，合意费率条款已经明确，故而对其进行公平性判断争议较少。但费率要约/反要约则较为特殊。由于SEP许可谈判的动态特征，可能存在1个以上的费率要约/反要约。例如，在华为公司与IDC公司案中，IDC公司曾至少向华为发出4次要

① 案号：337-TA-794。

约[①]；在康文森（Conversant）公司与华为公司案中，康文森公司也曾至少向华为公司发出了4次费率要约[②]，而华为公司至少发出过2次反要约。在此情况下，讨价还价过程常常会令价格信息产生变动，因此，在含有多个价格信息的费率要约/反要约中进行公平性判断时，应规避三个判定误区。

（一）不应单独依据初始要约 / 反要约来判定公平性

不能仅依据初始要约 / 反要约直接认定其构成“不公平价格”，这忽视了价格信息在谈判过程中的变化，与谈判实践并不相符。在爱立信公司与友迅集团一案中，美国得克萨斯州东区联邦地区法院认为，“专利持有人寻求比潜在被许可人认为合理之许可费高的许可费，未违反其 FRAND 义务”；“双方的初始报价应被视为谈判的起点。即使法院或者陪审团必须确定适当的费率，仅是寻求比潜在被许可人认为合理之许可费更高的许可费并不违反 FRAND 原则”。在无线星球公司与华为公司在英国的诉讼中，英国高等法院专利法庭也指出，“在谈判开始时，要约的提出者和接收者十分清楚，最终的交易可能在更低的价格上达成”；“2014 年的这些要约都是初始要约，双方都知道将有一个谈判过程，并且这一立场并没有因侵权诉讼的开始而改变”。这一观点此后在英国法院中得到延续。2023 年 3 月，英国受诉法院再次重申，“有证据表明，一个最小的实施人在没有任何谈判的情况下接受了 IDC 公司的初始条款，但这很大程度上是个例外。换言之，IDC 公司在任何谈判中的初始要约都仅仅是‘开价’”[③]。欧盟委员会于 2023 年 4 月 27 日发布《关于标准必要专利和修订（EU）

① 参见：广东省高级人民法院（2013）粤高法民三终字第305号民事判决书。

② 参见：南京市中级人民法院（2018）苏01民初字第232、233、234号民事判决书。

③ 案号：HP-2019-000032。

2017/1001 号条例的决定》的提案，该提案中的《欧盟 SEP 影响评估》也认为，“一些权利人会提前公布 SEP 费率，但在许多情况下，这是在后续谈判期间可以降低的最高价格”。

实际上，如果强求初始要约 / 反要约必须满足 FRAND 原则，则由于许可谈判中势必会涉及双方关于费率的一些让步，这将迫使权利人在谈判之初就不得不以低于 FRAND 费率的价格水平提出初始要约，那么权利人将无法获得合理的创新报酬。同理，如果要求实施人的首次反要约符合 FRAND 原则，则由于其对 SEP 的必要性和有效性、专利使用情况等随着谈判的深入而不断清晰，会发现该反要约可能高估或者低估了专利合理价值，从而对其形成不合理的承诺约束。

（二）不应依据已失效要约 / 反要约判定公平性

我国民法典第四百七十八条规定，受要约人对要约的内容做出实质性变更的，要约失效；第四百八十八条规定，有关合同标的、数量、质量、价款或者报酬、履行期限、履行地点和方式、违约责任和解决争议方法等的变更，是对要约内容的实质性变更。

根据上述规定，如果实施人就许可费率向权利人提出反要约，在承诺期间内未做出承诺或拒绝要约的，要约即失效；权利人明确拒绝该反要约的，该新要约失效。因此，根据我国民法典的规定，已经失去法律效力的要约及其中的价格信息对双方并无拘束力。此时，如果依据 ETSI、IEEE、ITA 等标准化组织所确立的 FRAND 原则对已失效要约 / 反要约进行直接评价，进而判断权利人是否符合公平原则，将可能与民法典适用相冲突。

首先，从规范内容来看，FRAND原则属于先合同义务[1]，这已经

① 在（2020）粤03民初689号裁定书中，深圳市中级人民法院明确认定FRAND原则属于先合同义务。

为我国民法典所调整并涵摄。虽然FRAND原则的制度目的在于防止SEP权利人“勒索其竞争对手或阻止它们进入市场”[①]，但在其制度设计中却使用了合同法之解决路径，即要求该权利人在许可时遵循FRAND原则以避免不正当后果。我国民法典中确立了公平原则，并在合同编中对缔约过程中双方的权利义务、缔约过失责任等进行了规定，故而FRAND原则已内化、具体化为我国民法典之合同编中关于缔约过程的相关规则。

其次，从法律渊源来看，我国民法典优先于FRAND原则。虽然我国司法政策认可在标准必要专利使用费纠纷中可以适用权利人做出的公平、合理和无歧视声明，并将其作为审理案件的依据，但从法律渊源来看，根据民法典第十条之规定，我国法律有规定的，应当依照法律，而非依照非正式法律渊源的FRAND原则。

最后，从法律适用来看，FRAND原则之二次评价有可能否定民法典的适用效果。除民法典第五百条所列的缔约过失责任外，在民法典已经明确对失效要约做出法律评价且对双方均无约束力后，在缺乏我国法律明确依据的情况下，仅仅依照非正式法律渊源之FRAND原则，再次对已经失去法律效力的要约进行正当性评价，有可能形成与民法典适用相反的评价。

（三）不应单独依据“司法定价”来判定公平性

在标准必要专利使用费纠纷中，法院或者仲裁机构会应用多种经济学方法来确定SEP许可的FRAND费率[②]。在此情况下，进一步依照法院已经确定的FRAND费率来判断费率的公正性似乎成为成本低廉、切

① 案号：10-cv-01823-JLR。

② 赵启杉. 标准必要专利合理许可费的司法确定问题研究［J］. 知识产权，2017（7）：13-22.

实可行的判定路径。实际上，一些法院正是基于已裁决的FRAND费率来判断谈判中费率要约之公平性的，如在TCL公司与爱立信公司的案件中，加州联邦地区法院一审认为，在确定FRAND费率后，即以此作为标准认为爱立信公司"要约A与要约B不符合FRAND原则"，具有歧视性[①]。但上述单独依据"司法定价"判定公平性的做法欠缺合理依据。

首先，单独以法院确定的FRAND费率来判断要约的公平性，实际上是将公平性审查窄化为纯粹数字意义上的比对大小。公平原则要求民事主体秉持公平理念，公正、平允、合理地确定各方的权利和义务，并依法承担相应的民事责任[②]。可见，公平原则所蕴含的内容非常广泛，无法仅仅因为费率数值未落入FRAND费率范围，就直接推定该要约不公平。因此，在无线星球公司与华为公司案中，英国高等法院专利法庭认定，即使谈判中的要约包含高于或者低于FRAND基准费率，但只要其不扰乱或影响谈判，该种要约仍然合法。

其次，FRAND费率体现的是相对意义上的公平性，单独以此来判断实质意义上的不公平价格，其结论的客观性、科学性存疑。当前存在多种FRAND费率的计算方法，如最为主流的自上而下法、可比较许可协议法、专利价值评估法等，这些方法各有利弊。因此，在计算FRAND费率时本身存在固有的不确定性，也就不存在计算FRAND 费率的完美方法，在个案中也只是寻求通过某一计算方法，尽可能计算出FRAND费率最接近市场价值及创新回报和平衡各方利益的"完美近似值"[③]。实际上，法院受制于当事人诉讼成本、技术复

① 案号：8:14-cv-00341-JVS-DFM。但美国联邦上诉法院认为该一审判决通过法官审理而非陪审团审理，违反了美国宪法第七修正案的有关要求，因此将该案发回重审。

② 赵万一. 民法公平原则的伦理分析［J］. 重庆社会科学，2004（2）：81.

③ 姚兵兵. 标准必要专利保护司法实践新进展（二）［EB/OL］.［2022-08-07］. http://www.justra.org.cn/ShowInfo.asp?GUID=A265693EE55E48ED9B561B0D158FF015.

杂性、在案证据等因素，其裁决中所能反映的“近似值”可能更不“近似”。例如，在华为公司与康文森公司案中，南京市中级人民法院认为，自上而下方法中“对分子、分母采取之不同细致程度的工作，都是在各自场景下最优化的做法。因为分母数量巨大，没有办法按照分子的需求程度对其一件一件地加以分析；而分子因为规模的有限性，因此可以进行有效性的分析”。但不同程度的评估，将可能严重扭曲分子、分母的数值，如在不合理地增加分母数量的同时不合理地减少分子的数量，再经过除法运算，此时所得的数值将严重偏离真实值。可见，这在某种程度上是以可行性牺牲了准确性。因此，“司法定价”因受限于诉讼程序之设计，其所得出的FRAND费率仅仅具有相对意义甚至更低程度的公平性，单单以此直接判断实质意义上的不公平价格，显然缺乏科学性。

最后，以事后的司法定价判断事先的费率要约，可能无法全面、客观地考虑当时当地的专利市场价值。在双方许可谈判中，许可标的、时间节点、交易成本、主体类型、新替代技术等许可条件的变化，都会影响费率的确定，而这些因素的变化很多是不以权利人的主观意志为转移，也是其事先无法预计的。因此，以事后确定之单一的FRAND费率来判断数年前权利人发出要约的公平性，并要求权利人符合该要约，一定程度上属于“强人所难”。

三、迈向更加全面的 FRAND 判定

欧盟委员会于 2023 年 4 月 27 日发布《关于标准必要专利和修订（EU）2017/1001 号条例的决定》的提案，该提案中的《欧盟 SEP 影响评估》表示，“FRAND 费率是一个范围，可能意味着基于标准或其部件的具体用途（如汽车与连接的真空吸尘器），在不同的细分市场中，甚至在同一产品的生产商之间，许可使用费的费率并不相同”。

因此，如上所述，单纯以单一费率数值比较大小的判定路径存在确定“适用对象”的困境，从而无法为不公平价格判定提供有效方法。正如ETSI所设定的目标，“让IPR所有者因实施ETSI的标准而使他们的SEP获得公平且充分的回报的权利与利益，与技术实施者按照FRAND条款和许可条件获得ETSI标准所定义的技术使用权的需要之间取得平衡”，这种平衡显然难以根据特定数额或者区间而予以单一性的判定。为此，有必要突破“数额”视角的限制，适用更多的现有制度规则来解决FRAND原则的抽象性与模糊性问题。

第二节　缔约过失责任的适用

FRAND原则本质上属于先合同义务，实际上各国为调整订立合同过程中的双方权利义务也在相关法律中设立了缔约过失责任条款。例如，希腊《民法典》第一百九十七条、第一百九十八条分别规定，“从事缔结契约磋商之际，当事人应负遵循诚实信用及交易惯例的要求为一定行为的义务”；“于为缔结契约磋商之际，因过失致相对人遭受损失的，应负赔偿责任，即使缔约未能成立亦然”。我国民法典第五百条也规定了缔约过失责任，当事人在订立合同过程中假借订立合同，恶意进行磋商；故意隐瞒与订立合同有关的重要事实或者提供虚假情况；有其他违背诚信原则的行为，并造成对方损失的，应当承担赔偿责任。从目的解释来看，根据该规定，当事人在为订立合同而进行有效磋商的过程中相互负有协助、保护、通知及其他依诚信原则和交易惯例所要求的义务；当事人违反前款义务，给对方造成损害的，应当承担赔偿责任[①]。

① 俞朝辉. 论《合同法》中的缔约过失责任. [EB/OL]. [2022-09-13]. https://www.chinacourt.org/article/detail/2002/09/id/12220.shtml.

因此，适用缔约过失责任条款以弥补FRAND原则的抽象性，进而判断不公平价格行为是否违反FRAND原则，成为我国法律背景下具有正当性的法律适用路径。根据我国民法典第五百条之规定，表12-1所示的两种价格行为可能被直接认为属于不公平。

表12-1　不公平价格行为及其行为目的

	行为目的	
	实施人	权利人
假借订立合同，恶意进行磋商	违反告知义务，实施反向劫持	滥用权利，实施专利劫持
故意隐瞒与许可费率有关的重要事实或者提供虚假情况	违反诚信磋商义务，实施反向劫持	

一、故意隐瞒或者提供虚假费率信息

“故意隐瞒与许可费率有关的重要事实或者提供虚假情况”属于不公平价格行为对于这一点的争议较小。一般认为，权利人的下列行为可能构成不公平价格行为：故意未向实施人发出谈判通知而直接提起侵权之诉，或虽发出谈判通知，但未按照商业惯例和交易习惯列明所涉专利权的范围；在实施者明确表达接受专利许可谈判的意愿后，未按商业惯例和交易习惯向实施者提供示例性专利清单、权利要求对照表等专利信息；提供虚假的SEP信息；未向实施者提出具体许可条件及主张的许可费计算方式；等等[①]。

---

① 此为笔者综合《广东省高级人民法院关于审理标准必要专利纠纷案件的工作指引（试行）》(2018)、北京市高级人民法院《专利侵权判定指南（2017）》、日本专利厅《标准必要专利授权谈判指南》(2018)、韩国知识产权局《标准必要专利纠纷应对指南》(2020)等行为类型而做的归纳。

同时，实施人提出反要约但未指明计算方法与依据、故意隐瞒或提供虚假销售数据与专利使用情况等，也可能被认定为上述不公平定价行为，因为这些做法将使权利人无法确认其所提出的实施条件是否公平，所以属于拖延谈判之举。例如，日本专利厅认为，没有解释提出反要约的授权金是如何计算，也没有说明反要约是否符合FRAND条件的，将可能被视为恶意实施人；在我国，广州知识产权法院亦在《粤港澳大湾区标准必要专利保护研究》调研报告中认为，“双方的谈判主张应当有相应的依据……这是对‘善意谈判’的最基本的实体正义的要求”。

双方只有在透明、全面的定价信息上才能议定公平的费率价格。如果故意隐瞒或者提供虚假的费率信息，将误导另一方做出错误的费率决策，从而可能扭曲公平状态下的价格水平，这一点对中小企业的损害更大。例如，有实施人就认为，“对FRAND许可费率的不透明，意味着中小企业没有能力检验许可人的主张和陈述。虽然处于价值链较高位置的中小企业无法获得在产品中实施SEP的许可，但它们却被逼迫提供广泛保密性的保证和赔偿，以免其下游客户面临SEP侵权诉讼。中小企业往往无力承担诉讼费用，因此它们别无选择，只能接受许可人提供的条款，而无法去核实专利是不是必要的、有效的或被侵犯的，及免其所提出的费率是不是真正的FRAND”[①]。因此，在议价过程中，权利人和实施人都要履行告知义务，故意隐瞒或者提供虚假费率信息，造成对方损失的，应当承担缔约过失责任。

---

① 参见：https://ec.europa.eu/info/law/better-regulation/have-your-say/initiatives/13109-Intellectual-property-new-framework-for-standard-essential-patents/feedback_en?p_id=28414115。

二、假借订立合同恶意磋商

实践中，曾有权利人在参与标准时故意隐瞒其必要专利，并在其他人执行该标准后，以侵权起诉为要挟，从而以较高的费率与之订立不公平合同，从而获得不正当收益。当然，在标准化组织制定披露规则后，这种“专利伏击”的行为实际上已大为减少。

对于实施人而言，则有的假借订立合同之名而恶意磋商，目的在于拖延谈判。一方面，此举实施人可以逃避拒绝SEP许可时的诉讼及禁令风险。例如，在都科摩公司与宏达电子公司案中，德国地方法院认为实施人在收到FRAND邀约后1.5年内未能做出任何回应或者做出任何反要约，难言正当，故准许了权利人的临时禁令措施[①]。另一方面，实施人可以在不缴纳任何专利费用的情况下持续、稳定地使用该专利[②]，从而以更低的经营成本在市场竞争中获取并保持优势地位。

“恶意磋商”的具体行为表现形式较为多样，如怠于回复权利人发出的要约或信息交换请求；持续给予无实质内容的回复，或者在合理期限内未能提出反要约；无正当理由反复主张对方违反FRAND原则、所有许可条件均违反FRAND原则等。上述行为可归纳为两大类：一类是故意拖延谈判，以实施反向劫持；另一类是恶意提起反垄断、反不正当竞争诉讼，以此威胁权利人不合理地降低费率价格，从

① 案号：7 O 66/15。

② 欧盟法院曾在华为公司与中兴公司案中认为，如果实施人提出的反要约被权利人拒绝，其应当提出符合欧洲商业事实务所认可的适当担保，如向银行存入必要的担保金，这种担保金的计算方法是对其过去使用SEP的使用数量的说明。实际上，提供适当担保，一方面是实施人愿意就其使用的SEP进行付费的善意表现，另一方面则是为了平衡和矫正实施人在未付费的情况下“在先使用”SEP这一违反专利法基本原则的特殊安排。

而达到少交甚至不交许可费的不正当目的[①]。对这种违反诚信磋商义务之不正当价格行为，应当予以否定性评价。

三、对其他不公平价格行为的缔约过失责任判断

首先，从体系解释来看，对于两项位阶相同的规范，"如果对于一项规范存在多种合理的解释可能性，则应当选择最符合其他规范的解释可能性"[②]。我国民法典第五百条第一项中的"恶意进行磋商"、第二项中的"故意隐瞒"属于较为典型的以主观故意为归责要件的缔约不当行为。基于法体系的统一性，该条第3项之兜底性的"其他违背诚信原则的行为"，在解释上也应限定为当事人故意实施的缔约不当行为[③]。

其次，从信赖利益来看，不应将权利人做出的FRAND承诺直接推定为实施人据此即享有信赖利益，而应当从双方实质性接触起进行分析。一般而言，当事人在订立合同过程中是否具有先合同义务，取决于双方是否为了缔约而有了初步的接触；如果当事人之间尚未接触[④]，或者预计双方可能缔约但尚未开始初步接触，那么说明，相对人并未对此形成某种信赖，因而不存在某种缔约上的联系。在SEP许可中，根据产业与标准实际，实施人很难信赖每一个被声明的SEP的必要性、有效性。例如，随着通信技术的迭代发展，一些标准必要专利在声明之初即可能被替代；由于标准化组织并不进行审查，一些声明的标准必要专利实际上并不具有有效性和必要性，从而造

① 李扬. FRAND劫持及其法律对策［J］. 武汉大学学报（哲学社会科学版），2018（1）：118.

② 旺克. 法律解释［M］. 蒋毅，季红明，译. 北京：北京大学出版社，2020：110.

③ 朱广新. 信赖保护原则及其在民法中的构造［M］. 北京：中国人民大学出版社，2013：273.

④ 吴一平. 论缔约过失责任的认定［J］. 东岳论丛，2012（3）：177-179.

成“过度声明”现象；部分实施人兼具权利人角色，其可以通过交叉许可等方式避免单方许可。这也是为什么在绝大多数案件中实施人会挑战权利人的SEP有效性或者必要性，并使得技术谈判之路更加漫长。因此，将权利人做出的FRAND承诺直接推定为潜在、尚未接触的实施人可据此即享有信赖利益，不仅与产业与标准化工作不符，而且与司法实践相矛盾，从而不正当地、过度地保护了实施人的利益。

最后，从保护义务来看，SEP许可与一般民事的缔约过失责任适用存在明显不同，尤其是考虑到实施人在未支付或者少支付对价的前提下已经使用专利这一事实时，更是如此。当前，学界通说将缔约过失责任的赔偿范围限定为信赖利益的损失，其包括直接损失（如缔约费用、准备履行费用以及所失利息）和间接损失（即当事人丧失与他人另行订立契约的损失）[①]。换言之，该缔约过失责任所导致的仅仅是使受损方恢复到没有遭受缔约损害前的状态，故而是一种补偿性的救济手段。但在SEP许可中，一方面，由于实施人的未付费在先使用行为，即使缔约过失责任恢复到缔约损害前的状态，实施人仍处于专利侵权状态，而非缔约自由状态；另一方面，如果损害是由于实施人实施不公平价格行为并对权利人造成的，一般仅仅赔偿其直接损失，而不包括间接损失。其原因在于，标准必要专利的必要性特性实际上使得实施人也很难从其他主体处获得可替代性标准，故而权利人并未实质性地丧失该交易机会。但如果实施人的不公平价格行为导致谈判破裂，则在确定标准必要专利费率时应充分考虑其恶意，并适度向权利人倾斜，反之亦然。

① 崔建远. 合同法［M］. 北京：北京大学出版社，2018：113–115.

第三节　价格形成机制的公平性审查

一、计费基础：坚持技术与经济的综合分析

对于计费基础，一直以来存在“最小可实施单元”与“市场整体价值”这两种不同方法的争论。前者是在SEP用于最小可实施单元时，以该单位的价格作为基数计算许可费率；后者则是在SEP对终端产品的整体性能或者需求满足做出贡献时，以该终端产品的整机价格作为基数计算许可费率，故俗称整机价格。从理论上而言，这两种基数的设定并无本质区别，甚至可以相互等价换算[①]。

但对于权利人而言，由于整机销售量、价格等信息较为公开透明，也不存在如何划分最小可销售单元这一技术问题，因而以整机价格作为计算基数能够大幅降低其交易成本。因此，在实践中，专利权人一般多主张采用整机价格作为计算基数；相反，实施人则往往坚持SEP实施于最小可实施单元上的这一主张，要求采取最小可实施单元作为计费基础。

国家发改委曾在对高通公司的行政处罚决定书中认定，其“在坚持较高许可费率的同时，以超出当事人持有的无线标准必要专利覆盖范围的整机批发净售价作为计费基础，显失公平，导致专利许可费过高”[②]。但该认定并未直接否定整机收费的合法性，而是否定了在较高许可费率时对被搭售非SEP之专利按照“整机批发净售价”收费的合法性。实际上，对于这两种计费基础，在当前司法认定中存在较大争议。例如，2020年10月，美国第九巡回上诉法院在高通公司与美国

---

① 潘炜. 标准必要专利之最小可销售专利实施单元问题［EB/OL］.［2022-10-15］. https://www.sohu.com/a/347089391_195414.

② 案号：发改办价监处罚〔2015〕1号。

联邦贸易委员会（FTC）案中就推翻了一审法院裁决高通公司应当以芯片价格（即最小可实施单元）作为许可费计算基准的意见，该上诉法院认为“竞争法没有要求专利使用费采用以最小可实施单元为基础的计费原则”，“使用完整产品的市场价值作为计费基础，并没有任何本质性的错误。因为经验丰富的各方在签署授权协议时，通常会将专利发明的价值规定为商业产品销售价格的一个百分比”①。

实际上，不论是“最小可销售单元”还是“整机收费”，均以该SEP的实质贡献作为计费标准。正如在爱立信公司诉友迅集团案中美国联邦巡回上诉法院所指出的，在计算合理许可费的基数时，必须以发明专利对终端产品所带来的附加价值为基础②。故而不存在何种方法绝对更优的问题，而是应当根据案件事实来选定最合适的计费基础。假设A标准必要专利的技术贡献在于实质性地提升了B芯片的散热速率，同时对终端产品（不论是手机这类移动终端，还是应用于车联网的商业场景下）也都具有重大经济价值。在此情况下，仅仅以B芯片的价格作为计费基础，则不正当地缩减了A专利之于整个终端产品的真正价值。同理，如果A专利仅能用于B芯片，且B芯片本身已经形成了独立成熟、定价公允的市场时，则亦可以B芯片价格作为计费基础。

国内亦有学者认为，应当根据专利对产品实际价值的贡献率来确定采用何种计费基础。“传统的标准必要专利费率基础之范围基于专利技术产品的整体价值或者与产品组成相关部分的价值，手机蜂窝通信功能的价值贡献水平呈下降趋势，意味着手机通信功能之专利价值对手机整体价值的贡献弱化，而手机屏幕、内存等其他组件对手机整体贡献的价值则不断提高，因此需要考虑这一技术变化因素所带来的

① 仲春，陈梦豪.美国FTC诉高通标准必要专利垄断案二审研究［J］.人民司法，2021（13）.

② 案号：10-cv-0473。

影响。”[①]

由此，计费基础的确定就转换成为：第一步，从技术上分析、判断该SEP对最小可销售单元的实质贡献；第二步，从经济上判断该贡献是否以及在多大程度上提升了终端产品的需求或者整体性能。可见，在此过程中需要技术、经济学等领域的专家配合、协作，方能确定最适合的费率基础，尤其是要避免以直接理论推定某种方法之天然更佳或者更劣的做法[②]。

二、运营模式：不应直接推定 NPE 导致不公平高价

专利联营是指两个或者两个以上经营者将各自的专利共同许可给联营成员或者独立第三方，由其对联营进行管理。一般认为，专利联营有利于消除专利实施中的授权障碍，加快专利技术的推广应用，降低经营成本，增加企业专利使用许可费收入，促进企业自主研发与技术创新[③]。但当专利联营的管理方系非实施主体（NPE）时，则有部分观点认为NPE“不实际实施其知识产权，只注重实现知识产权本身的货币价值，即从被控侵权者处获得高额的许可使用费或和解金”[④]；“其诉讼的主要动机在于获得高额专利许可费或索要巨额侵权赔偿”[⑤]，“通常是以突袭的方式对待受攻击方，并强迫侵权方接受意想不到且具有相当额度的许可费”[⑥]，国内一些学者和新闻媒体甚至将

① 姚兵兵. 论标准必要专利许可谈判良性生态系统改进和完善［J］. 知产财经，2022（3）：45.

② 宋建宝. 标准必要专利的司法规制原则研究［N］. 人民法院报，2019-09-26（18）：5.

③ 李岩，陈燕，孙全亮. 构建我国企业专利池的策略及运作模式研究［J］. 知识产权，2013（10）：82-83.

④ 张体锐. 知识产权非实施行为的法律规制［J］. 知识产权，2019（7）：48.

⑤ 胡小伟. NPE诉讼的价值审视与规制选择［J］. 知识产权，2021（1）：79.

⑥ 张克群，夏伟伟，袁建中. 非专利实施实体的定义、形态与特征研究［J］. 科技管理研究，2015（15）：142.

NPE与“专利蟑螂”“专利流氓”等挟诉讼以求不公平高价的行为等同视之[①]。

在此情况下，将NPE与不公平高价之间画等号，不仅缺乏法律依据，而且与事实不符。NPE享有合法的专利权，我国法律并未规定权利人必须自己实施专利，也并未明文减损NPE获得救济的权利，因此其专利权受到损害后依法寻求救济的行为自然应当得到保护。

更为重要的是，当前关于NPE的诉讼收费模式将导致有关不公平高价之争论。实际上，这忽视了不同国家之专利法的差异、执法机构的法律政策、实施人的反制措施、个案因素的牵制、专利自身的影响等多方面的法律与事实因素，而是简单推定NPE的高额许可费诉求将为被执法机构所支持。很多NPE的救济诉求被执法机构驳回这一事实证明，关于NPE专利联营导致不公平高价的可能性被严重高估了。例如，在无线通信领域，实施人多为手机终端厂商，其经济实力与研发能力较强，有些甚至兼具权利人与实施人的双重角色，具有丰富的许可和被许可经验，能够利用现有制度设计，采取以无效SEP否定其权利基础、提起竞争法诉讼以制衡SEP侵权诉讼、聘请经济学家与技术专家论证SEP收费不合理等多种反制措施，使NPE的上述诉讼收费模式无效。2018年9月25日，西门子公司在北京知识产权法院发起了两起针对欧珀公司、维沃公司（Vivo）的SEP侵权诉讼；2021年1月22日，涉诉专利在欧珀公司的申请下被国家知识产权局宣告全部无效；嗣后北京知识产权法院驳回了西门子公司以该专利为权利基础提起的侵权之诉。类似案件充分说明，NPE的诉讼收费模式实际上并非总是有效的。

---

① 实际上，“专利流氓”或“专利蟑螂”并非严谨的法律概念，其在媒体报道中较为多见，如《法治日报》于2017年5月24日刊发的《织密法网严惩“专利蟑螂”滥诉渔利》,《经济参考报》于2015年10月23日刊发的《“专利蟑螂”滥诉行为将遇“天敌”》等文章。

此外，亦有观点认为专利联营内部的利润分享机制变相激励了NPE追求不公平的高额许可使用费。实际上，该主张变相否定了专利联营本身。“利益回报机制对重要专利权人的吸引力在于，专利池许可模式下的利益回报主要是专利许可费。只有当重要专利权人所获得的许可费收益大于其所付出的许可成本（如建立专利池的时间与金钱成本、等待标准制定和实施的时间成本等）时，其才会选择支持相关专利许可模式。”[①] 反之，如果联营成员无法通过专利联营获得许可费收入或者该收入少于其分别请求的许可费，那么显然权利人并无意愿选择专利联营模式进行许可，而是会选择重新回归“单个许可”的老路，这将极大增加整个标准必要专利市场的交易成本[②]。

三、计算方法：坚持以立法目的判断价格形成的公平性

当前，关于费率计算以及不公平价格判定已然出现了“经济学统治”的不合理现象，即经济学范式、方法、思维主导了上述事实的查明[③]，法律则由于其方法论无法直接适用于量化计算而被归置于虚化。从计算方法所蕴含的理念来看，“经济学研究经济现象，经济现象是

① 参见：深圳市中彩联科技有限公司《深圳视像行业知识产权运营、保护及对策研究》（深圳市科技研发资金软科学研究项目结题报告）。

② 实际上，我国政府已经充分认识到专利联营（专利池）的制度优势并积极发展专利联营。例如，内蒙古自治区的蒙医药专利池被认为“改变了以往蒙医药生产企业开发新产品时需要向不同领域的专利权人分别请求许可的局面……广泛征集蒙医药专利入池，整理、盘活和优化高质量蒙医药技术专利”；全国首个高性能材料专利池“有效地促进成员单位间依托知识产权，在高性能材料的研发和应用领域开展更加紧密的合作，以最大限度地消除专利实施中的授权障碍，显著降低专利许可的交易成本，从而极大规避了行业内的专利诉讼风险”。

③ LEONARD，GREGORY K，LOPEZ，et al. Determining RAND royalty rates for standard-essential patents［J］. Antitrust，2014（1）：89-93.

一种社会现象，因此研究时先要有一个立场、观点和态度问题”[①]，这些立场、观点和态度应当合乎法律目的，也不得与法律逻辑相抵触。但在当前的法律实践中，一些计算方法可能需要通过法律目的来进行矫正。

例如，在华为公司与康文森公司案中，南京市中级人民法院采用了自上而下方法，并认为该方法“隐含的逻辑是，平均看待每一个标准必要专利的价值”，一些学者也仅将其视为计量方法上的困难[②]。虽然这种价值均等化处理便于操作，是一种简单易行、成本低廉的计算方法，但这种处理显然与专利法的立法目的相违背。对此，全国人大法工委认为，专利法立法“目的在于保护发明创造专利权，鼓励发明创造，促进科学技术进步和创新”；将“使他们（权利人）通过自己的使用或者通过允许他人有偿使用，收回发明费用并可以获得超额价值”[③]。可见，专利法的立法目的是鼓励创新，并通过专利实施与市场检验实现专利的市场价值。然而，专利之间已经形成了差异巨大的市场价值[④]，这种价值均等化的处理，将形成过于强调平均的“大锅饭”式的专利评价体系，造成优质专利的实际价值被忽视、劣质专利的价值却被不正当地增加之后果。如果坚持以该方法确定费率，势必严重削弱专利法鼓励创新的立法目的，从而诱发更多劣质SEP“注水”标准化的道德风险。

此外，关于经济学家、技术专家作为专家辅助人意见的证据审

① 尹伯成. 经济学基础教程［M］. 上海：复旦大学出版社，2018：4.

② 毕春丽. 标准专利许可费“top down”和可比协议方法的比较［J］. 知产财经，2021（2）：47.

③ 全国人民代表大会常务委员会法制工作委员会. 中华人民共和国专利法释义［M］. 北京：法律出版社，2009.

④ GREGORY J，SIDAK. Judge Selna’s errors in TCL v. Ericsson concerning apportionment，nondiscrimination，and royalties under the FRAND contract［J］. The criterion journal on innovation，2019（4）：158–161.

查，欠缺细化、可操作性规则，甚至违反法律上可参照的类似规则，可能引发被否定方关于公平性的忧虑。当被许可的SEP数量巨大时，可以进行抽样以确定专利的必要性，而这也是较为通行的实践做法[①]。但抽样是一项系统工程，需要根据调查要求与目的设计抽样精度，兼顾调查费用下的可操作性，“结合各种抽样方法的特点，扬长避短，采用分层、多阶段、不等概率和整群抽样设计等方法，提高抽样效率和样本的代表性”；“在数据分析中，若忽视层、群等抽样设计的复杂性，而直接利用调查数据按照传统数据分析方法来操作，容易得出错误的结论”[②]。可见，不同的方法可能造成不同的抽样结论。因此，对于法院拟采信的专家辅助人意见，应当参照鉴定书的审查规则，要求其解释其抽样方法、步骤、程序及基本原理，以确保其司法程序的公平公正。

同时，实践中还存在部分数据缺乏实质审查的问题。例如，南京市中级人民法院在判决中表示，“根据丁峙教授的验证，ConcurIP团队统计结果的误差率仅为9.5%，这种误差在可以接受的范围内”。但本书认为，该法院对于误差率之真实性缺乏实质审查，且未能说明为何9.5%在可以接受的范围内。

第四节 小 结

标准必要专利不公平价格的FRAND规制，绝非比价大小的“数字游戏”，而应以我国民法典之合同编为依据，具体化FRAND的规则

---

① 韩国知识产权局亦认同上述必要性，其制定的《标准必要专利纠纷应对指南》认为，“如果需要比较的专利数量过大，通过判断单个专利的价值来计算相对强度，实际上是不可能的。在这种情况下，一些专利是通过与专利持有人协商而进行抽样的”。

② 吕萍. 抽样信息在复杂调查数据中的应用研究［J］. 统计研究，2017（34）：109.

内涵。一方面，应坚持“过程视角”，研究许可谈判的全过程，以缔约过失责任为标准，审查双方的谈判行为是否符合一般的诚信原则，进而判断其是否符合FRAND原则。另一方面，应坚持“定价视角”，深入双方的价格形成机制，但要避免以数额高低为标准，而是要审查数额背后的定价逻辑，对费率计算、具体计算方法的法律控制、避免歧视NPE等进行宏观把握。其间不仅要避免因不当干预权利人的定价自主权而导致“司法定价”走向泛化，而且要从定价逻辑出发合理平衡双方合法利益，从而为SEP许可提供更加具有可行性且合法合规的规制指引。